Heiner Diefenbach

Die Bilanz

Ein Roman über Finanzen,
Rache und Liebe

Heiner Diefenbach

Die Bilanz

Ein Roman über Finanzen, Rache und Liebe

REDLINE WIRTSCHAFT
bei verlag moderne industrie

Die Deutsche Bibliothek – CIP-Einheitsaufnahme

Diefenbach, Heiner:
Die Bilanz : ein Roman über Finanzen, Rache und Liebe / Heiner
Diefenbach. – München : Redline Wirtschaft bei Verl. Moderne
Industrie, 2002
 ISBN 3-478-37790-0

© 2002 verlag moderne industrie, 80992 München
Internet: http://www.redline-wirtschaft.de

Umschlaggestaltung: Daniela Lang, Pürgen
Abbildungen Umschlag und Inhalt: getty images
Satz: mi/J. Echter
Druck- und Bindearbeiten: Himmer GmbH, Augsburg
Printed in Germany 37790/302402
ISBN 3-478-37790-0

Inhalt

Ganz unten

„Ein Café Baisse mit Crème." Hagen schrak hoch. Der schlanke Kellner – oder war es eine Kellnerin? – stellte klappernd etwas ab. Erstaunt blickte Hagen in einen fast leeren Becher. Unten klebte eine Art Kaffeesatz. Daneben stand ein Glas Milch. Das war also Café Baisse mit Crème. Dabei hatte ihm der „Doughnut DAX" schon gereicht. Pfannkuchen ohne alles, na lecker.

Er war ein Verlierer. Ein totaler Versager. Sein Leben – ein einziger Irrtum. Nichts war mehr so, wie es sein sollte. Auf einen Schlag hatte sich alles verändert. Jahre seines Lebens einfach für die Katz. Und vor allem: Alles war weg.

Stattdessen saß er nun im „Wall-Street". Um ihn herum fröhlich schwatzende Menschen. Unglaublich schick. Jeder Zweite am Handy. Und mit der geschlechtslosen Bedienung war anscheinend jedermann per Du. Mittendrin er allein mit einem vertrockneten Kaffee und etwas Milch. Und mit Daisy natürlich. Den Pinscher hatte er fast vergessen. Unsensibel und faul schlief das haarige

Knäuel unter dem Tisch. Wenigstens bestand so keine Gefahr der spontanen Darmentleerung. Hagen musterte den kleinen Hund voller Verachtung.

Kurz entschlossen kippte er die Milch in den fast leeren Kaffeebecher. Vielleicht half ja energisches Kratzen am Bechergrund. Die Flüssigkeit verfärbte sich hellbraun und flockte aus. Wieder falsch. Er schob den Becher beiseite und bestellte einen trockenen Weißwein. „Chilenisch oder lieber südafrikanisch?", fragte die Bedienung. Egal, er zuckte mit den Schultern. Es war wohl doch eine junge Frau. Aber sehr herb. Gelangweilt ging sie zur Bar. Vielleicht war sie eine von denen, über die Doris immer nur den Kopf schüttelte. Ach Doris. Was sie jetzt wohl gerade machte? So viele Jahre waren sie verheiratet. Verheiratet gewesen. Aber auch das war vorbei. Vergangenheit. Ein anderes Leben. Er fing an zu schwitzen.

Hagen stand jäh auf. Daisy auch. Er brauchte Abkühlung, und zwar sofort. Kaltes Wasser ins Gesicht. Durchatmen. Er suchte mit seinem Blick die Toiletten. Leider hatte Daisy bemerkt, dass er weggehen wollte. „Ich komme doch gleich wieder." Er versuchte, den Hund mit beschwörendem Tonfall zu beruhigen. Fehlanzeige. Der Pinscher fing an zu kläffen. An den Nachbartischen verstummten die Gespräche. Ihm wurde noch wärmer. Man starrte ihn an. Er setze sich wieder. Damit der Köter endlich Ruhe gab. Es funktionierte.

Genervt schaute Hagen unter den Tisch. Daisy stand breitbeinig und hatte den Kopf leicht zu Seite geneigt. Nein, bitte nicht hier. Hagen kannte diesen harmlosen Blick bereits. Das kann doch nicht wahr sein. Unauffällig nahm er eine Papierserviette vom Tisch. Sie war mit Aktienkursen bedruckt. Wie originell. Irgendein Biotech-Unternehmen half ihm nun dabei, Daisys Malheur zu verbergen. Er half ein wenig mit dem Schuh nach. Unter der Serviette war es weich.

Daisy schaute interessiert zu. Dann rollte sie sich wieder zufrieden ein und schlief weiter.

Hagen bemerkte kaum, dass mittlerweile ein Glas Weißwein vor ihm stand. Mit Entsetzen hatte er nämlich festgestellt, dass seine Aktion beobachtet worden war. Ein junger, dunkelhaariger Mann vom Nebentisch grinste ihn an und zwinkerte ihm verständnisvoll zu. Hagen wandte sich schnell ab. Sein Herz raste. Außerdem hatte er ein klassisches „Déjà-vu". Denn das weiche Gefühl unter dem Schuh kannte er. So hatte dieser eine Tag auch angefangen. Der Tag, der alles verändert hatte. Der sein Leben aus der Bahn geworfen hatte. Der alles infrage gestellt hat, was ihm bislang lieb und teuer war. Der aus ihm innerhalb weniger Stunden ein Nichts gemacht hatte. Ohne Arbeit, ohne Ehefrau, ohne Zuhause. Und vor allem: ohne Zukunft. Ein Nichts mit Pinscher.

Zehn Tage war es nun schon her. Sein letztes Treffen mit dem Vorstand S. M. Luzius. Vorstandsvorsitzender der LuMa, der Luzius Maschinenwerke. Und seitdem der Mensch, den er am meisten auf dieser Welt hasste. Denn Luzius hatte alles zerstört. Luzius hatte ihn zerstört.

Hagens Zeigefinger glitt über den Rand seines Weinglases, bevor er es nahm und in einem Zug leerte. Tja, die Kühlschrankproduktion – denn das verbarg sich hinter dem plumpen Namen der Maschinenfabrik – gab es nun nicht mehr in seinem Leben. Wie so vieles andere auch. Trübsinnig starrte er in sein leeres Weinglas und dachte an den besagten Morgen, der sein Leben auf den Kopf gestellt hatte. Vielleicht hätte er es ahnen können. Wie jeden Morgen hatte er pünktlich um Viertel nach sieben die Haustür geöffnet. Seine Haustür. Von seinem Haus. Schuldenfrei. Eine Sicherheit für die Zeit nach LuMa. Für die Zeit mit Doris. Wie hatten sie sich gemeinsam gefreut, als der Kredit abgezahlt war. Hatten mit einem Glas Champagner darauf angestoßen. Und heute? Eine leere Hülle.

Seine Gedanken kehrten zum besagten Morgen zurück. Wie immer hatte er seiner Frau zum Abschied das vertraute „Bis heute Abend, Doris-Schatz" zugerufen. Dann stand er drin. Mitten in der Scheiße. Da war es gewesen, dieses weiche Gefühl unter dem Fuß. Wie eben gerade unter der Serviette mit den Aktienkursen.

Daisy hatte wieder einmal auf die Treppe gemacht. Stressbedingte Darmentleerung nannte ihr Psychiater das. Dabei war das eindeutig Hundekot. Hagen hatte nie verstanden, warum ein Köter zum Kacken einen Psychiater brauchte. Aber Doris hatte es so gewollt. Und er hatte sich da rausgehalten. Nun war Doris weg. Er hatte einen Hund mit Fäkalproblemen. Und steckte jetzt selbst mitten in der Scheiße.

An jenem Morgen hatte sich Hagen seine verschmierte Schuhsohle am kurz geschorenen Rasen abgewischt. Doris würde sich später darum kümmern, die Spuren des neurotischen Pinschers von den Stufen zu entfernen.

Hagen seufzte noch einmal tief, als er nun den besagten Morgen vor seinem inneren Auge vorbeigleiten ließ. Daisy lag immer noch schlafend unter dem Tisch, neben ihr die verdächtig gewölbte Serviette.

Er hätte mehr über seinen buchstäblichen Fehltritt nachdenken sollen. Aber hinterher ist man immer schlauer. Vielleicht wäre er dann nicht so unbedarft im Büro von Direktor Luzius erschienen. Der hatte ihn zum Gespräch zitiert – was an sich nicht ungewöhnlich war. Aber was war schon normal? Im Nachhinein war er sich über gar nichts mehr sicher. Er wusste nicht, was Doris über ihn dachte. Er war sich nicht mehr sicher, wie seine langjährige Sekretärin zu der ganzen Sache stand. Und er war sich nicht einmal mehr sicher, ob er nicht an jenem Morgen der Einzige war. Der Einzige bei LuMa, der nichts geahnt hatte. Der Einzige, der nicht wusste, was gespielt wurde.

Hagen winkte die Kellnerin herbei. Noch einen davon, das brauche ich jetzt. Es tat immer noch weh. Womit hatte er das nur verdient? Seine Sekretärin hatte ihn gleich morgens früh abgefangen. Direktor Luzius wollte ihn sprechen. War ihr Blick damals bekümmert und unsicher zu Boden gerichtet gewesen? Jedenfalls – daran konnte er sich genau erinnern –, hatte er daraufhin jovial bemerkt: „Na, dann wollen wir doch mal schau'n, was unser Chef auf dem Herzen hat."

Und dann war Hagen Icks mit festem Schritt direkt in sein Verderben gelaufen.

„Tja, Herr Icks, so ist das Leben eben. Natürlich werden Sie verstehen, dass ich nicht anders kann. Wir haben schließlich unseren guten Ruf zu verlieren." Der Direktor hatte bedauernd seine Schultern gehoben und sich bemüht, angemessen betroffen zu wirken. Hagen war dieser klägliche Versuch nicht entgangen – immerhin kannte er seinen Chef nun schon seit vierzehn Jahren. Es war ihm vertraut, dieses feiste, rötlich glänzende Gesicht. Wie oft hatte er den wulstigen Stiernacken über steife Hemdenkragen quellen sehen. Und diese Hände mit den dicken Fingern. Immer trommelte Luzius auf irgendetwas herum. Protzig dabei sein Siegelring mit dem überdimensionalen Lapislazuli. Überhaupt, seine ganze Erscheinung – alles ein wenig zu viel. Stattlich hätte man früher gesagt. Hagen fand ihn fett. Aber er hatte gut reden, mit seinen schmalen Schultern. Zahlen-Hänfling hatte Luzius ihn einmal im Spaß genannt. Auf einer Betriebsfeier, weinselig, zu späterer Stunde. Da waren seine Schultern noch weiter eingesackt. Er wusste ja, dass es stimmte.

Direktor Luzius hatte sich nun mit verschränkten Armen langsam in seinen überdimensionierten Ledersessel nach hinten fallen lassen. Schweigend hatten sich beide angestarrt. Hagen war fassungslos gewesen. Sein Arbeitgeber, S. M. Luzius, Chef von Luzius Maschinen, Urenkel des Firmengründers, beruflicher Ziehvater und Mentor, hatte ihm gekündigt. Fristlos. Ihm, seinem langjährigen Finanzvorstand. Einfach entlassen. „Mit sofortiger Wirkung freigestellt", hatte Luzius das genannt. Frei – wozu denn? Von wegen frei. Was sollte er denn nun machen? Wovon sollte er leben? Wortfetzen hatten in Hagens Ohren gedröhnt. Nicht mehr tragbar für die Firma. Das Vertrauen der Konzernmutter beschädigt. Von heute an von allen Aufgaben entbunden. Wie in Trance hatte Hagen diese Minuten erlebt. Kalt war ihm dabei geworden, und dann ganz heiß, er erinnerte sich nur zu gut.

Hagen blickte auf, nahm einen großen Schluck aus seinem Weinglas und musterte die Gäste an den Nebentischen. Keiner saß hier allein. Der freche Dunkelhaarige, der Zeuge von Daisys Malheur gewesen war, trank am Nebentisch auch noch an seiner Cola. Komische Leute verkehrten hier. Eine von diesen unsympathischen Karrierefrauen belagerte den Tisch schräg vor ihm. Timer, Handy, Laptop, alles dabei. Andauernd musste sie telefonieren. Auf Englisch natürlich. Seit zwei Stunden ging das nun schon so. Verdrehte Welt. Früher hätte so eine nicht mal einen Mann gefunden. Wegen Unweiblichkeit.

Na ja, viel wert war er ja nun auch nicht mehr. Keinen Job, kein Geld, kein gemütliches Haus mehr. Ein ausgemusterter Finanzexperte mit hängenden Schultern, einem leichten Bauchansatz und einem neurotischen Pinscher. Mein Gott, er hatte gar nichts mehr. Alles war umsonst. Sein Leben vorbei. Einfach abserviert. Gefeuert. Ein Finanzvorstand, der die Bücher nicht ordentlich geführt hatte.

Darum reißen sich die Unternehmen, ha, ha. Dabei hatte er nur seine Pflicht getan. So wie er es immer gemacht hatte. Die Zuverlässigkeit in Person. Immer war er da, wenn man ihn brauchte. Für seine Frau, die Freunde und die Firma. Und nicht einmal das hatte ihm Luzius in ihrem letzten Gespräch zugestehen wollen.

Während der Unterredung mit seinem Chef hatte Hagen versucht, die Situation klarzustellen. „Ich habe doch ausschließlich in Ihrem Auftrag gehandelt. Sie waren es doch, der mich unter Druck gesetzt hat. Das ‚aggressive accounting', wie Sie es nannten, war doch Ihre Idee." Natürlich hatten diese Bemühungen keinen Zweck gehabt. Alles hatte keinen Sinn mehr. Heute war Hagen schlauer. Wie einen Schlag ins Gesicht empfand er auch heute noch den sich daran anschließenden Wortwechsel mit Luzius.

„Das müssen Sie erst einmal beweisen, Icks! Sie sind doch fürs Rechnungswesen verantwortlich. Oder besser: Sie waren es." Luzius hatte süffisant gelächelt. „Dafür habe ich Sie eingestellt und bezahlt. Und zwar gut bezahlt." Er war jetzt aufgestanden und zu Hagen getreten. Grob hatte er seine Hand auf Hagens Schulter niederkrachen lassen. „Kommen Sie schon, Hagen, wir haben doch eine gute Zeit miteinander gehabt. Und Sie haben viel erreicht. Karriere, Eigenheim, nettes Auto. So was kann Sie doch nicht umhauen." Luzius war eine dicke Schweißperle von der Stirn am Ohr vorbeigerollt und im Hemdkragen verschwunden. Hagen war währenddessen ein paar Schritte zurückgetreten. Luzius hatte dann wieder in seinem Ledersessel Platz genommen.

Seine Gedanken waren damals gerast. Klar, Luzius hatte Recht. Vierzehn Jahre war er bei Luzius-Maschinen gewesen. Vierzehn Jahre lang hatte er pflichtbewusst und hart für das Unternehmen gearbeitet. Und auch an seiner eigenen Karriere. Gleich nach seinem BWL-Studium, das er mit Bestnoten abgeschlossen hatte, war er in die

Firma eingestiegen. Damals war LuMa noch ein reines Familienunternehmen gewesen. Und die Kühlschränke, die sie herstellten, waren nicht solche Hightech-Elektrogeräte wie heute. Hagen hatte an seinen ersten Arbeitstag denken müssen. An seinen ersten Schreibtisch in der Buchhaltungsabteilung – so hieß das damals noch. Und an die Zeit des Aufstiegs der LuMa. An die Expansion. An die vielen Neueinstellungen. An die vielen Menschen, die hier Tag und Nacht arbeiteten. So wie er selbst. Und jetzt? Alles vorbei. Es war zum Verzweifeln.

„Wissen Sie, Icks, ich habe nichts gegen Sie persönlich, das können Sie mir glauben." Die Worte hatten Hagen zusammenzucken lassen. „Aber wenn diese Bilanz-Geschichte auf uns zurückfällt, stehen hier Hunderte von Arbeitsplätzen auf dem Spiel. Das muss Ihnen doch klar sein." Mit betont freundlicher Stimme war Luzius fortgefahren: „Sie sind doch im Grunde Ihres Herzens ein gerechter und ehrlicher Mensch, Icks. Sie haben einen Fehler gemacht – und dafür müssen Sie nun eben geradestehen." Luzius hatte sich geräuspert. „Übrigens sollte Ihnen klar sein, dass Sie natürlich überhaupt nichts gegen mich in der Hand haben." Ein kleines Lächeln hatte Luzius' schmale Lippen umspielt, während sein Tonfall auf einmal gar nicht mehr so freundlich gewesen war.

Hagen hatte erneut einen Einwand gewagt. „Ich finde, Sie sollten Ihre Entscheidung noch einmal überdenken, Herr Luzius. Wir wissen doch beide, dass die Buchungen auf Ihre ausdrückliche Anweisung erfolgten. Und ich hatte Sie gewarnt. Aber Sie wollten es so. Und ich habe lediglich Ihren Anweisungen gehorcht."

„Tja, aber mir ist – ganz im Gegensatz zu Ihnen – nichts nachzuweisen, das ist der entscheidende Punkt, Icks. Verstehen Sie das denn nicht?" Luzius hatte sich in seinem Sessel langsam Richtung Fenster gedreht und zufrieden auf das Werksgelände mit den beiden großen Fabrikhallen geschaut.

Hagen hatte es immer noch nicht glauben können. Mittlerweile war ihm jedoch gedämmert, dass er seinen Job verloren hatte. Und zwar nur deshalb, weil er seine Pflicht getan hatte. Genau so wie immer. Er hatte das getan, was von ihm erwartet wurde. Und nun wurde er dafür bestraft.

Wie oft hatte er Direktor Luzius als tyrannischen Egomanen erlebt. Als einen, der Mitgefühl und Loyalität vergaß, wenn es um seine eigenen Interessen ging. Als einen, der auch nicht davor zurückschreckte, andere ohne eine Spur von schlechtem Gewissen für seine Zwecke zu benutzen. Aber dass er selbst eines Tages das Opfer sein würde, damit hatte er nicht gerechnet. Verrechnet, so richtig verrechnet hatte er sich, jawohl. Das war in seinem Leben noch nie vorgekommen. Warum auch, es hatte doch immer alles so schön gepasst. Schule, Studium, der erste Job. Dann die Karriere, der Aufstieg bei LuMa. Seine Frau, das Haus, der Garten.

Alles weg. Alles vorbei. Hagen seufzte tief, während er seinen Erinnerungen nachhing. Er bestellte sich noch einen Wein, da Daisy immer noch friedlich schnarchte. Er dachte mit Schaudern an den weiteren Verlauf des Kündigungsgesprächs zurück. Eigentlich hätte er spätestens nach dem Hinweis auf die fehlenden Beweise das Zimmer verlassen müssen. Aber er hatte es nicht getan. Im Gegenteil. Wie ein Trottel hatte er sogar versucht, den Dingen auf den Grund zu gehen. So, wie es eben seine Art war. Wieso hatte er es nicht lassen können? Der genaue Wortlaut des Gesprächs war Hagen auch heute noch bewusst. „Warum tun Sie das? Nach allem, was ich für die Firma geleistet habe? 14 Jahre lang habe ich Ihnen finanztechnisch den Rücken freigehalten. Nie gab es bei einer Steuerprüfung auch nur die geringsten Beanstandungen. Immer standen wir bei unseren Banken, unseren Wirtschaftsprüfern, ja, sogar beim Finanzamt mit blütenweißer Weste da. Ohne mich wäre die LuMa heute nicht das, was sie ist." Fast beschwörend hatte er auf seinen Direktor eingeredet.

„Hören Sie auf, Icks. Sie machen sich bloß lächerlich! Finden Sie sich damit ab, Ihre Zeit ist abgelaufen. Unsere amerikanische Mutter hat eine Entscheidung getroffen, und die muss ich und die müssen auch Sie akzeptieren. Entweder ich oder Sie – einer von uns muss seinen Hut nehmen. Und Sie werden verstehen" – er hatte dabei gönnerhaft gelächelt – „dass ich das als Urenkel des Gründers und Namenspatron der Firma natürlich nicht sein kann. Ich sagte ja bereits, dass es mir Leid tut. Zurzeit werden doch überall hoch qualifizierte Leute gesucht, da finden auch Sie bestimmt bald einen neuen Job, der Ihnen entspricht!"

Die Worte hatten in Hagens Ohren wie purer Hohn geklungen. Er war nun mit einem Makel behaftet. Gefeuert, Bilanzierungsfehler. Wie sollte er da einen Job in vergleichbarer Position finden? Er hatte sich bei LuMa vom kleinen Assistenten bis zum Chef-Controller hochgearbeitet. Mit viel Fleiß, Akribie und Zielstrebigkeit. Er hatte es in 14 langen Jahren zum Finanzexperten gebracht. Zum Finanzexperten eines Unternehmens, das mit 2 500 Mitarbeitern schon zu den Größeren im Land zählte. So manche Demütigung hatte er von S. M. ertragen. Immer wieder den aufkommenden Ärger geschluckt. Und fragwürdige Entscheidungen wider besseres Wissen mitgetragen. Er kannte ja seinen Chef, wusste, wie dominant und cholerisch er sein konnte. Oft hatte S. M. zynisch gesagt: „Mitleid ist was für Weiber – bei LuMa zählen allein die Erfolge, die Leistung, die einer bringt." Hinter diesen Worten, das wusste Hagen genau, hatte sich stets auch die – freilich nie ausgesprochene – Meinung verborgen, dass Menschen austauschbar sind. Dieses Grundprinzip der LuMa-Unternehmensführung hatte Hagen zwar nie gemocht, aber er hatte es hingenommen. Nun war er ihm selbst zum Opfer gefallen.

„Ich soll also das Bauernopfer sein. Mein Kopf muss rollen, damit Sie einen Schuldigen präsentieren können. Und Sie ziehen Ihren Hals natürlich aus der Schlinge. Aber dem Nächsten, der kommt, werden Sie am ersten Arbeitstag Ihre Tricks aufzwingen." Nun war Hagen klar geworden, dass er verloren hatte. Seine Wut hatte auch ihn zynisch werden lassen.

„Ich denke, Sie sollten jetzt gehen, bevor Sie sich noch eine Anzeige wegen Verleumdung einhandeln." Das Lächeln war aus Luzius' Gesicht verschwunden. „Sie haben natürlich ab sofort Hausverbot", hatte er sachlich hinzugefügt. „Den Wagen können Sie übrigens gern noch ein wenig behalten. Bis Sie einen neuen haben. Das wird ja hoffentlich nicht so lange dauern." Er war aufgestanden, das Gespräch war beendet.

Es hatte wirklich nichts mehr zu sagen gegeben. Hagen musste über seinem halb leeren Weinglas unwillkürlich grinsen, als er an seinen Abgang dachte. Wie war das noch? Er war aufgestanden und zur Tür gegangen. Dort hatte er sich kurz noch einmal umgedreht. „Man trifft sich immer zweimal im Leben." Mein Gott, damals war er sich vorgekommen wie ein Cowboy. Ein Cowboy, der an der Saloontür steht und den Colt um den Finger wirbeln lässt. Danach hatte er die Tür hinter sich zugeschlagen. Und er war an der Sekretärin vorbeigestürmt, die ihm verwirrt nachgeblickt hatte.

Immerhin hatte er Haltung bewahrt. Er hatte das Firmengebäude wie immer durch den Haupteingang verlassen. Aufrecht. Mit geradem Rücken. Und mit straff nach hinten gezogenen Schultern. Er war zum Parkplatz gegangen. Nur keine Schwäche zeigen, falls jemand aus dem Fenster schaute. Luzius hatte das garantiert getan. Hagen hatte sich regelrecht dazu gezwungen, langsam zu gehen. Dann hatte er die Zentralverriegelung aufschnappen lassen und seinen leichten grau-braunen Mantel ausgezogen. Hatte ihn zusammengefaltet. Und ihn auf den Rücksitz gelegt. Er hatte die Knöpfe seines Zweireihers geöffnet und sich in die leise ächzenden Lederpolster des Diesel-Daimlers gesetzt. Auch mein Verdienst, war ihm eingefallen, dass die Vorstände der Firma nun umweltfreundliche Fahrzeuge fuhren. Repräsentativ, aber ökonomisch. Zweihundert PS, Klimaanlage, automatische Sitzeinstellung, Tempomat, aber nur sechs Zylinder und nur zehn Liter Verbrauch. „Und? Was hab ich jetzt davon?", war es ihm an jenem Morgen durch den Kopf geschossen. Er hatte sich gefühlt, als hätte man ihm den Boden unter den Füßen weggezogen. Und er hatte mit der flachen Hand gegen das Lenkrad geschlagen, während seine Gedanken zu seinem Chef zurückgekehrt waren.

Hagen kannte S. M. Luzius jetzt fast 15 Jahre. Auch wenn er anfangs als Hochschulabgänger und Neuling in der Finanzbuchhaltung mit dem Firmenchef nicht allzu viel zu tun gehabt hatte. Später, als Projekt-Controller und dann als Abteilungsleiter, war das anders. Er hatte eng mit S. M. zusammengearbeitet und ihn als harten, aber in der Sache meist korrekten Vorgesetzten und Firmenchef kennen gelernt. Den autoritären Führungsstil, das joviale Getue und die zynischen Sprüche hatte Hagen als Imponiergehabe und leeres Wortgeklingel abgetan. Und er hatte es so gut es ging zu ignorieren versucht. In den letzten Jahren, in denen er Finanzvorstand war, hatte sich zwischen ihm und S. M. eine klare Arbeitsteilung entwickelt: S. M. gab die Richtlinien und Ziele des Finanzmanagements vor, Hagen sorgte für ihre Realisierung. In dieser Position hatte er sich für unangreifbar und unersetzlich gehalten. Bis jetzt.

Er hatte sich geirrt, ganz offensichtlich. Die Amerikaner waren nicht zufrieden gewesen. Erst hatten sie ihm Druck gemacht und enorme Gewinnsteigerungen gefordert. Der Shareholder-Value, das wusste er, stand beim US-Mutterkonzern wesentlich stärker im

Vordergrund als in der europäischen Wirtschaft. Die Amerikaner wollten eine deutliche Gewinnsteigerung sehen, egal wie und woher. Und die hatte er dann ja auch – natürlich abgestimmt mit der Konzernmutter – in das Betriebsergebnis hineingerechnet. Doch dann wurde der Buchungstrick von Finanzanalysten als ein „No-No" eingestuft, und der amerikanische CFO hatte gemeinsam mit dem amerikanischen Vorstandsvorsitzenden S. M. unter Druck gesetzt. Sie brauchten ein Bauernopfer und hatten sich den deutschen Finanzchef dafür herausgepickt. Und S. M. hatte mitgespielt und Hagen fallen lassen – ohne mit der Wimper zu zucken: aggressive accounting.

Dass S. M. so wenig Rückgrat zeigen würde, hatte Hagen trotz allem nicht erwartet. Schließlich war er ein Unternehmer alter Schule. Er hätte eine eindeutige Stellungnahme zu seinen Gunsten erwartet. Stattdessen hatte S. M. vor den Amerikanern klein beigegeben und seinen Finanzchef gefeuert. Er hätte es wissen sollen. Wissen müssen?

Plötzlich schreckte Hagen jäh aus seinen trübsinnigen Erinnerungen hoch. Erstaunt schaute er sich um. Er hatte völlig vergessen, wo er sich befand. Das „Wall Street" war immer noch gut besucht. Vom Nachbartisch klangen Wortfetzen einer lebhaften Diskussion herüber. Offensichtlich ging es um die Frage, ob es in der Türkei überhaupt Computer gäbe oder so ähnlich. Der Dunkelhaarige mit dem Grinsen im Gesicht gestikulierte wild. Merkwürdige Sorgen haben die Menschen.

Durch den Lärm war es auch unter seinem Tisch wieder unruhig geworden. Hagen spähte unter die Tischkante und bemerkte, dass Daisy sich im Schlaf bewegte. Dieser neurotische Köter. Wenn er das damals auch nur geahnt hätte, dass er nun auch noch dieses Vieh am Hals haben würde. Er wäre wahrscheinlich mit quietschenden Reifen vom Werksgelände davongebraust, und zwar nicht nach Hause.

Stattdessen hatte er den Wagen auch an jenem besagten Tag mit genau 25 Kilometern pro Stunde auf das Firmentor zurollen lassen. So war es auf dem Werksgelände vorgeschrieben. Mit zusammengepressten Lippen hatte er wie an jedem anderen Tag auch den Gruß des Wachmanns erwidert. Die Schranke war hochgegangen. Zum letzten Mal. Aus. Vorbei.

Danach war er wütend durch die Stadt gefahren. Je weiter er sich vom Verwaltungsgebäude der Firma entfernt hatte, desto mehr war der Ärger in ihm hochgekocht. „Den Firmenwagen noch sechs Wochen behalten …" So billig würde er S. M. nicht davonkommen lassen. Er hatte versucht, rational zu denken. Nun brauchte er dringend juristischen Rat. Wenn die Kündigung rechtlich nicht wasserdicht war, würde man ihn in seiner Position zwar kaum wieder einstellen. Aber eine angemessene Abfindung täte seinem Selbstbewusstsein ebenso gut wie seinem Konto. Und eine Trennung im gegenseitigen Einvernehmen, wie das so schön hieß, würde auch seine Chancen auf dem Arbeitsmarkt deutlich verbessern.

Um das Gefühl hilfloser Ohnmacht loszuwerden, hatte er noch vom Auto aus seinen Anwalt angerufen. Gregor war ein alter Freund aus Schultagen. Er hatte ihn als Anwalt noch nie gebraucht. Wie auch, er hatte ja immer alles richtig gemacht. Gregor war also mehr ein Freund. Einer mit dem Hang zu jungen, attraktiven Frauen, etwas zu protzigen Autos und wilden Partys. Aber nett war er. Und unterhaltsam.

Hagen hatte die Nummer seines Handys gewählt. Gregor hatte ebenfalls im Auto gesessen und war offensichtlich in Eile. Er hatte nur mit halbem Ohr zugehört. Knapp hatte Hagen seinem Freund deshalb die Situation geschildert und um ein Treffen gebeten. Und er hatte einen Termin bekommen. Allerdings war der Zeitpunkt nicht besonders günstig. Wie war das noch? Hagen versuchte sich zu erinnern. Irgendetwas von Mauritius und wichtigen Terminen hatte Gregor geschwafelt. Und natürlich nicht sofort Zeit gehabt. Vertröstet hatte er ihn. In zehn Tagen wollten sie sich nun treffen. Aber immerhin hatte er etwas unternommen und sich besser gefühlt.

Ein trügerisches Gefühl, wie er heute wusste. Denn es war noch schlimmer gekommen. Noch viel schlimmer. Aber hätte er ahnen können, dass Doris so reagieren würde? Zugegeben, seine Frau war ihm mit einem unangenehmen Druck im Bauch eingefallen. Als er von der Bundesstraße abgebogen war und den Weg nach Hause eingeschlagen hatte. Wie sollte er Doris die Nachricht am besten beibringen? Sollte er gleich mit der Tür ins Haus fallen? Ihr sofort alles erzählen? Besser nicht. Doris konnte sehr ungehalten sein. Er würde bis nach dem Essen warten. Und dann bei einem Glas Wein mit ihr sprechen. Oder doch nicht? Wahrscheinlich würde sie gleich merken, dass ihn etwas bedrückte. Dann würde sie hartnäckig in ihn dringen. Bis er ihr die ganze Wahrheit sagen würde. Und wie würde sie reagieren? Die gesellschaftliche Stellung, Geld, das ganze Getue waren ihr Lebensinhalt. Würde sie sich ein Leben ohne ihren Golfklub vorstellen können? Ohne Shopping-Ausflüge nach London? Und ohne Einladung zum Neujahrsempfang des Bürgermeisters?

Nun, sie konnte nicht, heute war er schlauer. Und ihn an ihrer Seite, das hatte sie sich auch nicht mehr vorstellen können. Deshalb war sie jetzt weg. Mit allen Möbeln. Aber ohne Daisy, ihren Pinscher. Den hatte sie dagelassen. Was für ein Trost!

Während ebendiese Pinscherdame langsam, aber sicher unter Hagens Tisch erwachte, dachte Hagen noch einmal an seine Unterhaltung mit Gregor am Abend zuvor. Sie hatten sich wie fast immer bei Gregor getroffen und Hagen hatte pünktlich vor seiner Tür gestanden – mit einer knurrenden Daisy an der gespannten Leine.

„Komm rein, Hagen. Mensch, wie lange haben wir uns nicht gesehen? Hast ein bisschen zugelegt, nicht wahr?" Typisch Gregor, diese Begrüßung. Er selbst hatte jedoch nur ein knappes „Hallo" herauswürgen können. Dann hatte er sich umständlich aus seinem Mantel geschält. Gregor hatte natürlich sofort festgestellt, dass er nicht besonders gut gelaunt war, und ihn skeptisch gemustert. Das keifende Gebell von Daisy hatte die Aufmerksamkeit dann kurzfristig abgelenkt. Wie eine aufgezogene Feder war der kleine Pinscher mit einem Satz in den Flur gesprungen, hatte sich vor Gregor aufgebaut und ihn angekläfft.

Gregor hatte sein Gesicht sofort zu einem gezwungenen Lächeln verzogen. „Warum hast du denn den Hund mitgebracht?"

„Was? Wen?"

„Na, Daisy, du hast sie doch sonst nie freiwillig mitgenommen. Wo ist denn Doris?"

„Ich erklär's dir später."

Hagen hatte vergeblich versucht, den kläffenden Hund zu beschwichtigen. Mit „Aus" hatte er dabei allerdings ebenso wenig Erfolg bei ihr, wie bei dem Versuch, ihr einfach die Schnauze zuzuhalten. Der dämliche Köter war einfach total neurotisch. Gregor hatte übrigens noch nie einen Hehl daraus gemacht, dass er weder die kleine Hündin noch ihr Frauchen leiden konnte. Beide hatten ein derartig schrilles Organ, dass er am liebsten davongerannt wäre, wenn er einer von ihnen begegnete. Normalerweise kamen Doris und Hagen immer zusammen. Deshalb hatte Gregor nochmals zurück in den Flur geschaut, ob Doris nicht doch noch auftauchte, bevor er halbwegs erleichtert die Haustür geschlossen hatte.

„Komm rein und setz dich. Was darf ich dir zu trinken anbieten? Einen Kognak? Könnte nicht schaden, was?" Wie immer hatte Gregor Hagens Antwort nicht abgewartet und sich unter den wachsamen

Augen Daisys an der üppig bestückten Hausbar zu schaffen gemacht. Während er Hagen seinen Kognak reichte, hatte er ihn darauf hingewiesen, dass er später noch „ein Date" hätte. So nannte er seine Treffen mit meist dramatisch jüngeren Bekanntschaften.

Hagen hatte währenddessen mit Daisy zu kämpfen, die auf die Couch gesprungen war und nervös hin und her rannte. Sie konnte sich offenbar nicht entscheiden, wo sie sich hinsetzen sollte. Oder musste sie etwa Gassi? Doris pflegte für solche Fälle – die nicht selten waren – immer so ein praktisches Feuchttuch aus der Schnappbox hervorzuzaubern. Besorgt hatte Hagen die helle Veloursleder-Oberfläche gemustert. „Daisy, sei ruhig jetzt und mach Platz", hatte er dem Hund zugeflüstert, der ihn wie immer ignorierte.

„Völlig überdreht," hatte er laut zu seinem Freund gesagt. Gregor hatte sich die Hände gerieben und unverfänglich gelächelt: „Ich will uns nicht hetzen, Hagen, aber, nun ja, ich muss mich nachher noch ein bisschen frisch machen, weißt du. Ich hoffe, es macht dir nichts aus, wenn wir unter diesen Umständen gleich zur Sache kommen." Er hatte unauffällig auf seine Armbanduhr gesehen. „Dass sich Luzius überraschend von dir getrennt hat, das hast du mir ja bereits am Telefon gesagt. Aber was ist passiert und was genau wirft er dir vor? Und – hat er Recht?"

„Na ja, offiziell würde man es wohl einen Verstoß gegen die GoB nennen." Hagen hatte die Zähne gefletscht, als er die Buchstaben ‚GoB' aus seinem Mund hervorstieß.

„Hagen, ich bin Anwalt, kein Finance Manager, oder wie ihr Finanzleute euch jetzt nennt. GoB ist was?"

„GoB heißt Grundsätze ordnungsgemäßer Buchführung." Hagen hatte Gregor erstaunt angeblickt. „Hast du in deinem Studium nicht einmal ein einziges Seminar zur Einführung in die Wirtschaftslehre gemacht?"

„Doch, schon, aber das war ganz am Anfang des Studiums. Damals hab ich im Sommer oft die Seminare geschwänzt und die Bücher mit an den Baggersee genommen. Aber ich bin nie zum Lernen gekommen, weil ich da immer die Dings getroffen hab, na, wie hieß sie gleich? Weißt schon, die mit den Claudia-Schiffer-Maßen. Na ja, nicht ganz, aber blond war sie und einen Schmollmund hatte sie auch, meine Güte, und die hat noch ganz andere Sachen gehabt."

„Verstoß gegen die GoB", hatte Hagen geknarzt, „das heißt, man wirft mir vor, ich hätte salopp gesagt gegen die Grundprinzipien der Buchhaltung verstoßen."

„Bedeutet das, dir wird so etwas wie Bilanzfälschung unterstellt? Dir? Im Ernst??" Gregor hatte seinen Ohren kaum getraut und gefeixt. „Das hätte ich dir gar nicht zugetraut".

„Na ja, so drastisch würde es wohl niemand ausdrücken."

„Ach so? Ich glaube unter Buchhaltern nennt man so etwas ‚die Bilanz verlängern' oder so ähnlich."

„Richtig", hatte Hagen leise, aber eigentlich wider besseres Wissen, geantwortet. Er wollte damals keine Detaildiskussionen. „Und dafür gibt es ganz legale Methoden."

„Du hast also mit dem sprichwörtlichen Bleistift geschrieben? Du kennst doch den Spruch: Ein Buchhalter, der mit Bleistift schreibt, radiert auch. Und wer radiert, der lügt!"

Hagen hatte geschluckt und einen Moment vor sich auf den Boden geschaut. Der Gedanke, dass ihn jemand für kriminell halten könnte, hatte ihn auffahren lassen. „Weißt du, Gregor, ich habe mich vierzehn Jahre lang bemüht, immer nur legal zu arbeiten, nun sollte es aber eben aggressiv sein. Wenn S. M. mich nicht ausgetrickst hätte, wäre alles so geblieben, wie es war. Manchmal ist es eben strittig, ob eine Art der Bilanzierung nun rechtlich einwandfrei ist oder nicht. Das HGB – das Handelsgesetzbuch – lässt da andere

Spielräume als die IAS, die International Accounting Standards. Und die beginnt man durch die Globalisierung heute auch in vielen deutschen Firmen anzuwenden. Ganz zu Schweigen von den US-amerikanischen GAAP-Regeln."

Er hatte Gregors fragenden Blick gesehen und hinzugefügt: „Das steht für ‚Generally Accepted Accounting Principles‘. Und wer die anwendet, wie zum Beispiel unsere amerikanische Mutterfirma, die an der Börse notiert ist, hat immer die SEC, die Securities and Exchange Commission, als Damoklesschwert über dem Kopf hängen."

„Aha. Soso. Das ist das amerikanische Börsen-FBI, nicht?", hatte Gregor nachgefragt.

„Die Börsenaufsicht."

„Und die ist hinter eurer Firma her, weil du hier in Deutschland Steuertricks angewendet hast, die in Amerika nicht üblich oder, naja, nicht so ganz legal sind?" Gregor hatte sein Gegenüber anerkennend angeschaut.

„Irgendwo musste ich die Gewinne ja hernehmen. Die Amis haben uns verdammt viel Druck gemacht." Hagen hatte schon wieder die Wut gepackt; er ballte die Fäuste in den Hosentaschen. „Die SEC ist übrigens nicht hinter der Firma her. Die Vorgänge, über die wir hier reden, sind noch nicht öffentlich geworden."

„Dann sind sie also hinter dir her.", hatte Gregor festgestellt. „Weil ihr diese Riesengewinne nicht habt, die die Jungs auf der anderen Seite vom Großen Teich ihren Aktionären präsentieren wollen, hast du sie – wie sagtest Du vorhin so schön? – aggressiv bilanziert, oder?"

Hagen hatte geschwiegen und seinen Blick durch die Fensterfront der Penthouse-Wohnung über die Landschaft schweifen lassen.

„Na komm jetzt, Hagen, wenn ich etwas für dich tun soll, musst du mir schon sagen, was gelaufen ist." Hagens Andeutungen hatten Gregor neugierig gemacht, und er wollte dessen Buchhaltungstrick unbedingt erfahren. „Wie hast du denn die Gewinne in die Bücher gekriegt, die eure Aktionäre ködern sollten?"

„Eigentlich ist es ganz einfach." Hagen hatte sich geräuspert. „Es klingt nur ein bisschen kompliziert."

„Du meinst wegen der Buchhaltungstermini?"

„Ja."

„Dann erklär's mir eben."

„Die Gewinne errechnet man als Differenz zwischen Umsatz und Kosten."

„Na, das weiß ich auch. Gewinn-und-Verlust-Rechnung, GuV."

„Richtig. Höhere Gewinne erhält man, indem man Kosten und Umsatz möglichst weit auseinander bringt. Wenn man wie in meinem Fall den Umsatz nicht erhöhen kann, ..."

„... muss man die Kosten niedriger ansetzen", hatte Gregor den Satz beendet. Das Spiel war ihm offenbar bekannt. „Um es mal laienhaft und vielleicht etwas drastisch zu sagen: Man versteckt einen Teil der Ausgaben." Gregor hatte Hagen verschworen zugeprostet. „Und was genau hast du wo versteckt?"

„Ich habe einen großen Teil der Vorstandsgehälter, die normalerweise in den Overhead-Kosten enthalten sind, direkt den Kosten einer Anlage, die wir verkaufen werden, zugeschlagen."

Gregor hatte genickt. „Damit verschwinden die Gehälter als Ausgaben aus deiner GuV. Sehe ich das richtig?"

„Mhm", brummte Hagen.

„Mensch Hagen, das ist ja ein Ding!" Gregor war offensichtlich ziemlich verblüfft gewesen. „Also, du hast die Vorstandsgehälter bei den laufenden Kosten herausgenommen. Hast sie dann bei den Kosten für eine Anlage draufgeschlagen, in der Bilanz aktiviert und dadurch die Kosten in der GuV gesenkt. Damit also mehr Gewinn errechnet und außerdem die Aktiva erhöht wurden. Du hast mehr Gewinn und gleichzeitig ein höheres Vermögen ausgewiesen."

„Ja. Genau. So ungefähr. Aber alles natürlich einigermaßen im Rahmen der Legalität. Hier bei uns in Deutschland zumindest."

Gregor hatte anerkennend den Kopf geschüttelt. Von dieser Seite hatte er seinen alten Schulfreund noch nie kennen gelernt. Ganz schön frech. Vielleicht sollte er ihm einmal seine Steuererklärung unterjubeln. Ganz unter Freunden natürlich. Zugegeben, Hagen saß jetzt ziemlich in der Tinte. Gregor hatte noch einmal nachgehakt: „Und wieso hast du eigentlich gedacht, dass dein CFO in den USA das nicht bemerkt? Der sieht doch sofort, dass deine Ausgaben in diesem Jahr erheblich niedriger waren als im letzten. Wie viel Gewinn hast du denn reingerechnet?"

„Insgesamt zwanzig Prozent. Aus neunzig Prozent habe ich hundertzehn gemacht", hatte Hagen jetzt freimütig erklärt, und Gregor war es vorgekommen, als würde etwas Stolz in seiner Stimme mitschwingen.

„Das ist doch ein ziemlicher Betrag, der da bei den Kosten fehlt. Das musste doch in jedem Fall auffallen!"

„Nicht unbedingt. Vermutlich machen das einige andere auch. Aber aufgrund dieser Bilanzierung fielen dann die Kurse – und da schaut die SEC dann doch einmal genauer hin." Hagens Stimme hatte spröde und sachlich geklungen.

Gregor war aufgestanden, zum Fenster gegangen und hatte hinausgesehen. „Und weil er Angst vor dieser SEC hat, ist er aggressiv geworden, dein Luzius."

„Angst vor der SEC haben die alle, die Amis. Und Luzius ist von denen gewissermaßen abhängig." Hagen hatte kopfschüttelnd geschnaubt.

„Ist ja eigentlich auch nicht verkehrt, wenn die den Unternehmen genau auf die Finger beziehungsweise in die Bücher schaut", hatte Gregor eingeworfen. „Wenn ich daran denke, was ich da mal über die Gepflogenheiten der jungen Start-up-Unternehmen gelesen habe. Die rechnen sich ja schon vor dem Börsengang reich."

„Das tun nicht nur Start-up-Firmen." Hagen war ein wenig ungeduldig geworden, da Gregor so wenig darüber wusste und nun mit Allgemeinplätzen anfing.

„Ja, stimmt", hatte ihm Gregor beigepflichtet. „Da gibt's viele, die sich schöngerechnet haben. Dein Trick hat aber auch nicht hingehauen. Was wirft dir S. M. denn jetzt genau vor?"

„Verstoß gegen die materielle Richtigkeit."

„Materielle Richtigkeit …", Gregor hatte laut nachgedacht. „Ist das wirklich illegal?" Er hatte die Stirn in Falten gezogen. Ungeduldig war Hagen auf den Punkt gekommen: „Es verstößt gegen die Grundsätze ordnungsgemäßer Buchführung. Und wenn man so einen Verschleierungsschachzug gegen den eigenen Mutterkonzern einsetzt, wird das nicht verziehen." Und zwar mit Recht, hatte er in Gedanken hinzugefügt. Daisy hatte ihn dabei aufmerksam angeschaut. Oder hatte sie durch ihn hindurch geblickt?

„Okay, ich glaube, ich weiß jetzt genug. Mal sehen, was ich für dich tun kann." Gregor war ungeduldig geworden und hatte auf seine Uhr geblickt. „Schon fast Viertel vor neun, ich muss mich demnächst fertig machen."

Er hatte Hagens Blick aufgefangen und sich offenbar verpflichtet gefühlt, noch ein bisschen Konversation zu machen: „Und wie geht's momentan zu Hause?"
Hagens Gesicht hatte sich sofort verfinstert.

Gregor stutzte. „Habe ich etwas Falsches gesagt? Ist irgendwas mit Doris? Macht sie dir etwa Vorwürfe?"

„Doris", hatte Hagen gedehnt geantwortet. „Ich weiß nicht, was Doris macht." Und dann hatte er in wenigen Sätzen erzählt, dass Doris weg war.

Darum hatte Hagen Daisy mitgebracht. Gregor hatte den Rest seines Kognaks hinuntergestürzt. Besonders einfühlsam war er an diesem Abend nicht gerade gewesen. Das musste er unbedingt wieder gutmachen. „Hör mal, Hagen, was hältst du davon, wenn wir morgen zusammen Mittag essen? Im „Wall Street"? Da isst man ganz gut. Vielleicht habe ich dann ja auch schon Neuigkeiten für dich."

„Gute Idee", hatte Hagen abwesend geantwortet.

„13.00 Uhr? Du kannst Daisy übrigens mitbringen, zur Not."

Gregor war schon zur Tür gegangen und hatte sich dabei zu Hagen umgedreht. „Vergiss nicht, deinen kleinen Kläffer mitzunehmen." Er hatte mit einer Kopfbewegung zur Couch gedeutet, wo Daisy nun leise vor sich hin schnarchte. „Schau mal, sie zuckt im Schlaf mit den Beinen. Die träumt wohl von der Hasenjagd", hatte er noch gespöttelt, während er in den Flur vorausging und Hagens Mantel vom Haken nahm. Hagen hatte es sich dann verkniffen zu erklären, dass dies ein Symptom ihrer leichten Darmschwäche war …

☆☆☆

Buch-haltungs-verfahren

A. Grundsätze ordnungsgemäßer Buchführung

Die Grundsätze ordnungsgemäßer Buchführung (GoB) werden verbindlich angewendet, wenn Gesetzeslücken vorhanden sind, wenn Zweifelsfragen in der Gesetzesauslegung bestehen und wenn die Buchführung an veränderte wirtschaftliche Bedingungen angepasst werden muss.

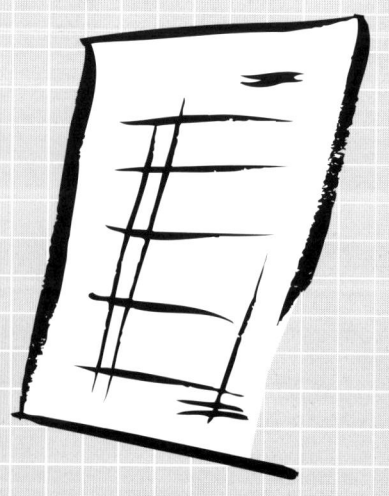

Die wichtigsten Grundsätze sind (s. auch § 238 Abs. 1 HGB):

1. Klarheit und Übersichtlichkeit

Die Buchführung muss so beschaffen sein, dass ein sachverständiger Dritter sich innerhalb angemessener Zeit einen Überblick über die Lage des Unternehmens verschaffen kann.

2. Vollständigkeit und materielle Richtigkeit

Es dürfen keine Geschäftsvorgänge hinzugefügt, weggelassen oder anders dargestellt werden, als sie sich abgespielt haben. Es dürfen keine Konten auf falsche oder erfundene Namen geführt werden. Geschäftsbücher müssen Seite für Seite nummeriert sein, es darf kein Eintrag unleserlich gemacht oder radiert werden. Bleistifteintragungen sind nicht erlaubt.

3. Belegprinzip, Belegpflicht

Sämtliche Buchungen müssen durch Belege jederzeit nachvollziehbar und kontrollierbar sein.

4. Rechtzeitige und geordnete Buchung

Buchungen müssen innerhalb einer angemessenen Frist in zeitlicher Reihenfolge vorgenommen werden.

5. Einhaltung der Aufbewahrungsfristen

Die Aufbewahrungsfrist beträgt bei Büchern zehn Jahre, bei Belegen sechs Jahre.

6. Stetigkeit

Gleiche Geschäftsvorgänge müssen immer in der einmal festgelegten Sparte verbucht werden. Zum Beispiel dürfen Gehälter, die in diesem Jahr unter Personalkosten verbucht wurden, im nächsten Jahr nicht unter Sachkosten gebucht werden.

B. Generally Accepted Accounting Principle (GAAP)

Die Grundsätze ordnungsgemäßer Buchführung (GoB) weichen in wichtigen Details stark von dem US-amerikanischen Pendant GAAP (Generally Accepted Accounting Principle) ab.

Während die GoB gesetzlich geregelt und mit der Steuerbilanz verknüpft sind, gibt es für das GAAP kein Gesetz und auch keine Verknüpfung mit der Steuerbilanz. Bei der Anwendung entstehen dadurch erhebliche Unterschiede. Bei der GoB kommt es auf die Auslegung des Gesetzes an, beim GAAP dagegen auf berufliche Übung. Während die GOB mittel- bis langfristig angelegt sind, ist bei GAAP die Stoßrichtung eher kurzfristig. Das GoB-Prinzip ist die Vorsicht, bei GAAP lautet es „true and fair view". Nicht zuletzt geht es bei den GoB um Bestandssicherung und Gläubigerschutz, während bei GAAP der Shareholder-Value-Gedanke, also die Ergebnisorientierung dominiert. Aus Bestandssicherung und Gläubigerschutz in den GoB lassen sich Bewertungswahlrechte ableiten – im Gegensatz zu GAAP. Und: Es gibt bei GAAP nur in eingeschränktem Maße Spielraum für stille Reserven, während bei den GoB ein solcher Spielraum durchaus vorhanden ist (wobei der in der Bilanz ausgewiesene Wert deutlich geringer als der tatsächliche Wert ist).

Abermals schrak Hagen aus seinen trüben Erinnerungen hoch. Eine Frau an einem der Nachbartische hatte laut gelacht. Sehr laut sogar, Hagen war es unangenehm aufgefallen. Wie übrigens vieles hier im „Wall Street". Kopfschüttelnd schaute er sich um. Ein merkwürdiges Publikum hier. Wahrscheinlich war er der älteste Gast. Ein kurzer Blick unter den Tisch vergewisserte ihn, dass Daisy noch schlief. Also könnte er noch ein Glas trinken – was sollte er auch sonst machen, wo sollte er sonst hingehen. Nach Hause? Hagen schnaubte leise. Hier waren wenigstens Menschen. Er dachte an den Abend zurück, als er von Gregor nach Hause kam. Irgendwie hatte er sein Zeitgefühl verloren. Wann war das gewesen? Erst gestern? Mit starrem Blick und die Hand fest am fast leeren Weinglas versank Hagen wieder in seinen Erinnerungen.

Nach dem kurzen Treffen mit Gregor war Hagen nach Hause zurückgekehrt. Er hatte die Tür aufgeschlossen und den Pinscher hineinschlüpfen lassen, bevor er selbst das Haus betrat. Die Spaziergänge mit dem Hund taten ihm gut. Und sie hatten ihn auf andere Gedanken gebracht. Als er in den leeren Hausflur getreten war, hatte ihn die Realität wieder eingeholt. Seine Schritte hallten auf dem blanken Parkettboden. Doris hatte so ziemlich alles mitgenommen, was jemals an Einrichtung vorhanden gewesen war.

Er hatte seinen Mantel an einen einzelnen Bilderhaken an der Wand gehängt und war mit der Zeitung unter dem Arm in die Küche gegangen. Doris' Möbelpacker hatten ganze Arbeit geleistet. Außer der Spüle und einem daran angeschraubten Sideboard war die Küche leer. Es gab lediglich einen kleinen, wackligen Tisch und einen pinkfarbenen Klappstuhl aus Plastik. Beides hatte Hagen im Keller gefunden. Er hatte keine Ahnung, woher die Sachen stammten. Neben der Spüle auf dem Küchenboden stand eine alte Kaffeemaschine, die er ebenfalls bei den ausrangierten Sachen entdeckt hatte.

Ihm war klar geworden, dass er sich in seinem eigenen Haus überhaupt nicht auskannte.

„Komm Daisy, komm her, feines Fresschen." Hagen hatte eine Hand voll Hundetrockenfutter auf den Plastikteller gekippt, der neben der Kaffeemaschine stand. Während der Hund gierig sein Futter verschlang, hatte sich Hagen einen Kaffee in eine Campingtasse gegossen und die Zeitung auf dem Tisch ausgebreitet. Den Kaffee hatte er sich morgens nach dem Aufstehen gemacht. Er war inzwischen nur noch lauwarm.

Hagen hatte den Wirtschaftsteil aufgeschlagen. „Der Neue Markt – ein Phantom?", war dort zu lesen gewesen. „Na, das glaube ich aber auch", hatte er kommentiert. Ihm war nicht aufgefallen, dass er mit sich selbst sprach. Wahrscheinlich hätte es ihn auch nicht gestört. „Das ist doch eine Seifenblase, die sich immer mehr aufgebläht hat, bis sie dann zum Erstaunen der Analysten mehr oder weniger plötzlich geplatzt ist. Wer jetzt schon wieder am Neuen Markt spekuliert, der weiß nicht, was er tut. Genauso gut könnte man beim Pferderennen wetten." Er hatte an seinem Kaffee genippt und zu dem schmatzenden Hund hinübergesehen, der nun seiner war.

„Glaub mir, Daisy, diese ganze Anhäufung von Hightechfirmen, Internetbuchläden, Technologieprovidern, E-Commerce-Garagenfirmen und Gentechnik-Zweimannlabors, das wird nie und nimmer ein seriöses Börsensegment." Er hatte den Kopf geschüttelt, während er den Artikel überflog. „Und da: Unternehmen mit einer Hand voll Mitarbeitern und der gleichen Anzahl von Computern hatten nach dem Börsengang plötzlich einen Marktwert von fünfzehn Millionen Dollar – das musste ja schief gehen. Wenn ich mir das vorstelle, ein Mitarbeiter und ein Computer zusammen wurden, wenn man den reinen Aktienwert anschaut, mit drei Millionen Dollar bewertet. Damit hatten diese kleinen Internetklitschen, die erst ein paar Jahre existiert und nie schwarze Zahlen geschrieben haben, einen unglaublichen Aktienwert. Einen Aktienwert, der doppelt so hoch war wie der eines alteingesessenen mittelständischen Unternehmens im M-DAX. Und zwar eins, das seit der Währungsreform kontinuierlich linear ansteigende Wachstumszahlen geschrieben hat." Er hatte noch einen Schluck aus seiner Plastiktasse genommen. Es machte ihm Spaß zu dozieren. Der Hund wehrte sich nicht dagegen. Und er widersprach nicht.

„Die Kursstürze an den internationalen Technologiebörsen waren die logische Konsequenz, das konnte ja nicht so weitergehen. Daisy, das hier müsstest du mal lesen, dann hättest du zur Darmschwäche gleich auch noch Magendrücken. Und da spricht dieser so genannte Wirtschaftsjournalist von einer notwendigen Konsolidierung des Neuen Marktes. Und empfiehlt, jetzt wieder in Technologiewerte einzusteigen. Das ist doch Schwachsinn, oder nicht?" Daisy, die gerade die letzten Krümel von dem leeren Teller geschleckt hatte, schaute Hagen bettelnd aus ihren braunen Knopfaugen an und wedelte zustimmend.

„Verfressenes kleines Biest. Es gibt nichts mehr." Daisy hatte die Ohren hängen gelassen, war jedoch wie angewurzelt neben ihrem leeren Teller stehen geblieben und hatte leise vor sich hin gejammert. „Schau mal da", Hagen hatte auf eine Überschrift gedeutet, „B-2-B-Marketing, der neue Star am Aktienhimmel. Wenn ich schon die Schreibweise sehe, wird mir schlecht. Business to Business. Als wäre das was Neues. Der Handel zwischen einzelnen Firmen ist so alt wie die Wirtschaft selbst. Kochtöpfe aus Europa gegen Gewürze aus Indien. Das ist doch der älteste Hut, den es gibt. Oder nicht?"

Es war nicht eindeutig herauszufinden gewesen, was Daisy davon hielt. Jedenfalls hatte sie unbeirrt weitergejault. Schließlich hatte Hagen sich erweichen lassen. Als er die Schachtel mit den Hundekuchen aus dem Sideboard geholt hatte, kläffte Daisy und war erwartungsvoll um seine Beine herumgestrichen.

„Schau an, das ist doch der Schwarzenbock." Hagen hatte gestutzt, als er wieder an den Tisch mit der ausgebreiteten Zeitung getreten war und dabei das Bild eines ehemaligen Klassenkameraden entdeckt hatte. „Heinrich Schwarzenbock, der Heini, dieser alte Leisetreter. Hat immer irgendwo abgeschrieben und dann ein oder zwei Aufgaben selbst ausgerechnet. Und als Einziger eine Eins gekriegt. Was macht denn der auf der Wirtschaftsseite?" Er hatte begonnen, den Artikel über seinen ehemaligen Schulfreund zu lesen. „Hat ein Logistikunternehmen. Schau an." Wieder hatte er zu Daisy hinuntergeblickt, die laut krachend Hundekuchen kaute. „Das passt zu ihm. Hat vor vier Jahren eine marode Spedition aufgekauft. Hat sie zum Logistikunternehmen umgekrempelt und ist damit an den Neuen Markt gegangen." Gespannt hatte er weiter gelesen. „In den ersten vier Monaten sind die Aktien um hundertdreißig Prozent gestiegen. Und dann innerhalb von zehn Tagen auf ein Fünftel des Ausgabepreises abgestürzt. Bock geschossen, Schwarzenbock. Setzen, Sechs", hatte er dann gegiftet. Und dann bis ans Ende der Zeitung geblättert. Zum ersten Mal seit vierzehn Jahren hatte er sich bewusst die Stellenanzeigen angesehen. Er hatte festgestellt, dass sich seit seinem Einstieg ins Berufsleben einiges am Anforderungsprofil für Buchhalter im Rechnungswesen geändert hatte. Ein abgeschlossenes Hochschulstudium der Wirtschaftswissenschaften mit Schwerpunkt Controlling. Selbstverständlich mit überdurchschnittlichen Studienleistungen, praktischen Erfahrungen vor und während der Studienzeit und perfektem Englisch. Und natürlich gute EDV-Kenntnisse in MS-Office und in den Anwendungen der SAP Software R/3. Das waren Standardanforderungen an einen

Mann oder eine Frau, die verantwortlich sein sollte für das Aufgabenspektrum der betrieblichen Kostenstellen- und Kostenträgerrechnung. Hagen war an diesem Abend aufgefallen: Vieles, was er sich in den ersten Berufsjahren on the job angeeignet hatte, musste ein Berufseinsteiger heute bereits mitbringen. Früher gab es für bestimmte Aufgaben noch speziell angelernte Bürokräfte – die waren jetzt weggefallen.

Für Hagen war das zwar alles nicht neu. Schließlich hatten sie ja auch bei LuMa die Personalkosten drastisch gesenkt und durch Zusammenlegungen und Umstrukturierungen, durch Aus- und Weiterbildung den Einsatz ihrer Mitarbeiter optimiert. Aber jetzt saß er plötzlich auf der Arbeitnehmerseite. Genauer gesagt, er war gerade ein arbeitsloser Arbeitnehmer. Da konnte es nicht schaden, wenn er sich schon mal anschaute, was auf dem Stellenmarkt angeboten wurde.

„Sehr genaue Spezifikationen, viele neue Beratungsfirmen und Dienstleistungsagenturen, die sich offensichtlich auf Controlling spezialisiert haben. Aber auch viele Unternehmen, die offensichtlich der New Economy zuzurechnen sind", hatte er vor sich hingemurmelt, als er die Annoncen überflog. „Aber bei den Bezeichnungen herrscht ein ziemliches Durcheinander: Zwei Unternehmen suchen Mitarbeiter für die Kosten- und Budgetkontrolle, die Anforderungsprofile sind identisch, aber das eine Unternehmen sucht einen Controller, das andere einen Finanzanalytiker."

Ein leises Scharren hatte seine Gedanken unterbrochen, und er hatte aufgeblickt. Daisy war an der Küchentür zugange gewesen und wollte offensichtlich hinaus.

„Wo willst du hin? Willst du mich etwa hier allein lassen?" Er hatte sich erhoben und ihr die Tür aufgemacht. Daisy war in den Flur getrottet, wo ihr Körbchen stand. Einer spontanen Eingebung folgend hatte er ihr Körbchen hochgehoben und es mitgenommen. „Da staunst du, was? Wir bringen dein Körbchen jetzt in die Küche. Dann können wir beide besser miteinander reden." Hagen hatte das Körbchen in die Ecke gegenüber dem Tisch gestellt, sodass er es im Blickfeld hatte, ohne den Kopf drehen zu müssen. Wieder hatte er sich Kaffee nachgeschenkt.

„Finance Manager Germany, aha, das wäre vielleicht was für mich." Sein Blick war zu Daisy hinübergewandert. Zufrieden im Körbchen zusammengerollt hatte sie jetzt eher einer Katze oder einem Rehkitz geglichen als einem Hund. „Markman. Nie gehört. Die Deutsche Holding eines internationalen Kfz-Zulieferers mit Vertretungen in Frankfurt, London, Paris, New York und Buenos Aires. Das ist sicherlich kein Riesenunternehmen. Aber so etwas könnte doch eine reizvolle Aufgabe werden. Allerdings ist das wohl eine Stelle in der zweiten Reihe: ‚In Ihrer Position gestalten Sie die Weiterentwicklung des Finanzbereichs der deutschen Holding und unterstützen die Abteilung Finanz- und Rechnungswesen in den Tochtergesellschaften. Sie sorgen für die termingerechte Erstellung der Monats-, Quartals- und Jahresabschlüsse nach US-GAAP.'" Hagen hatte das Gesicht zu einer Grimasse verzogen und die Lektüre der Annonce abgebrochen. US-GAAP war für ihn zurzeit nicht das passende Stichwort. Er hatte den Blick weiterschweifen lassen und umgeblättert.

„Hier, Chief Financial Officer Germany." Mit dem Finger hatte er auf eine Annonce gedeutet. „Our client is a world-wide operating group, schade, das geht über eine Agentur. Das wäre ja zu schön gewesen, wenn das eine Konkurrenzfirma von LuMa gewesen wäre." Hagen hatte begonnen zu träumen: „Das wäre was, wenn ich CFO bei einem LuMa-Konkurrenten würde. Ich würde den Mutterkonzern überzeugen, dass es dringend geboten ist, in Deutschland Marktführer zu werden. Wir würden LuMa sehr schnell die Marktanteile abjagen und uns in freundlicher Beteiligung einen großen Brocken der Firma kaufen. Und auf der Hauptversammlung würde ich eine Rede halten und genussvoll zusehen, wie S. M. in der ersten Reihe einen roten Kopf bekommt." In Gedanken hatte er sich in allen Einzelheiten ausgemalt, wie er an S. M. Rache nehmen würde. Mein Gott, wie viele Hauptversammlungen hatte er schon verfolgt. Und wie oft war ihm dabei klar geworden, dass gerade die Kleinaktionäre gar nicht richtig wussten, wie das alles zusammenhing. Sicher, sie wählten im Rahmen der Hauptversammlung ihre Anteilseignervertreter in den Aufsichtsrat, und diese bestimmten dann den Vorstand – aber damit hörte es bei vielen schon auf. Hagen hatte in Gedanken den Kopf geschüttelt. Wie blauäugig viele ihr Geld investierten. Viele Aktionäre waren sich wahrscheinlich gar nicht klar darüber, dass im Aufsichtsrat auch fünfzig Prozent Mitarbeitervertreter saßen. Oder dass der Vorsitzende im entscheidenden Moment zweifaches Stimmrecht ausüben konnte. Obwohl: Das war doch den meisten bekannt. Aber was diese dehnbare Bezeichnung ,weisungsbefugt', die die Arbeit des Vorstands beschrieb, tatsächlich bedeuten konnte, das war ihm auch nie so bewusst gewesen. Bis dann seine Kündigung gekommen war. Streng genommen hätte er ja vom Aufsichtsratsvorsitzenden seine Beurlaubung erfahren müssen. Aber das war nur eine Formalie, die ihn nicht weiterbrachte. Hagen war über der Zeitung wieder in dumpfen Gedanken versunken.

☆☆☆

Als er auf die Uhr gesehen hatte, war es Zeit gewesen, zu seiner Verabredung mit Gregor im „Wall Street" aufzubrechen.

Gregor hatte bereits an der Serviette genestelt, als Hagen kam. „Cordon bleu von der Pute nach Börsenart mit Bratkartoffeln und

Salat", hatte die androgyne Kellnerin gesagt und von links einen großen Teller vor Gregor hingeschoben. Dann hatte sie Hagen angeschaut, der sich gerade setzte, und mit ironischem Unterton gefragt: „Haben der Herr schon gewählt?" Hatte er natürlich noch nicht, er war ja gerade erst gekommen.

Hagen erinnerte sich stirnrunzelnd an seine ersten Minuten im „Wall Street". Alles Leute, mit denen er sonst nie zusammentraf. Irgendwie jünger. Irgendwie lauter. Und so wichtig. Und so viele Blondinen. Klar, dass Gregor hier öfter verkehrte. Er gehörte natürlich auch zu den Leuten, die die Bedienung mit Vornamen riefen.

Hagen hatte sich für einen „Doughnut DAX" entschieden. Ein Fehler, wie sich später herausstellen sollte. Dann hatte er seinen Stuhl zurechtgerückt und Gregor erwartungsvoll angeschaut. Gregor hatte bereits begonnen, hektisch zu kauen. „Entschuldige bitte, wenn ich schon mal anfange, aber ich muss gleich wieder weg. Ging nicht anders." Er schob sich eine Gabel Bratkartoffeln in den Mund. Hagen hatte versucht, seinen Ärger auf Gregor zu verscheuchen. Und tief durchgeatmet. Dann hatte er Gregor mit Fragen bestürmt: „Also, Gregor, jetzt sag mal, hast du schon was rausgekriegt? Wie stehen meine Chancen, gerichtlich gegen S. M. vorzugehen?"

Bevor Gregor antworten konnte, hatte Daisy angefangen zu kläffen. Energisch hatte sie versucht, zur Tür des Lokals zu rennen, wo gerade ein Besucher mit einem Schäferhund hereinkam. Mit einem Ruck hatte sich die an Hagens Stuhl befestigte Leine gestrafft, Daisy bekam keine Luft mehr und das wilde Kläffen war zu einem rauhen Röcheln erstorben.

„Daisy, jetzt gib schon Ruhe", hatte Hagen gelangweilt gesagt. Und mit einem Blick zur Tür zu Gregor: „Ist immer noch total überdreht, der Hund."

Gregor hatte von seinem Teller aufgeschaut, es aber vermieden, Hagen in die Augen zu sehen. „Es gibt schlechte Nachrichten, Hagen. Also, ich habe mich schlau gemacht, und die Recherche verlief, tja", er hatte einen Moment gestockt, „wie soll ich sagen ...", wieder überlegte er, „also ziemlich negativ."

Hagen war etwas in sich zusammengefallen, hatte sich jedoch gleich wieder aufgerichtet. Er hatte seine Augen umherschweifen lassen und einen Punkt gesucht, an dem er seinen Blick festmachen konnte. Schließlich hatte er die Beine der Kellnerin fixiert, die gerade am Nebentisch servierte.

„Wie meinst du das genau?" Seine Stimme hatte brüchig geklungen.

Gregor hatte inzwischen fast aufgegessen und bereits nach der Kellnerin gewunken. „Zahlen, bitte!"

„Na ja", hatte er zu Hagen gesagt. „Deine Chancen sind minimal. Also ehrlich gesagt, ich würde keinen Prozess riskieren. Denn wenn du prozessierst, wird auch die Gegenseite in die Offensive gehen. Und dann besteht die Gefahr, dass man dir mehr vorwirft als nur einen Verstoß gegen die materielle Richtigkeit. Reisekostenabrechnungen oder Bewirtungsbelege sind hier immer dankbare Themen. Außerdem haben wir überhaupt keinen schriftlichen Beweis für die Order von S. M. – und das dürfte das größte Problem sein. Zumal du ja vom Gesetz her als Vorstand weisungsfrei und eigenverantwortlich handeln musst. Und du hast auf der Basis von Vertrauen agiert – das war dein Fehler." Die Kellnerin hatte Gregor die Rechnung vorgelegt, die er mit einem ungefalteten Zwanzigeuroschein und den Worten „Stimmt so" beglich.

Dann hatte er sich wieder Hagen zugewandt. „Da ist einfach nicht viel drin. Und wie gesagt, das Risiko, dass die andere Seite schwerere Geschütze auffährt als bisher, ist groß. Sie werden dich in ziemliche Beweisnot bringen und können dir und deiner künftigen Karriere sehr schaden. Schnell könnte hier das Wort ‚Betrug' fallen." Gregor hatte ernst geschaut. „Also ehrlich, Hagen, ich würde es lassen." Er war aufgestanden.

Hagen war bedrückt sitzen geblieben.

„Also, ich muss jetzt los." Gregor hatte ihm aufmunternd auf die Schulter geschlagen. „Lass dich nicht hängen, alter Junge, und such dir eine Beschäftigung, die dir Spaß macht und dich ein bisschen ablenkt. Mach doch mal Jogging oder geh ins Fitnessstudio. Das täte deinem kleinen Bäuchlein auch ganz gut." Er hatte seinen Mantel von der Garderobe genommen und ihn sorgfältig über den linken Arm gelegt. „Neue Ziele brauchst du, neue Ziele! Wie wär's mit dem Etappenziel ‚Waschbrettbauch'? Das wäre doch was. Jeden Tag ein paar Kilo Eisen stemmen. Dann sieht die Welt auch für dich bald wieder anders aus."

Er hatte sich umgedreht, war über die straff gespannte Leine von Daisy gestiegen, die immer noch den Schäferhund anknurrte, der inzwischen friedlich dösend in einer Ecke lag, und im Gehen gesagt: „Mach's gut, alter Junge. Man sieht sich."

„So, das war's dann also", hatte Hagen düster gedacht und den Café Baisse mit Crème bestellt. Wenn Gregor ihm riet, keinen Prozess zu wagen, dann hatte er seine letzte Karte verspielt und war eindeutig zweiter Sieger geworden.

Mit leerem Blick starrte er nun vor sich hin. Er sah weder, wo er war, noch hörte er etwas von dem, was um ihn herum geschah. Er fühlte sich unendlich müde. Was wollte er noch mit diesem Leben, in dem er auf allen Ebenen Schiffbruch erlitten hatte? In seinem Job. Als Mann. Und irgendwie jetzt auch als Freund.

Gregor hatte ihm also eindeutig geraten, auf keinen Fall einen Prozess gegen Luzius zu wagen. Und wenn Gregor das schon sagte.

Hagen seufzte. Gregor war sein Anwalt und sein Freund. Obwohl, mit dem Freund war er sich seit einer halben Stunde gar nicht mehr so sicher. Er blickte sich im „Wall Street" um. Da saß er nun. In einem unmöglichen Restaurant. Mit einer noch viel schlimmeren Speisekarte, die Gregor wahrscheinlich originell fand. Und mit einem Pinscher, der gerade nur ausnahmsweise ruhig war …

☆☆☆

Hagen schreckte auf. Wie lange mochte er in sein halb leeres Weinglas gestarrt haben? Eine Stunde? Zwei Stunden? Er hatte gar nicht bemerkt, wie die Zeit vergangen war. Gregor war mit seinem Date jetzt bestimmt schon am Kaminfeuer. Immer die gleiche Tour. Er stürzte den restlichen Wein hinunter und spülte damit die absurden Bilder weg. Der Alkohol verbreitete eine angenehme Wärme in seinem Magen.

Am Nebentisch war es wieder lauter geworden.

cool.com und die Goldene Finanzierungsregel

Er unterschied laute, helle Stimmen. Der Dunkelhaarige war auch wieder dabei. Wie der aussah. Hagen musterte ihn verstohlen. Schulterlanges Haar, hinter die Ohren geklemmt. Braun gebrannt. Vielleicht ein Ausländer? Aber er sprach Deutsch. Ohrring, goldene Kette. Und natürlich eine Handytasche am Gürtel. Das konnte er deutlich erkennen. Ziemlich weite Jeans, ein weißes T-Shirt mit einem Schriftzug. Gepflegt, aber na ja. Er wandte sich wieder ab.

Hagen fing jetzt Wortfetzen auf: „Konjunkturdaten ziemlich gut ... Talsohle durchschritten ... NEMAX stabilisiert ...“ Ein Mann mit einer kräftigen Stimme dozierte: „Der Hang-Seng-Index ist gestern kräftig gestiegen. Ich denke schon, dass wir noch eine schöne Herbstrallye bekommen.“ Was wusste der denn schon vom Aktienmarkt. Wieder eine von diesen Eintagsfliegen. Aber gut sah er aus. Gepflegt. Und irgendwie clever. Hagen ertappte sich dabei zuzuhören. Sie schienen sich über Wirtschaft zu unterhalten. Jetzt sprach eine Frau. Und zwar über die wichtigsten asiatischen Börsenbarometer, den Aktienindex von Hongkong und den japanischen Nikkei. Gar nicht so dumm, was sie da von sich gab. Hagen schaute wieder hinüber.

„Ja, wenn der Footsie so weitersteigt, wie er heute Morgen angefangen hat, könntest du eventuell Recht haben", stimmte ihr einer der drei jungen Männer zu. Er hoffte offenbar, dass der Anstieg des Hang Seng die Entwicklung des englischen Aktienindex FTSE positiv beeinflussen würde.

Nun verfolgte Hagen das Gespräch am Nachbartisch mit wachsendem Interesse. Die vier jungen Leute, die da bei Saft und Mineralwasser beisammensaßen, sahen aus wie Studenten. Aber sie redeten wie Jungunternehmer.

„Also Nils, mit deinen paar Monaten Erfahrung am Aktienmarkt bist du nicht gerade der erfahrene Analyst, der die Kompetenz und das Know-how hat, den Startschuss für die herbstliche Hausse am Aktienmarkt abzufeuern." Der junge Mann, der seinem Gegenüber da gerade etwas frotzelnd Kontra gab, hatte einen blassen Teint. Kein Typ, der jede freie Minute auf der Skipiste verbringt, taxierte Hagen den Mann, den er auf Ende zwanzig schätzte. Vermutlich sitzt er Tag und Nacht vor einem Computer und entwickelt Softwareprogramme.

„Ihr immer mit euren Aktien", quengelte nun der Dunkelhaarige mit dem frechen Grinsen. Er hatte den anderen aufmerksam zugehört. „Ich wünschte, ich hätte auch ein Aktienmonopol so wie ihr."

„Ein Aktiendepot", korrigierte ihn der Mann mit der hellen Haut. „Ein Monopol wäre es, wenn du allein alle Aktien auf der gesamten Welt besitzen würdest. Und das wäre ein ziemlicher Hammer!" Überlegen lächelnd fügte er hinzu: „Kann übrigens sein, dass du ein Aktiendepot hast, noch ehe du verstanden hast, was das eigentlich ist, Kemal." Kemal feixte. Hagen grinste innerlich auch. So ein Grünschnabel. Aktiendepot und Aktienmonopol verwechseln. Ziemlich naiv. Und höchstens Anfang zwanzig. Aber ein Handy.

„Mach dir nichts draus, Kemal", mischte sich jetzt die blonde Frau ein. „Du bist jedenfalls nicht nur der erste, sondern auch der beste Praktikant von cool.com." Sie hatte eine angenehme Stimme. Der Junge strahlte sie an und wirkte geschmeichelt.

„So, und jetzt hört endlich mal auf, über ungelegte Eier zu reden", fuhr die Frau dann an alle gewandt fort, „solange wir mit cool.com noch nicht an der Börse sind, macht das eh keinen Sinn." Hagen nickte unwillkürlich. Obwohl er eigentlich immer noch nicht wusste, worum es am Nebentisch wirklich ging. Die Frau redete weiter. „Und wenn wir jemals dahin kommen wollen, dann müssen wir uns jetzt schleunigst wieder mit dem Thema Liquidität beschäftigen." Aha, darum ging es also. Hagen spitzte die Ohren. Was hatten diese vier jungen Leute, die wahrscheinlich alle erst am Anfang ihres Berufslebens standen, wohl für ein Liquiditätsproblem?

„Tatsache ist", fuhr die Frau jetzt fort, „dass wir das Geld von Onkel Richard fast völlig verbraucht oder verplant haben. Und wir steuern in Kürze auf eine ziemliche Liquiditätslücke zu."

Hagen riskierte einen längeren Blick und musterte sie aufmerksam. Auch sie war etwa Mitte zwanzig. Vielleicht einen Meter fünfundsiebzig groß. Ziemlich hübsch. Und sie hatte kurze blonde Haare. Locker in ihren Stuhl zurückgelehnt, lenkte sie nun das Gespräch. Sie tat das mit freundlicher Miene und selbstbewusstem Blick. Ganz einfach. Ihre Unbekümmertheit imponierte Hagen sofort. Ihr zart gebräuntes Dekolleté ebenfalls. Er fragte sich, ob sie mit einem der Männer am Tisch zusammen war. Allerdings hatte er nicht den Eindruck. Da drüben herrschte eher ein kollegiales Verhältnis. Da war er sich irgendwie sicher. Eine interessante Frau.

Unwillkürlich musste er an Doris denken. Gerade einmal eine Woche war sie nun weg. Für ihn war sie immer attraktiv gewesen. Aber gegen diese Frau? Zugegeben, die beiden trennten wahrscheinlich zehn, fünfzehn Jahre. Und dann war Doris natürlich viel kleiner als die attraktive Blonde am Nachbartisch. Hagen zog unmerklich seinen Bauch ein. Er straffte die Schultern und lehnte sich ein wenig zurück. So eine Frau müsste man kennen lernen. Er begann zu träumen. Sah sich mit ihr beim Candlelightdinner. Im Kino, Hand in Hand. Und natürlich kuschelnd vorm Kamin. Nein, halt. Stopp. Hagen unterbrach genervt seinen Traum. Das gehörte zu Gregor, nicht zu ihm.

„Vielleicht bekommen wir ja einen Herkuleskredit", sagte jetzt der junge Mann in der Lederjacke. Der Farblose. Der so grau wirkte. So ein typischer Computerheini. Jedenfalls stellte Hagen sich diese Spezies so vor. „Ich meine so einen Kredit von der Regierung für Auslandsgeschäfte. Schließlich werden wir ja garantiert mit dem Ausland Geschäfte machen", fuhr er fort. „Oder heißt das Herkulesbürgschaft? Oder so ähnlich eben."

Hagen wusste plötzlich auch nicht, was in ihn gefahren war. Eigentlich tat er so etwas nicht. Und trotzdem: Er sah seine Chance und nahm sie wahr.

„Entschuldigen Sie. Ich möchte mich Ihnen nicht aufdrängen. Aber es heißt Hermesbürgschaft. Sie wird von der Regierung an Firmen vergeben, die in Auslandsgeschäften tätig sind. Aber ich wollte Sie nicht unterbrechen", sagte er mit betont unaufdringlicher Stimme.

Vier Köpfe wandten sich ihm zu. Keiner schien überrascht oder irritiert darüber, dass er sich als Unbekannter vom Nebentisch aus in ihre Unterhaltung eingemischt hatte. Also wartete er nicht auf Antwort und fuhr fort: „Eine Hermesbürgschaft ist eine Art Versicherung für deutsche Firmen, die im Exportgeschäft tätig sind. Falls ein ausländischer Kunde zahlungsunfähig wird, übernimmt der Bund als Schuldner fünf Achtel der Außenstände. Er sichert somit die deutsche Firma gegenüber den Auslandspartnern ab."

„Also keine Kreditform, sondern eine reine Bürgschaft?", fragte der Mann in der Lederjacke. „Das kommt dann für uns natürlich nicht infrage. Mist."

„Wahrscheinlich eher nicht", antwortete Hagen und sah die blonde junge Frau ganz kurz von der Seite an. Sie hörte ihm interessiert zu. „Wenn ich Sie richtig verstanden habe, geht es in Ihrer Diskussion um die Liquidität einer Firma. Da können Sie mit einer Hermesbürgschaft kurzfristig nichts anfangen."

Die vier schwiegen. Hagen räusperte sich etwas verlegen. Immerhin hatte er nun zugegeben, dass er das Gespräch belauscht hatte. Trotzdem rückte er seinen Stuhl zur Seite und drehte sich etwas mehr zum Nachbartisch hin. Die junge Frau bat ihn mit einer Handbewegung an den Tisch. „Sie verstehen anscheinend etwas von Betriebswirtschaft", sagte sie und lächelte ihn an. „Kommen Sie doch zu uns, wenn Sie möchten, dann können wir uns besser unterhalten."

Die Frau gefiel ihm wirklich. Er mochte ihre Stimme. Und sie war ausgesprochen freundlich. Gute Umgangsformen. Was die nur mit diesen Knaben zu tun hatte? Na ja, vielleicht konnte er ja ein paar nützliche Tipps geben. Und ganz nebenbei ausprobieren, wie er auf junge Frauen wirkte. Warum nicht.

„Gern", erwiderte er also und schloss den mittleren Knopf seines Jacketts. Er schob seinen Stuhl an den Nebentisch. Daisy schob er vorsichtig mit dem Fuß ein paar Zentimeter weiter. Der Pinscher schlief offensichtlich tief und fest. Hagen atmete innerlich auf. Außerdem rückte so die Gefahr des Servietten bedeckten Häufchens aus der Reichweite seiner Füße. Eine angenehme Vorstellung.

Er setzte sich und knöpfte das Jackett wieder auf. Plötzlich fand er sein Gehabe selbst deplatziert und lächelte verlegen. Kemal lächelte ihn offen an. „Ganz schön frech, das kleine Hündchen, oder? Macht das Vieh öfter solche kleinen Schweinereien?" Hagen schoss das Blut in den Kopf. Aber der junge Mann wollte sich nicht über ihn lustig machen. Im Gegenteil. Augenzwinkernd bemerkte er etwas wie „persönliche Freiheit" und „Hundefreund" – und dann war die Sache gegessen.

Hagen vermied es, sich namentlich vorzustellen. Normalerweise hätte er das getan. Aber er wusste einfach nicht, wie. Sollte er etwa zugeben, dass er gerade auf die Straße gesetzt worden war? Dass er weder ein noch aus wusste? Nein danke.

„Wir diskutieren gerade das Thema Liquidität", griff die forsche junge Frau das Thema wieder auf. „Oh, damit kenne ich mich gut aus." Hagen schnaubte ein wenig, zwang sich dann jedoch zu einem verbindlichen Lächeln.

„Sind Sie vom Fach?" Der junge Mann in der Lederjacke beugte sich vor und schaute Hagen neugierig an. „Ich habe mich einige Jahre mit Wirtschaftsthemen beschäftigt", gab Hagen ausweichend zurück.

„Was sind Sie denn von Beruf?" Der Lederjackenmann ließ nicht locker. Das musste jemand sein, der den Dingen auf den Grund geht.

„Ich bin – beziehungsweise ich war – bis vor kurzem im Controlling der deutschen Niederlassung eines amerikanischen Konzerns tätig", untertrieb Hagen kurz. Dann wechselte er das Thema, um von seiner Person abzulenken. Ein wenig hektisch und nicht ganz exakt begann er: „Sie sprechen über Liquidität und meinen wahrscheinlich ein konkretes Objekt. Vermute ich richtig, dass Sie dabei die Goldene Finanzierungsregel im Auge haben? Und gehen Ihre Überlegungen dahin, wie man ein Unternehmen, sagen wir mal, in Übereinstimmung mit dieser Goldenen Finanzierungsregel bringt?"

Hagen formulierte die Frage etwas konfus, denn eigentlich hatte die Goldene Finanzierungsregel ja nichts mit Liquidität zu tun. Er war sich inzwischen zwar ziemlich sicher, dass er es mit Vertretern der New Economy zu tun hatte, doch solange er nicht genau wusste, welche Positionen diese jungen Leuten innehatten, blieb er vorsichtig. Gehörten sie zur Geschäftsführung oder waren es einfache Mitarbeiter? Er wollte seine eigene Position vorerst nicht unbedingt preisgeben.

„Es geht um die Liquidität unserer Firma", sagte die Frau.

„Sie meinen ...", Hagen zögerte, „*Ihrer* Firma?" Es fiel ihm schwer zu glauben, dass dieses Quartett das Management oder gar die Inhaber eines Unternehmens repräsentierte. Und vor allem: Diese vier Menschen diskutierten über Grundlagen der Betriebswirtschaft. Über Basiswissen. Wie sollten diese Anfänger nur zu einer eigenen Firma gekommen sein? Auf der anderen Seite hatte er schon viel über junge Leute gelesen, die kurz vor dem Abitur oder während der ersten Semester des Studiums ein Unternehmen gründeten. Das musste also nicht viel heißen.

„Genau, unserer Firma cool.com."

„cool.com, aha", sagte Hagen.

„Was haben Sie eben gesagt? Goldene Finanzierungsregel? Kenn ich nicht", mischte sich der Praktikant nun ein. Der Mann mit der Lederjacke klärte Kemal auf. Über die Regel, die auch Goldene Bilanzregel heißt. Über an das Unternehmen gebundene Anlagegüter, die durch langfristiges Kapital gedeckt sein müssen. Und über das Umlaufvermögen, das durch kurzfristiges Kapital gedeckt werden kann.

Kemal nickte nachdenklich. „Und bei uns fehlt im Moment wohl alles, oder? Kein Eigenkapital, also auch kein Kredit. Und das Geld von Hannas Onkel ist ja bald alle, wenn ich das richtig sehe."

„Hanna, das bin ich", erklärte die Frau. „Hanna von Jugenheim. Und wer mein Onkel ist, erzähle ich Ihnen später, wenn Ihnen dann noch nicht langweilig geworden ist." Sie lächelte und bestellte sich per Handzeichen einen neuen Orangensaft. „Und der hier", fuhr sie fort, „das ist Nils." Sie deutete auf den gut aussehenden Mann. Nils nickte kurz. „Er ist unser Frontmann. Und er verkauft uns. Und das ist Frank. Der stillste von uns drei jungen Unternehmern", sagte Hanna etwas nachsichtig und lächelte den farblosen Lederjackenträger an. „Dass er so eine lange Rede wie jetzt gerade hält, kommt allerhöchstens alle zwei Monate vor." Der Mann mit der Lederjacke verdrehte die Augen.

„Lieber viel denken als viel reden", meinte Frank unsicher lachend. Dann nickte er Hagen zu und sagte: „Frank Betz, ich bin Informatiker. Und das ist Kemal, unser Praktikant."

„Der Mann mit dem Aktienmonopol." Hagen lächelte dem Jungen zu. Und er klopfte sich innerlich auf die Schulter. Immerhin eine der vier Personen hatte er richtig eingeschätzt. Informatiker war der Typ in der Lederjacke also. So ganz genau konnte er sich allerdings nicht vorstellen, was ein Informatiker tatsächlich arbeitet.

„Und wer sind Sie?" Hannas Frage brachte ihn aus dem Konzept. Noch bevor er antworten konnte, fügte sie hinzu: „Oder sollen wir Du sagen? Ich meine, wir sagen alle Du zueinander. Es ist nicht so unpersönlich. Finden Sie nicht?" Hagen atmete innerlich auf. Damit kam er um die offizielle Vorstellungsrunde herum. „Ich heiße Hagen Icks. Hagen also."

„Hagen", warf der Praktikant ein, „das ist ein cooles Label." Und als er Hagens fragenden Blick bemerkte, meinte er: „Na ja, ich steh halt auf alles, was anders ist. So als Exiltürke. Nee, Quatsch, ich bin natürlich Deutscher. Aber mit türkischen Eltern. Und Hagen, also der Name kommt echt gut. Wow."

Alle lachten. Das war typisch Kemal. Nun sah Hagen auch, was auf seinem T-Shirt stand. G A P – was das wohl bedeuten könnte. Kurzfristig erinnerte ihn das plakative Kürzel an die US-GAAP, die Generally Accepted Accounting Principles. Schnell schob er die unangenehmen Assoziationen beiseite. Sicherlich war das T-Shirt echt cool. Hagen musste lächeln.

„Und was machst du, wenn du nicht gerade im „Wall Street" sitzt und dich in Gespräche einmischst?" Nils schaute Hagen herausfordernd an, und als Hagen nicht gleich antwortete, fragte er: „Ich meine, bist du Controller oder Analyst oder Finanzmanager oder was?"

„Ich bin, äh, ich war", verbesserte sich Hagen, „ich war CFO bei einer Kältetechnik-Firma."

„Und was machst du jetzt?", wollte Nils wissen.

„Momentan mache ich ein wenig Urlaub. Urlaub zu Hause."

Hanna reagierte sofort und wechselte das Thema. „Es wäre wirklich toll, wenn du uns einige Tricks verraten würdest. Damit kennst du dich doch aus, oder? Zum Beispiel, wie wir mit unserem aufstrebenden Start-up-Unternehmen rasch zu neuem Kapital kommen können." Und mit einem spöttischen Lächeln fügte sie hinzu: „Ich meine, schließlich will unser junger Praktikant auch noch in drei Monaten sein großes Praktikantengehalt kriegen."

Das war Hagens Stichwort.

„Och, da gibt es verschiedene Möglichkeiten", fing er an. „Zum Beispiel beantragt man einfach zweieinhalb Millionen Euro für Praktikantengehälter." Alle lachten und Kemal fragte: „Und wo beantragt man die? Etwa beim Kreditinstitut für Praktikanten?"

„Nee, man geht zur IPB, zur Internationalen Praktikantenbank", warf Nils ein. Ganz schön schlagfertig war dieser Nils. Das imponierte Hagen.

Hagens Stimme wurde nun ernster: „Man kann natürlich auch zum Finanzamt gehen."

„Ha, ha", lachte Nils, „das Finanzamt! Die wollen doch immer nur Geld haben. Die geben doch keines her!"

„Wenn man es richtig macht, dann gibt das Finanzamt auch Geld her", widersprach Hagen. Und mit einem Blick zu Hanna meinte er dann: „Nils war vorhin gar nicht so weit weg mit seinem Gedanken, dass man vom Staat Geld kriegen könnte."

„Und wie soll das gehen", fragte Nils neugierig.

„Oh, das ist gar nicht so kompliziert. Allerdings ist es nicht gerade die feine englische Art, und wenn möglich, sollte man so etwas auch nicht tun. Aber ich verrate es euch trotzdem. Also: Angenommen, eure cool.com möchte in der nächsten Zeit Ware einkaufen." Er machte eine kleine Kunstpause und räusperte sich. „Dann bestellt ihr die Ware bereits jetzt, obwohl ihr sie erst später haben wollt. Die Rechnungen lasst ihr euch aber sofort ausstellen. Und mit denen geht ihr zum Finanzamt und lasst euch dort die Mehrwertsteuer erstatten. Das ist dann quasi ein Kredit vom Finanzamt für eure Praktikantengehälter." Hagen lächelte. „Aber im Ernst. Auf diese Art bleibt kurzfristig Geld in der Kasse, denn die Zahlungen für die Waren werden ja erst viel später, nach Lieferung, fällig. Ihr bekommt aber die Mehrwertsteuer direkt erstattet. Das sind also satte 16 Prozent auf einen Betrag X, den ihr irgendwann einmal an eure Lieferanten bezahlt. Natürlich sollte man damit nicht hausieren gehen – und seriöse Unternehmen greifen auf diese Methoden in der Regel nicht zurück."

Hagen sah die Verblüffung auf den Gesichtern am Tisch. Jetzt war er in seinem Element. Spontan plauderte er über weitere Tricks, wie man vom Finanzamt Geld bekommt. Oder auch wie sich Zahlungen ans Finanzamt verzögern lassen.

„Übrigens gibt es auch einen anständigen Weg: Mit einer so genannten Dauerfristverlängerung könnt ihr die Umsatzsteuervoranmeldung beim Finanzamt um einen Monat nach hinten verschieben. Ihr zahlt dann zum Fälligkeitstermin nur ein Elftel der im Vorjahr gezahlten Umsatzsteuer. Den Rest meldet und zahlt ihr einen Monat später. So ein Zahlungsaufschub hat in der Wachstumsphase dieselbe Wirkung wie ein Kredit. Zumindest erspart er der Firma über eine gewisse Zeit, einen neuen Kredit aufzunehmen."

Er schwieg einen Moment und genoss die gespannte Aufmerksamkeit seiner Zuhörer. Dann fuhr er fort: „Eine weitere Möglichkeit der Kapitalbeschaffung durch Zahlungsaufschub könnte man bei der Zahlung von ausstehenden Rechnungen nutzen. Wenn eure Firma zukünftig Rechnungen nicht gleich bei Lieferung zahlt, verliert ihr zwar den Skontoabzug. Aber ihr beschafft euch einen Lieferantenkredit, wenn ihr das Zahlungsziel ausstehender Rechnungen weit nach hinten schiebt." Nils grinste. Das war ihm scheinbar bekannt. Trotzdem fuhr Hagen fort: „Am besten vereinbart man ein ziemlich langes Zahlungsziel. Sechs Monate sind da durchaus drin. Sagt euren Lieferanten einfach, dass ihr sonst woanders kauft. Das funktioniert fast immer. Und wenn's mal brennt, dann zahlt ihr immer noch nicht. Nutzt die Mahnfristen schamlos aus – bis nach der dritten Mahnung. Das kostet zwar ein bisschen Mahngebühren und vielleicht auch ein paar Verzugszinsen, aber so könnt ihr eine Kreditlänge von fast einem Jahr erreichen. Noch dreister ist es übrigens, dann trotzdem mit Skontoabzug und ohne Mahngebühren zu zahlen – aber das kann man wirklich nicht allen Lieferanten zumuten, da sollte man sorgfältig abwägen. Immerhin: So lange habt ihr die Gelder, mit denen ihr eigentlich die Waren bezahlen wolltet, für andere Verpflichtungen frei. Zudem gehören diese Mittel buchungstechnisch zu den Aktiva. Und das heißt, ihr könnt anderen Kreditgebern gegenüber bessere Bilanzen vorweisen. Ist doch ganz einfach." Er blickte lächelnd in die Runde. Nur im Hinterkopf schämte er sich ein bisschen. Denn mit den letzten Sätzen hatte er eindeutig übertrieben. Dass den Aktiva in gleicher Höhe Zahlungsverpflichtungen, also Passiva, gegenüberstanden, und dass diese Methode teuer und daher wenig sinnvoll ist, hatte er kurzerhand unter den Tisch fallen lassen. Bewusst. Schließlich wollte er als Experte mit grandiosen Ideen glänzen.

„Gar nicht schlecht, wenn einen so ein erfahrener Finanzhase in seine Trickkiste schauen lässt", sagte Nils. „Das macht richtig Laune zuzuhören." Die anderen nickten zustimmend.

„Ja", bestätigte Kemal. „Hast du noch mehr davon drauf?" Man sah förmlich, wie sich bei ihm in Gedanken das Aktiendepot wieder in ein Aktienmonopol verwandelte.

„Wo wir schon beim Thema Finanzamt sind", Hagen ließ sich nicht zweimal bitten: „Ihr könntet eure Vorauszahlung auf die Körperschaftsteuer auf Null setzen lassen. Damit erreicht ihr, dass ihr Steuerschulden später bezahlt. Das kostet zwar auch ein paar Zinsen, belastet aber eure Kreditlinie nicht. Allerdings muss man dabei höllisch aufpassen, dass man nichts vergisst und deswegen Säumniszuschläge zahlen muss. Denn die liegen bei neunzehn Prozent – und das ist viel Geld. Versteht ihr?" Er schaute fragend in die Runde. Keiner sagte etwas. War er zu forsch gewesen? Um seine Unsicherheit zu verbergen, fuhr Hagen fort. „Fassen wir zusammen: Das Prinzip ist, möglichst viel Geld möglichst lange auf den eigenen Konten behalten. Das sorgt dort natürlich für eine möglichst hohe Verzinsung. Also solltet ihr mit der Hausbank ein gut verzinstes

Parkkonto aushandeln. Und Zahlungsverpflichtungen so lange wie möglich hinausschieben. Auf der anderen Seite mögliche Einkünfte oder Gewinne möglichst schnell realisieren. Das wäre die Strategie bei der nennen wir es mal Ad-hoc-Kapitalbeschaffung."

„Also so eine Art Instant-Cash-Strategie", kommentierte Nils.

„Das klingt aber ziemlich clever." Hanna kicherte. „Was wohl unsere Lieferanten von diesen Interimslösungen zur Kapitalbeschaffung halten?"

Sie wurde schnell wieder ernst und schaute Hagen an. „Ich könnte mir vorstellen, dass du aufgrund deiner großen Erfahrung noch andere Ideen hast, oder? Zum Beispiel wie wir weiteres Start-up-Kapital akquirieren können." Angenehm vertraulich legte sie ihre Hand auf Hagens Unterarm, während sie weiterredete „Was hast du denn sonst noch in deinem ‚Experienced Brainpool'?"

In meinem was? Hagen brauchte einige Sekunden, um ihre merkwürdige Ausdrucksweise zu verstehen. Dann legte er wieder los. „Eine weitere Möglichkeit der Kreditnahme wäre, dass ihr eure Lieferanten nicht mit Geld bezahlt." Hagen fühlte, wie ein angenehmes Kribbeln seinen Arm durchströmte, ließ sich aber nicht ablenken.

Nils lachte ungläubig: „Das ist gut, Lieferanten nicht mit Geld bezahlen. Womit sollen wir sie denn bezahlen, wenn nicht mit Geld?"

„Zum Beispiel mit Firmenanteilen."

Nils stutzte. „Wir haben aber noch gar keine Aktien. Die haben wir doch erst, wenn wir eine Aktiengesellschaft an der Börse sind. Und das kann noch ein Weilchen dauern", wandte er ein.

Hagen seufzte, das kannte er schon. Viele vermischten den Status einer AG, einer Aktiengesellschaft, immer noch mit der Tatsache, an der Börse notiert zu sein. Dabei konnte man auch vor dem Börsengang schon als AG firmieren. In wenigen Worten machte er den drei aufmerksamen Zuhörern den Unterschied klar und verwies dann auf eine weitere Möglichkeit: „Dann gebt ihr euren Lieferanten eben Aktienoptionen."

„Du meinst, wir bezahlen sie mit Aktien, die es noch nicht gibt? Also nur mit der Aussicht, irgendwann einmal cool.com-Aktien zu erhalten? Na bravo, die werden uns was erzählen!" Nils fasste sich an den Kopf und schnaubte.

Aber Hagen ließ sich nicht aus dem Konzept bringen. „Ganz genau. Ihr verbrieft ihnen das Recht, nach dem Börsengang eine bestimmte Menge Aktien zu einem bestimmten Preis zu kaufen. Ihr verteilt also das Fell des Bären, noch bevor ihr ihn erlegt habt, und holt euch dadurch neues Kapital in die Firma."

„Und du meinst, das funktioniert?", fragte Frank ungläubig. Er hatte bis dahin schweigend zugehört und blickte Hagen nun skeptisch an.

„Klar funktioniert das", sprang Nils jetzt begeistert für Hagen ein. Er hatte begriffen. „Stell dir nur vor, du hättest in der Startphase einer heute erfolgreichen Softwarefirma einige Wochen lang als freier Programmierer für das damals noch kleine, aber aufstrebende Unternehmen gearbeitet. Und die hohen Herren hätten dich dazu überredet, dir dein Honorar in Form von Aktienoptionen auszahlen zu lassen. Da wärst du heute ein gemachter Mann."

„Ich bin ganz froh, dass Frank damals noch nicht programmieren konnte. Sonst wäre er heute nicht bei uns, sondern würde vermutlich an irgendeinem Traumstrand sein Leben genießen", sagte Hanna fröhlich.

„Es hat tatsächlich eine ganze Reihe solcher Fälle gegeben", erzählte Nils. „Ich habe neulich von einem aus den USA gelesen. Da hat ein Handwerker die Räume eines kleines Internetunternehmens ausgebaut. Und weil die Firma nicht liquide war, hat er sich mit

Aktien bezahlen lassen. Es ging um dreißigtausend Dollar. Ein Jahr später hat der Handwerker dann seine Aktien verkauft und bekam satte sechshunderttausend Dollar."

„Eine gute Geschichte, um skeptische Lieferanten und sonstige Gläubiger zu überzeugen", bemerkte Hagen, „vorausgesetzt, sie haben Vertrauen in das Unternehmen und sein Produkt. Nach dem Absturz des Neuen Marktes im letzten Jahr kauft so schnell keiner mehr die Katze im Sack. Was macht ihr eigentlich in eurer Firma? Ich meine, nachdem ich hier quasi kostenlos und unverbindlich finanztechnische und steuerrechtliche Beratung durchführe, würde mich so langsam auch interessieren, mit was für einem Unternehmen ich es zu tun habe."

„Das ist ganz einfach", sagte Nils. „Unsere Firma heißt cool.com – und unser Produkt ist die Zukunft aller Kühlschränke."

Hagen musste lachen. „Oh, die Zukunft der Kühlschränke. Was ist denn das, die Zukunft aller Kühlschränke?"

„Da gibt's gar nichts zu lachen," wies ihn Hanna zurecht. „Unser Produkt ist tatsächlich ein echtes Zukunftsprodukt." Hagen lenkte ein.

„Jetzt spannt mich nicht auf die Folter. Habt ihr eine große Entdeckung gemacht? Habt ihr vielleicht eine Formel gefunden, wie man aus Kühlflüssigkeit Gold macht?"

„Nicht schlecht geraten", gab Hanna zurück. „Mit Alchemie haben wir zwar nichts am Hut, aber das mit dem Goldmachen, das könnte trotzdem auf uns zutreffen. Hoffen wir zumindest. Allerdings werden wir das Gold nicht aus Kühlflüssigkeit machen, sondern aus dem Ideenpotenzial der Mitarbeiter unserer Firma."

Hagen zog die Augenbrauen hoch. Das klang doch alles ein wenig naiv. Und alles andere als konkret. Trotzdem hakte er weiter nach: „Das klingt ja sehr vielversprechend. Und wie nennt man das Produkt, das ihr euch vergolden lassen wollt?"

„Wir werden, wenn alles weiter so gut läuft wie bisher, in absehbarer Zeit die erste Firma der Welt sein, die einen Screen-Fridge produziert. Besser gesagt, wir werden die Ersten sein, die eine funktionierende Software für einen Screen-Fridge auf den Markt bringen."

„Einen Screen-Fridge?" Hagen sah Hanna irritiert an. „Was ist denn das? Ein Art computergesteuerter Kühlschrank? So was gibt's doch schon ziemlich lange, oder nicht?"

„Stimmt!" Nun meldete sich Frank, der Entwickler, zu Wort. „Aber ein Screen-Fridge ist nicht einfach ein computergesteuerter Kühlschrank. Unser Screen-Fridge ist ein internetfähiger Kühlschrank. Und so was ist noch nicht auf dem Markt."

„Und was kann der, außer Lebensmittel zu kühlen?" Hagen hatte langsam das Gefühl, mit einem Haufen Spinner am Tisch zu sitzen. Internetfähiger Kühlschrank. Er stellte sich seinen guten alten LuMa-Kühlschrank am Rechner vor. Durchs Internet surfend. Vielleicht auf der Suche nach einer heißen Gefriertruhe im Chatroom. So ein Quatsch.

Er unterbrach seine albernen Gedanken, da Frank weiterredete. „Wenn alles wie geplant umgesetzt werden kann, dann hast du dank cool.com einen intelligenten Kühlschrank. Der kann sich nämlich per Internet bei deinem Lebensmittelhändler melden, wenn der Joghurt und der Magerquark alle ist. Und außerdem sagt er ihm, dass nur noch ein halbes Glas Nutella übrig ist."

Hagen erinnerte sich. Er hatte vor einiger Zeit einen Artikel über den vollelektronischen Haushalt der Zukunft gelesen. Und da war als Zukunftsvision auch von Kühlschränken die Rede gewesen, die selbstständig dafür sorgten, dass sie nie leer wurden. Dass jedoch schon konkret an der Entwicklung gearbeitet wurde, war ihm neu. „Ich verstehe", sagte er nicht ganz ehrlich, aber beeindruckt. „Und wie lange gibt es euer Unternehmen schon?"

„Als wir cool.com vor einem Jahr gegründet haben, waren wir alle noch im Studium", erzählte Nils. „Inzwischen sind wir mit unserer Firma dreimal umgezogen, haben fünfunddreißig Mitarbeiter und platzen schon wieder aus allen Nähten."

Plötzlich fing Daisy, die die ganze Zeit unbeachtet friedlich unter dem Tisch vor sich hin gedöst hatte, aus heiterem Himmel an zu kläffen. Hagen seufzte gequält. Dieser Hund war wirklich eine Plage. An eine Fortführung der Unterhaltung war nun nicht mehr zu denken. Hagen versuchte gar nicht erst, sie zu beruhigen. Stattdessen schaute er auf die Uhr und stand auf.

Doch Kemal ließ ihn nicht so einfach gehen. „Ist das deiner?", fragte er.

Hagen nickte.

„Darf man den anfassen?"

Daisy kläffte unbeirrt weiter. Als Kemals Hand in ihre Nähe kam, knurrte sie drohend, doch Hagen zog sie mit einem schnellen Ruck an der Leine zurück.

„Im Moment besser nicht", sagte er. „Daisy ist zurzeit etwas verstört. Für den Namen kann ich übrigens nichts", entschuldigte er sich sofort. Dann nahm er den Pinscher auf den Arm. „So, ich muss los. Der Hund hat noch einen Termin beim Tierarzt."

„Ist sie krank?" Kemal schien aufrichtig interessiert.

„Nicht direkt", wich Hagen aus. „Es ist eher eine vorbeugende Geschichte. Mit Naturheilkunde und so. Tierheilbehandlung. Was man halt so macht heutzutage." Er biss sich verlegen auf die Unterlippe. Das Gespräch hatte eine Wendung genommen, die ihm gar nicht behagte. Aber Kemal ließ nicht locker.

„Ach, Tierpsychologie", rief er begeistert. „Das kenne ich. Das wollte ich auch mal werden. Tierpsychologe und Tierheilpraktiker. Gute Sache. Aber ich habe mich dann doch für die IT-Branche entschieden. Da gibts nämlich mehr Kohle. Aktienmonopol und so", fügte er augenzwinkernd hinzu. „Aber mal ernsthaft: Da musst du echt hingehen, das bringt was. Hat es mit ihrer ..." er grinste jetzt wieder ziemlich frech „ ... Kackerei zu tun?" Hagen verdrehte die Augen und nickte.

Daisy wurde jetzt immer lauter. Wie konnte ein so ein kleiner Hund derartigen Lärm machte. Er griff nach seinem Mantel und wollte raus. Die Situation wurde ihm immer unangenehmer.

Doch Hanna hielt ihn zurück. „Hagen, kannst du mir nicht deine Telefonnummer geben?" Sie merkte, dass er es plötzlich eilig hatte. Aber sie wollte seine Telefonnummer. Trotz der Geschichte mit dem Hundepsychiater. Es war nicht zu fassen. Hagens Herz begann laut zu klopfen. Als er keine Anstalten machte, seine

Finanzierungsformen

Außenfinanzierung

Fremdfinanzierung: Wird das Kapital nur für eine bestimmte Dauer überlassen, liegt eine **Kreditfinanzierung** vor (Lieferanten-, Bankkredite, Darlehen, Hypotheken, Schuldverschreibungen).

Eigenfinanzierung: Stellen Eigentümer Eigenkapital zur Verfügung, so handelt es sich um **Beteiligungsfinanzierung**.

Visitenkarte zu zücken, hakte Hanna nach: „Ich meine, wir könnten das interessante Gespräch ja gelegentlich fortsetzten."

Jetzt wurde Hagen aktiv. Er kramte in seiner Jackentasche und reichte ihr seine Karte. Dann nahm er sie noch einmal zurück, strich die Büronummer durch und setzte die private darunter. Er hob zum Abschied seine Hand, lächelte und warf ein lockeres „Ciao" in die Runde. Cool, dachte er, während er sich umdrehte und grinste. Wenn das Gregor gesehen hätte. Und mit der kläffenden, zerrenden Daisy an der Leine ging er beschwingten Schrittes aus dem Lokal.

Noch am gleichen Abend rief Hanna an: „Ich hoffe, ich störe dich nicht." Im Hintergrund hörte Hagen die Durchsagen eines Bahnhofslautsprechers.

Innenfinanzierung

Aus dem Umsatzprozess:

- Bei der **Selbstfinanzierung** werden Unternehmungsgewinne einbehalten (thesauriert).

- Bei der **Finanzierung aus Abschreibungsgegenwerten** müssen diese über Umsatzerlöse verdient und als Einzahlungen zugeflossen sein.

- Rückstellungen, von denen man noch nicht weiß in welcher Höhe und wann sie anfallen, dienen der Begleichung von Verbindlichkeiten

zu einem späteren Zeitpunkt. **Finanzierung aus Rückstellungsgegenwerten** geschieht z.B. über Pensions- oder Steuerrückstellungen.

Durch Vermögensumschichtung:

Verkäufe von nicht notwendigem Vermögen (z.B. Grundstücke, Wertpapiere); aber auch durch Rationalisierungsmaßnahmen wie z.B. effizientere Lagerhaltung werden Finanzmittel dem Unternehmen zugeführt bzw. erhalten.

„Oh, hallo, nein, du störst absolut nicht, im Gegenteil", stammelte Hagen. Er hatte seit Stunden darüber nachgedacht, unter welchem Vorwand er sie anrufen und um ein Treffen bitten könnte. Bis ihm einfiel, dass ihre Nummer überhaupt nicht hatte. „Worum geht's denn?"

„Ich habe mich heute Nachmittag noch mal mit Nils und Frank zusammengesetzt. Irgendwie sind wir doch ziemlich blauäugig an unsere Unternehmensgründung rangegangen. Durch das Gespräch mit dir ist uns klar geworden, dass wir im Bereich Finanzen dringend kompetente Unterstützung brauchen. Weißt du, Kreativität und Engagement in der Produktentwicklung und im Marketing sind die eine Seite. Und da sind wir echt gut. Frank

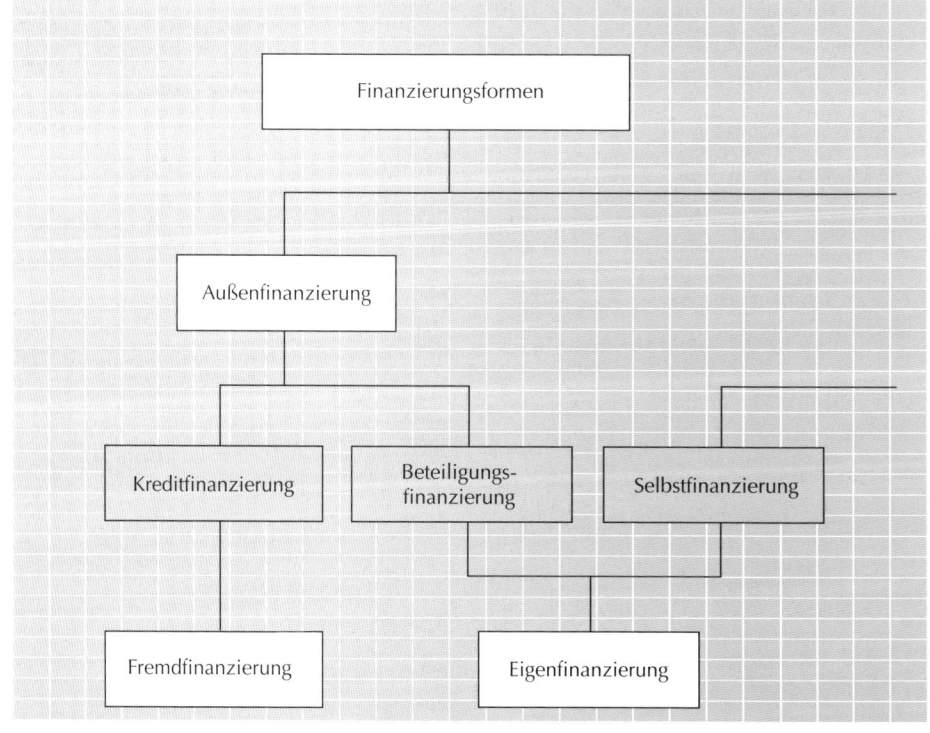

entwickelt mit seinem Team, Nils macht ein bisschen Marketing und bislang auch unsere Buchhaltung, und ich kümmere mich um Außenkontakte und alles, was mit Personaldingen zusammenhängt. Aber finanztechnisches Know-how, Finanzierungsstrategien und eine ordnungsgemäße Buchführung sind eine andere Sache. Tja, und davon haben wir alle nicht viel Ahnung, das hast du ja mitgekriegt." Sie machte eine kurze Pause. „Hagen, jetzt lach mich bitte nicht aus. Aber hast du nicht Lust, unser CFO zu werden?"

Hagen war sprachlos. Er starrte Daisy an, die vor ihm auf dem Boden herumtänzelte. Damit hatte er nun wirklich nicht gerechnet. Ihm schossen tausend Gedanken durch den Kopf. Natürlich, cool.com schien dringend einen kompetenten Finanzchef zu brau-

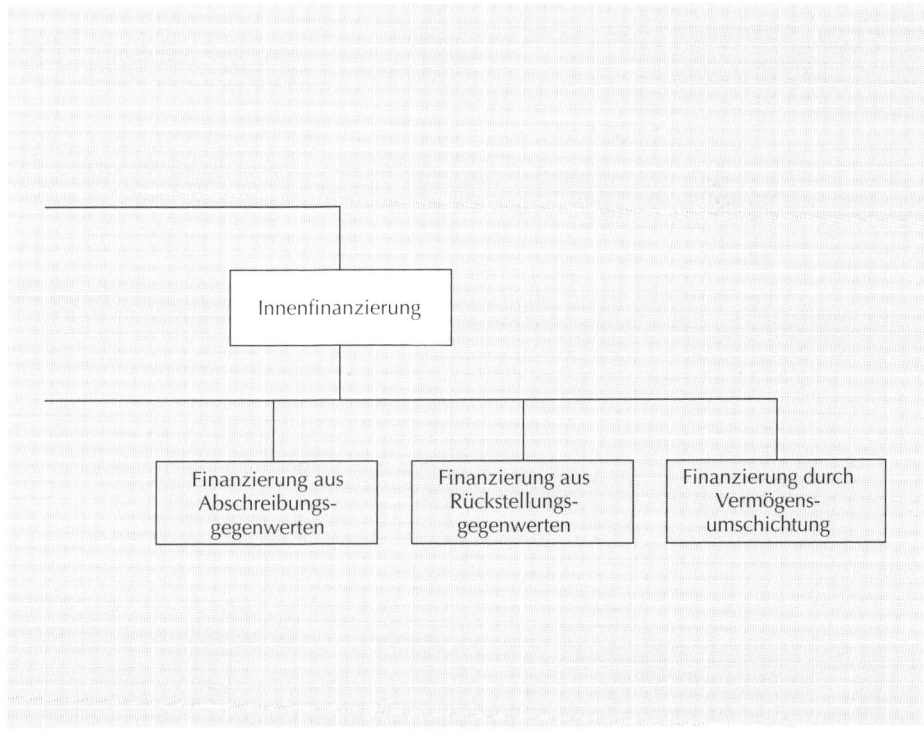

chen. Und bestimmt wäre es eine spannende Herausforderung, dieses Unternehmen finanziell auf sicheren Boden zu stellen. Aber so ein Angebot nach einem zufälligen Gespräch beim Mittagessen, ohne Zeugnisse, Papiere, Referenzen. Das ging ihm nun doch ein bisschen zu schnell. Waren diese Leute nicht ziemlich voreilig? Zugegeben, von den unkomplizierten Methoden der New Economy hatte er schon gehört. Aber passte er dort überhaupt hinein?

„Hallo Hagen, bist du noch dran?" unterbrach Hanna seine Gedanken. „Äh, ja, Moment mal, der Hund ..." Hagen ließ den Hörer sinken. Während des langen Nachmittags hatte er es sich vorgestellt. Hanna und er beim Abendessen in einem Restaurant oder auf einen Drink in einer Bar. Sie bittet ihn um Rat. Und er gibt großzügig Auskunft. Auf rein privater Ebene natürlich. Und ihre großen Augen strahlen ihn an. Ein fester Job mit Hanna als neuer Chefin kam in diesen Träumen eigentlich nicht vor.

Hanna unterbrach seine Gedanken wieder. „Tut mir Leid, dass ich dich so überfahren habe. Aber du hast ja mitbekommen, dass wir keine Zeit zu verlieren haben. Außerdem", sie räusperte sich verlegen, „außerdem wollten wir unser Angebot loswerden, bevor dich jemand anderes engagiert. Leute mit deiner Erfahrung und deinem Wissen gibt's schließlich nicht wie Sand am Meer."

Hagen war völlig perplex. Aber er musste irgendwie lachen. Das Leben war auf einmal wieder schön: „Nun trag mal nicht zu dick auf, Hanna. Aber – tja, Lust hätte ich prinzipiell schon. Nur – gib mir ein bisschen Zeit, die ganze Sache zu überdenken. Euer Angebot kommt für mich wirklich sehr überraschend. Und eigentlich gehöre ich nicht zu den Leuten, die bei solchen Dingen spontane Entscheidungen treffen."

„Klar", antwortete sie verständnisvoll, „kein Problem. Denk einfach drüber nach und ruf mich in ein paar Minuten zurück.

Unter der *01 72 - 6 15 65 04* bin ich immer zu erreichen." Sie lachte. „Wenn du für deine Entscheidung länger brauchst, warte ich notfalls auch ein paar Stunden. Ich lasse jedenfalls mein Handy an. Ich glaube, dieses Abteil ist keine handyfreie Zone."

Nachdem er den Telefonhörer aufgelegt hatte, fing er an, in der Küche auf und ab zu laufen. Ganz schön verrückt, diese Frau. Bietet ihm einfach einen Job an. Dabei war er sich nicht einmal sicher, ob cool.com ihn überhaupt bezahlen konnte. Was sollte er tun? Vielleicht einfach als freier Berater zur Verfügung stehen? Immerhin, er erkannte klar die Chancen, die sich ihm bei cool.com boten. Er würde an vorderster Front beim Aufbau einer neuen Firma beteiligt sein. Und er würde als CFO von Anfang an in der ersten Reihe mitmischen. Nicht schlecht, eigentlich. Und er wusste viel von seinem Fach. Keiner aus dem jungen Führungsteam würde sich als sein Chef zu profilieren suchen. Da war er sich ziemlich sicher. Im Gegenteil, sein Rat und seine Erfahrung waren offenbar gefragt. Denn in der Phase, in der sich cool.com derzeit befand, hing alles vom Kapital und vom richtigen Einsatz der Finanzen ab. Hing alles von ihm ab. Und es würde Spaß machen, in diesem Unternehmen zu arbeiten. Unbürokratische, kurze Entscheidungswege. Flache Hierarchien. Und vor allem die jungen Inhaber, die sich selbst als „kreatives Potenzial" bezeichneten.

Langsam wurde er euphorisch: Hagen Icks als CFO in der New Economy. Er konnte sich das feiste Gesicht von S. M. Luzius lebhaft vorstellen. Entgeistert. Wahrscheinlich wütend. Hagen Icks im Aufwind. Macht einfach etwas anderes. Etwas Besseres. Nicht wie diese Langweiler bei der LuMa. Deren Leben seit Jahrzehnten nach den immer gleichen Ritualen ablief. So wie seines. 14 Jahre lang. Jedenfalls bis heute.

Hagen griff zum Telefon. Und Daisy konnte sich wieder einmal eine spontane Darmentleerung nicht verkneifen. Wie immer, wenn etwas Wichtiges in Hagens Leben passierte. Nur – jetzt macht es ihm (fast) gar nichts mehr aus. Er lächelte, während er Hannas Nummer eintippte.

Das Abenteuer beginnt

Kurz vor neun verließ Hagen den umgebauten Lastenaufzug und ging zu der großen Eisentür mit der Aufschrift „cool.com". Daisy ließ sich nur widerwillig ziehen. Sie schnüffelte am Türspalt und nieste kräftig. Dann fing sie an zu kläffen.

„Hallo Daisy!" Kemal öffnete die Tür und begrüßte als Erstes den kleinen Pinscher, der freudig an dem Jungen hochsprang.

„Das macht sie sonst nie", sagte Hagen verblüfft und gab Kemal die Hand.

„Hagen! Willkommen im cool.com-Loft." sagte Kemal. „Komm hinein ins Screen-Fridge-Country." Er hielt die Tür einladend auf und ließ Hagen vorausgehen.

Hagen betrat den geräumigen Loft und erblickte das Chaos. So ungefähr hatte er sich immer chaotische Zustände vorgestellt. Ein Gewirr von Schreibtischen, Computern und improvisiert aufgestellten Trennwänden. Ganz zu schweigen von den vielen Kaffeetassen, der Lautstärke und den schrillen Leuten, die hier arbeiteten. Oder zumindest so taten, als ob.

„Die Garderobe ist gleich hier in der Ecke", erklärte Kemal und wies nach links. Unter Bergen von Mänteln und Jacken waren Haken zu erahnen. „Eigentlich war die Garderobe in diesem kleinen Kabuff." Kemal deutete auf eine durch Stellwände abgeteilte Ecke. „Aber da ist jetzt unser Beowolf untergebracht."

Als er Hagens fragenden Blick sah, fügte er erklärend hinzu: „Frank hat in einem amerikanischen Wirtschaftsmagazin gelesen, dass in den USA alte Computer nicht weggeworfen werden. Er hat sich übers Internet die Schaltung für eine so genannte Beowolf-Konfiguration besorgt. Jetzt sind sechzehn alte PCs miteinander vernetzt. Zu einem einzelnen, extrem schnellen Supercomputer. Braucht halt ein bisschen Platz, hat aber viel Geld gespart."

Hagen verstand zwar nicht genau, worum es ging, aber offenbar war hier eine kostengünstige Lösung installiert worden, die außerdem noch Recyclinggebühren einsparte. Effizienz und Kostenbewusstsein, und das gleich an der Garderobe. Das gefiel ihm.

„Komm, ich bring dich erst mal zu den drei Chiefs." Im Zickzack schlängelte sich der Junge zwischen mehreren Reihen von Schreibtischen hindurch. Links und rechts junge Leute in Jeans, T-Shirts und lässigen Hemden. Ein paar von ihnen hatten MD-Player oder CD-Player auf dem Schreibtisch liegen und hörten über Kopfhörer Musik. Dabei sahen sie auf die Bildschirme ihrer Computer und wippten im Rhythmus der Musik. Eine Atmosphäre wie in einer amerikanischen Highschool, fand Hagen. Wie sollte man hier nur vernünftig arbeiten können?

Der Loft hatte zur Ostseite und zur Südseite hin eine Front mit vielen kleinen Fenstern. Etwa in der Mitte der fensterlosen Westseite bemerkte Hagen ein Tarnnetz, das von den Eisenverstrebungen der

Deckenkonstruktion herunterhing. Dahinter saß im Schein einer hellen Lampe ein Mann in einer Hängematte. Sein überdimensionaler Schatten an der hohen Wand zeigte, dass er einen mächtigen Kopfhörer trug und halb über seinen Schoß gebeugt das Keyboard einer Computeranlage bediente.

Hagen blieb stehen, als er das skurrile Bild sah. „Ja, da arbeitet Robby. Er ist einer unserer besten Programmierer." Kemal lachte und ging weiter. Hagen folgte ihm in die Südwestecke der Loft, wo mit Stellwänden mehrere kleine Büros abgeteilt waren. Hier fanden sie Hanna an ihrem Schreibtisch.

„Hi, Hagen, schön, dass du da bist. Willkommen bei cool.com." Hanna stand auf und schüttelte ihm die Hand. Hagen erwiderte das Lächeln.

„Wie du siehst, platzen wir schon wieder aus allen Nähten." Sie lächelte noch immer und zuckte resignierend mit den Schultern. „Hier, in dieser Ecke, die abgeteilten Arbeitsplätze, das sind unsere Büros. Die Führungsetage sozusagen. Allerdings immer mit direktem Draht zu allen anderen. Lange Flure, verschlossene Türen und Vorzimmer mit ungnädigen Sekretärinnen passen nun einmal nicht zu uns. Flache Hierarchien live. Und leisten können wir uns das auch nicht." Sie machte eine kleine Pause. „Das Prinzip der kurzen Entscheidungswege kannst du bei cool.com übrigens wörtlich nehmen. Bei uns ist eben alles ein wenig anders."

„Ja, das ist nicht zu übersehen", meinte Hagen lakonisch. „Ihr legt offenbar wenig Wert auf Förmlichkeiten: Beowolf-Konfigurationen in der Garderobe und Arbeitsplätze hinter Tarnnetzen. Ich muss zugeben, das ist schon etwas gewöhnungsbedürftig."

Hanna lachte auf. „Bei uns darf halt jeder seinen Arbeitsplatz so gestalten, wie er es am liebsten hat. Und Robby würde nun mal am liebsten in einem Wüstencamp leben. Das hat er bereits beim

Einstellungsgespräch gesagt. Da habe ich ihm aus einem Bundeswehr-
laden so ein Tarnnetz und eine Hängematte besorgt. Er sitzt jeden Tag
wie angeklebt fünfzehn, sechzehn Stunden lang neben seiner Tageslichtlampe in der Hängematte und programmiert. Die zweihundert
Euro für diese Lampe haben sich also längst amortisiert." Hagen
machte ein erstauntes Gesicht. Unwillkürlich musste er an sein tristes
Büro bei LuMa denken. Die persönliche Note bestand dort aus zwei
silber gerahmten Fotografien von Doris auf seinem Schreibtisch. Und
dem Briefbeschwerer aus Bergkristall aus dem ersten gemeinsamen
Urlaub. Aber das war's dann schon.

Hanna riss ihn aus seinen Erinnerungen. „Wir legen eben
großen Wert darauf, dass sich unsere Leute wohl fühlen", fuhr sie fort.
„Denn das Mitarbeiterpotenzial ist schließlich unser größtes Kapital –
wir haben ja keine riesigen Maschinenparks und Produktionsanlagen.
Und wenn einer jetzt im Herbst und im Winter nicht so gut drauf ist,
weil es immer schon so früh dunkel wird und er morgens im Dunkeln
aufsteht und abends im Dunkeln heimkommt, dann spendieren wir
ihm, wie im Fall von Robby, eben eine Tageslichtlampe. Und sie tut
Robby wirklich gut. Seit er die Lampe hat, arbeitet er noch konzent-
rierter und trinkt weniger Kaffee. Sagt er zumindest."

Hagen nickte und schwieg.

Kemal kam um die Ecke. „Hagen, soll ich mich ein bisschen um
Daisy kümmern? Ich könnte sie mitnehmen, wenn ich außer Haus
was zu erledigen habe. Dann kommt sie wenigstens ab und zu mal
raus", schlug er vor.

„Nichts lieber als das", sagte Hagen und drückte Kemal die
Leine in die Hand. „Nimm sie nur mit, ich bin froh, wenn ich mich
mal nicht um sie kümmern muss." Kemal verschwand in den
großen Büroraum. „Komm Daisy, du kriegst erst mal eine Schüssel
mit Wasser."

„Hier nebenan habe ich für dich einen Raum abteilen und einen Schreibtisch aufstellen lassen. Computer und Telefon sind bereits installiert und angeschlossen." Hanna führte Hagen an seinen neuen Arbeitsplatz. „Auf der anderen Seite von meinem Büro sind die Plätze von Nils und Frank. Nils ist allerdings heute unterwegs. Und Frank ist meist bei den Informatikern in der Produktentwicklung zu finden. Übrigens, darf ich dir zum Einstand ein Glas Champagner anbieten?"

Hagen räusperte sich verlegen. „Gern. Ich habe in meinem alten Job zwar niemals vor zwölf Alkohol getrunken, aber warum sollte ich mich nicht gleich am ersten Arbeitstag den Gepflogenheiten der neuen Firma anpassen. Es geht ja immer um das Wohl der Mitarbeiter, oder habe ich da etwas falsch verstanden?"

„Na ja, bei uns gibt's auch nicht jeden Tag Champagner." Sie reichte ihm ein Glas: „Auf gute Zusammenarbeit, Hagen."

„Auf gute Zusammenarbeit, Hanna."

Ein paar Minuten standen sie mit ihren Gläsern in Hagens Büro und plauderten. Hanna war glücklicherweise geübt im Smalltalk, so dass keine unangenehmen Pausen entstanden. Und sie übergab ihm feierlich seinen neuen Arbeitsvertrag. Er hatte sich nun doch fest einstellen lassen. Hanna wollte es so. Wegen der Identifikation. Und der Motivation. Hagen hatte zwar nicht ganz genau verstanden, was sie meinte, aber egal. Er hatte wieder einen Job. Und er durfte mit der aufregendsten Frau zusammen arbeiten, die ihm je begegnet war.

☆☆☆

Hagen blieb keine Zeit für Träumereien. Zuerst wurde er allen vorgestellt. Dann hatte Hanna ihm gesagt, dass Frank ihn noch im

Laufe des Vormittags in den aktuellen Entwicklungsstand des Screen-Fridge einführen würde.

Sie trafen sich in einer Besprechungsecke im Großraumbüro. Frank kam auf seinem Bürostuhl angerollt und reichte ihm die Hand zur Begrüßung. „Hi, Hagen, schön dich zu sehen! Ich kann auf diesen rückenfeindlichen Stühlen einfach nicht sitzen, deshalb hab ich meinen eigenen mitgebracht."

Hagen fand Frank nicht unsympathisch, aber irgendwie weltfremd für einen Geschäftsführer. Außerdem war er ein bisschen ungepflegt. Irgendwie war er nicht mit Nils oder gar Hanna zu vergleichen. Doch dieser Gedankte war unfair, wie er sich eingestehen musste. Hanna war mit niemandem zu vergleichen, Hanna war Hanna – einfach einzigartig. Hagens Gedanken drifteten ab.

Er schreckte auf, als er Franks Stimme vernahm: „Hanna hat mich beauftragt, mit dir über den Screen-Fridge zu sprechen."

„Äh, ja ...", stotterte Hagen, „ich bin ganz Ohr."

Frank musterte ihn feixend, brummelte dann etwas vor sich hin und schien nach Worten zu suchen. Hagen bemühte sich, ihm auf die Sprünge zu helfen: „Also, die Sache mit dem Kühlschrank finde ich wirklich genial. Aber ich habe, ehrlich gesagt, noch nicht begriffen, wie das konkret funktionieren soll."

Frank zog die Brauen belustigt hoch, schaute Hagen mit seinen klaren blauen Augen an und lachte leise: „Du meinst unsere Screen-Fridge-Story?"

Hagen nickte und sagte: „Wenn ich es richtig verstanden habe, handelt es sich um einen Kühlschrank, der sich quasi von selbst wieder auffüllt, wenn er leer ist. Das heißt, da ist irgendwas eingebaut, was Befehle an den nächsten Supermarkt gibt, wenn beispielsweise die Milch zur Neige geht. Eine echte Marktlücke. Wenn ich nur an all die Leute denke, die so arbeiten wie wir! Man hat doch gar keine Zeit, sich mit Einkäufen zu beschäftigen. Ein Kühlschrank, der sich um mich kümmert und nicht umgekehrt – warum nicht!"

Frank lächelte süffisant und erwiderte nuschelnd: „Das ist alles ein bisschen komplizierter, als du es jetzt gerade dargestellt hast. Also, erst mal funktioniert es nur bei Fridges mit Internetanschluss. Der Fridge ist mit einem 13-Zoll-LCD-Touch-Screen und einem Barcode-Leser ausgestattet. Leere Milchflaschen, Ketchuptuben, Thunfischdosen oder was auch immer können so über den Scanner zu einer digitalen Nachbestellliste zusammengefasst werden. Diese Liste wird dann via Internet zum nächsten Online-Lebensmittelhändler geschickt, der die Ware dem Kunden umgehend zukommen lässt."

Aha, dachte Hagen. Er überlegte krampfhaft, wie er das Gespräch weiterführen könnte, ohne zu zeigen, wie wenig er verstand. Dass diese Computerfritzen immer so mit Fremdwörtern prahlen müssen. Wie sollte sich so ein Geschäftsführer irgendwann einmal vernünftig mit Investoren unterhalten? Andererseits: Soweit er es bislang durchschaut hatte, war vor allem Nils für den Außenkontakt zuständig. Fast schon ein wenig verärgert unterbrach er den Redestrom von Frank: „Der Scanner – handelt es sich da um einen normalen, ich meine, einen, der ...?"

Frank grinste schon wieder. Er schien sich köstlich über Hagens verständnislosen Blick zu amüsieren. „Nein, es müssen die neuesten Consumer-Scanner mit Firewire-Port sein, ein Astra 6400 zum Beispiel. Der bietet, im Gegensatz zu den bisher üblichen Scannern, eine optische Auflösung von 600 mal 1200 ppi bei einer Farbtiefe von 42 Bit. Die Variante Astra 6450 verfügt zusätzlich über eine integrierte Durchlicht-Vorrichtung. Beide Scanner setzen allerdings MAC OS9 voraus."

Hagens Augen wurden größer, und er versuchte, seine Verwirrung zu kaschieren. „Gut, aber das heißt doch, dass derjenige, der sich über diesen Hightech-Kühlschrank versorgen will, eigentlich nur diesen speziellen Scanner und einen Internetanschluss braucht, oder?"

„Leider nein, sonst wäre das Ganze ja ein Kinderspiel. Der Prozessortakt muss erhöht werden, damit das Ganze funktioniert. Nur eine Upgrade-Karte garantiert die Velocity Engine."

„Ah ja. Und – gibt's die schon, diese Karten?", fragte Hagen irritiert.

„Ja, klar. Es gibt die iMAXpower G4-Upgrade-Karte für einen 433 Megahertz schnellen G4-Prozessor mit 1 Megabyte Backside-Cache im halben Prozessortakt. Allerdings muss die Festplatte gemountet werden, da die Karten das Booten nicht unterstützen." Frank schien völlig in seinem Element zu sein. Zumindest tat er so, vielleicht wollte er Hagen mit seiner Fachsimpelei auch nur ein wenig provozieren. Hagen konnte diesen Menschen einfach nicht richtig einschätzen. Seine Augen blitzten vor Begeisterung, als er fortfuhr: „Der neue SanCube Firewire-Netzwerkserver schafft per Striping durch zwei Firewire-Busse eine Transferrate von bis zu 65 Megabyte pro Sekunde."

„Warte mal, Frank", stöhnte Hagen, „ich bin noch nicht ganz durch mit den Karten. Wie werden die denn an dem PC oder Mac angebracht?"

„Mit einem Flash-Karten-USB- oder SCSI-Adapter natürlich. Das sind winzig kleine Stöpsel, die ohne Kabel in eine USB-Buchse gesteckt werden. Die Adapter sind in der Regel kompatibel zu allen 3,3-Volt-Karten mit einer maximalen Kapazität von 128 Megabyte. Probleme tauchen lediglich beim Typ Quantum Atlas 10KII auf – da muss der User von Hand in den Single-ended-Modus jumpen, um den 16-Bit-Mischbetrieb zu ermöglichen."

Single-ended-Modus fände ich auch prima, dachte Hagen. Er begann zu schwitzen und beschloss, sich so wenig wie möglich anmerken zu lassen, wie verloren er sich bei diesem Thema fühlte. Doch Frank hatte sein Unbehagen längst wahrgenommen – was ihn nicht daran hinderte, seine Überlegenheit weiter auszukosten. Grinsend hörte er sich Hagens nächste Frage an: „Okay, aber wie sieht es nun ganz konkret mit der Entwicklung des Screen-Fridge aus? Denn wenn ich dich richtig verstanden habe, sind die Voraussetzungen für das Funktionieren des Online-Kühlschranks ja da. Das notwendige Zubehör ist erhältlich. Was aber fehlt nun?"

„Du hast Recht. Im Prinzip ist alles da; alle elektronischen Geräte werden ja von Mikrocontrollern und digitalen Signalprozessoren gesteuert. Das sind hochintegrierte Schaltkreise, deren Funktionskreise in Systemchips embedded sind. Ohne sie gäbe es keine WAP-Handys, MP3-Player, Set-Top-Boxen ..."

„Stopp!", unterbrach Hagen ihn, „Frank, ich verstehe deine Begeisterung, aber das ist für mich ein bisschen viel auf einmal. Bitte sag mir jetzt einfach nur, wie weit du mit der Entwicklung des Online-Kühlschranks bist und wie lange es noch dauert, bis er auf den Markt kommen kann."

Frank seufzte und verdreht die Augen. Hagen überhörte und übersah das geflissentlich. „Ich bin dabei, eine Standardisierung und freie Programmierung für das Embedded System zu entwickeln. Für die Hardware, die Chips, ist das kein Problem. Die Systemanbieter brauchen allerdings neue Konzepte, mit denen sie Standards aufbauen können."

„Und was heißt das konkret für uns?", fragte Hagen erschöpft.

„Wir müssen eine Systemsoftware entwickeln, die Daten in Echtzeit verarbeiten kann."

„Und daran arbeitest du gerade, nehme ich an. Okay, Frank, vielen Dank. Ich glaube, das reicht fürs Erste."

Dann, nach einer kurzen Pause, holte Hagen tief Luft und wandte sich noch einmal an Frank. Jetzt hatte er ein Ass im Ärmel. „Also, was ich dann dringend von dir bräuchte, ist ein detaillierter Produktentwicklungsplan." Als er Franks fragenden Blick wahrnahm, erklärte er mit betont geduldiger Stimme: „Einen Entwicklungsplan, Frank. Du weißt schon, eine detaillierte Aufstellung, wann du wie weit sein wirst. Das dürfte dir bei deinem Fachwissen doch nicht allzu schwer fallen. Nur so kann ich regelmäßig kontrollieren, ob die Ziele auch erreicht wurden. Und das interessiert unsere potenziellen Investoren, verstehst du?" Mit einem kurzen Kopfnicken ließ er den völlig verblüfften Frank stehen und fuhr mit seinem Rundgang durch die Firma fort.

Hagen hatte nur grob verstanden, was cool.com eigentlich machte. Es gab also eine Idee. Eigentlich ein Produkt. Aber das war noch in der Entwicklung. Und diese Entwicklung war irgendwie auch noch in der Entwicklung. Also gab's noch nichts zu verkaufen. Und trotzdem arbeiteten hier 35 Leute! Und die waren irgendwie ein eingeschworenes Team. Jeder hatte zwar seine Aufgaben, das heißt, er brachte irgendwelche Ideen ein, aber trotzdem zogen alle am gleichen Strang. Und das, obwohl es noch gar nichts zu sehen gab – unglaublich.

Langsam wurde Hagen auf die Bücher neugierig. Denn da musste es schwarz auf weiß stehen, ob Frank ein genialer Programmierer oder ein Schaumschläger war. Andererseits – Hanna hätte niemals gemeinsam mit einem Schaumschläger eine Firma gegründet. Nein, das hätte sie bestimmt nicht getan. Oder doch?

☆☆☆

Nach dem Gespräch mit Frank zog Hagen sich in das kleine, helle Büro zurück, das nun seins war. Er kramte seine Fotorahmen aus der Aktentasche und drapierte zwei Bilder von Daisy neben dem Telefon. Den Briefbeschwerer hatte er sich verkniffen. Er war verwirrt und fragte sich, wie er und Frank in Zukunft gemeinsam arbeiten sollten. Diese Sprache. Vielleicht war er, Hagen Icks, doch zu alt und nicht cool genug für cool.com.

Er hatte allerdings nicht viel Zeit, sich mit solchen Gedanken aufzuhalten. Auf seinem Schreibtisch häuften sich Unterlagen zur Finanzlage von cool.com. Hanna hatte sie ihm von Nils besorgt, damit er sich einen Überblick verschaffen konnte. Er versuchte, den Papierwust zu sortieren. Dabei merkte er, dass er mit mindestens der Hälfte der Unterlagen nichts anfangen konnte. Er griff zum Hörer, blickte kurz auf den kleinen Zettel, der am Telefon klebte und wählte Hannas Durchwahl. Er benötigte dringend andere Unterlagen. Mit dem Zeug auf seinem Schreibtisch konnte er wirklich nichts anfangen.

Gut gelaunt versprach Hanna, sofort vorbeizukommen. Tatsächlich erschien sie eine Viertelstunde später, einen Stapel Aktenordner und lose Papiere vor sich her balancierend. Hagen nahm ihr die Last ab. Hanna verabschiedete sich mit einem etwas hilflosen Lächeln und den Worten: „Wenn du noch mehr brauchst, gib mir Bescheid. Nils ist gerade sehr eingespannt und kann sich nicht so richtig darum kümmern."

Hagen blätterte durch die Aktenordner und Papierstapel und schüttelte den Kopf. Wahllos war hier alles zusammengeschmissen: Kontoauszüge, Finanzamtsunterlagen, Überweisungen, Rechnungen aller Art, Gehaltszettel, Einkommensteuererklärungen, Umsatzsteuer-Voranmeldungsformulare, Versicherungsunterlagen. Nach kurzem Überlegen warf Hagen seinen Rechner an. Der funktionierte Gott sei Dank wie jeder andere Computer auch. Er legte verschiedene Exceldateien für Einnahmen, Ausgaben, Versicherungen und Steuergeschichten an und versuchte, ein System in den Blätterwald zu bekommen. Nach knapp zwei Stunden hielt er inne und raufte sich verzweifelt die Haare. Es machte keinen Sinn, so konnte das nicht weitergehen! Er griff erneut zum Telefon. Dabei stieß er gegen einen gewaltigen Ordnerturm, der lautstark vom Schreibtisch auf den Boden krachte. Er machte sich nicht die Mühe, die Ordner aufzuheben und die verstreuten Papiere einzusammeln. Hanna sollte so schnell wie möglich zu ihm kommen.

Fünf Minuten später betrat sie sein Büro mit einem strahlenden Lächeln auf den Lippen. Als sie die heruntergefallenen Aktenordner sah, lachte sie.

Hagen merkte, dass er rot wurde. „Entschuldige, aber ...", stammelte er und wusste nicht, wie er fortfahren sollte.

„Was machst du hier bloß?"

„Ich versuche, Ordnung zu schaffen. Aber irgendwie glaube ich nicht, dass mir das gelingen wird. Deshalb habe ich dich gebeten zu kommen."

Hanna stakste mit ihren langen Beinen über die auf dem Boden liegenden Papiere. Sie setzte sich auf den einzigen Besucherstuhl und schaute Hagen erwartungsvoll an.

„Sag mal, Hanna", begann er vorsichtig, „habt ihr nicht so etwas wie eine Buchhaltung?"

Hanna wurde verlegen und schlug die Augen nieder. Dabei konnte er ihre ausgesprochen langen Wimpern bewundern. „Nicht so richtig", sagte sie leise, „also, eigentlich gar nicht. Noch nicht. Wir hatten bisher noch keine Zeit dafür. Nils kümmert sich ein bisschen drum, und ich auch – wenn wir Zeit haben."

Hagen schaute sie ungläubig an und merkte, dass sie ihm etwas verschwieg. Fast tat sie ihm Leid. Am liebsten hätte er sie in den Arm genommen, um sie zu trösten, zu beschützen. Die hoch gewachsene, selbstbewusste Hanna sah plötzlich aus wie ein Mädchen. Doch Hagen riss sich zusammen, und das nicht nur, weil ein Schreibtisch und etliche Ordner im Wege standen. Ihm war klar, dass dies hier weder der richtige Ort noch der richtige Zeitpunkt war. Eine zwanzig Jahre jüngere Frau, seine Chefin. Ganz schön verrückt.

In diesem Moment wurde ihm das erste Mal klar, dass er sich verliebt hatte.

Aber er zwang sich, sachlich zu bleiben. „Hanna, das ist alles keine Katastrophe", versuchte er sie zu beruhigen, „aber wenn ich als euer CFO erfolgreich sein und euch helfen will, dann brauche ich einen Überblick über die Finanzlage von cool.com. Und zwar einen vollständigen Überblick. Sofort. Möglichst bald, meine ich."

Hanna nickte: „Ja, ich verstehe. Du hast vollkommen Recht. Ich schäme mich bloß ein bisschen."

Hagen winkte ab: „Lass uns lieber überlegen, wie wir die Lage in den Griff kriegen. Am besten mit Nils zusammen."

☆☆☆

Kaum hatte Hanna Nils angerufen, streckte der auch schon seinen Kopf in Hagens Büro. Er schaute die beiden amüsiert an. „Oh, was muss ich sehen? Tiefe Sorgenfalten auf des sagenhaften Hagens Stirn!"

„Die Sache eilt", sagte Hagen ernst.

„Sollen wir nicht zu mir rübergehen?", fragte Hanna und deutete mit einer Kopfbewegung auf das Chaos auf dem Boden.

Hagen ignorierte die Andeutung und meinte: „Wenn Nils sich noch einen Stuhl holt, können wir auch hier bleiben."

Nils verschwand und kam kurze Zeit später mit einem Stuhl in der einen und einer Kaffeekanne in der anderen Hand zurück.

Galant angelte er drei Designertassen aus dem Regal und fragte: „Kaffee, die Dame? Und der Herr? Zur Stärkung und Beruhigung der Nerven?" Ohne auf eine Antwort zu warten, füllte er die Tassen, setzte sich hin und sah Hagen ernsthaft an.

„Bitte missversteht mich nicht", begann Hagen, „aber es ist mir unmöglich, anhand der mir vorliegenden Unterlagen einen Überblick über die finanzielle Lage von cool.com zu kriegen. Wenn ihr schon keine vernünftigen Unterlagen habt, könnt ihr mir die Situation ja vielleicht mündlich erklären."

„Kein Problem", sagte Nils.

Hanna schaute ihn an und sagte: „Ich hab schon gestanden, dass wir noch keine richtige Buchführung haben."

Nils lehnte sich in seinem Stuhl zurück, steckte die Hände in die Hosentaschen und räusperte sich. Er begann Hagen auf die Nerven zu gehen.

„So, wo ist das Problem, CFO?", fragte er betont lässig.

„Um zu wissen, wie ihr finanziell dasteht, und um als Finanzvorstand überhaupt effizient arbeiten zu können, brauche ich eine lückenlose Aufzeichnung der Einnahmen und Ausgaben. Ich kann aus dem, was mir vorliegt, weder die Bestände noch die Veränderungen der Vermögenswerte, des Fremd- und Eigenkapitals, die Aufwendungen, Erträge, Kosten und Leistungen des Unternehmens entnehmen. Kurzum: Ich weiß nicht, woran ich bin."

Die beiden schwiegen und sahen zur Decke. „Ich habe nicht mal ein simples Rechnungsschema mit einer Soll-und-Haben-Seite vorgefunden", fuhr Hagen fort, „das heißt, dass ich auch über den Saldo nicht informiert bin. Außerdem gibt es weder ein Bilanz-, noch ein Erfolgskonto. Wie sieht's aus mit Umsatz- und Zinserträgen, Materialaufwand, Löhnen, Gehältern, Steuern? Mir fehlen auch die Kassen-, Einkaufs- und Verkaufsbücher."

Nils sah ihn geradeheraus an und erwiderte: „Na ja, du hast schon Recht. Das eine oder andere läuft etwas chaotisch in unserem Unternehmen. Aber der Name cool.com sagt es schon: Wir sind halt lockerer als das Altherren-Unternehmen, das dich gerade an die Luft gesetzt hat. Also, geh vielleicht einfach ein bisschen relaxter an deinen neuen Job ran. Es gibt keinen Grund zur Panik. Es ist doch alles da, nur nicht sortiert."

Hagen biss die Zähne zusammen. Ganz schön frech der Kleine. Reden konnte er, aber das reicht eben nicht. Außerdem hatte er den Eindruck, dass Nils mit seiner coolen Show etwas vertuschen wollte. Auch Hannas Reaktion war merkwürdig. Bisher hatte er sie als selbstbewusste, starke und zielorientierte Geschäftsfrau gesehen. Eine Macherin, die alles im Griff hat. Und zwar fröhlich und optimistisch. Was war in sie gefahren, dass sie nun in sich zusammengesunken vor ihm saß, es kaum wagte, ihm gerade in die Augen zu schauen, und mit leiser, unsicherer Stimme sprach? Sie wirkte eingeschüchtert, wie ein Kind, das man beim Stehlen ertappt hat.

Er beugte sich leicht nach vorn und schlug einen milden Ton an: „Ich denke, die Wahrheit liegt irgendwo dazwischen. Irgendwo zwischen eurem Chaos und meiner Spießigkeit, oder? Lasst uns doch einfach mit offenen Karten spielen. Und dann suchen wir nach einem Weg, mit dem wir alle zufrieden sind, okay?" Ohne eine Antwort abzuwarten, fuhr er fort: „Als Erstes müsste ich wissen, wie hoch die Einnahmen sind, ungefähr zumindest."

Hanna schaute gequält zu Boden: „Weißt du, wir stecken doch noch mitten in der Entwicklungsphase des Screen-Fridge. Frank wird dir erklärt haben, wie weit wir damit sind, nehme ich an. Erst wenn die Entwicklung abgeschlossen ist, werden wir Einnahmen haben und Gewinne erwirtschaften."

„Das heißt, ihr habt bis dato tatsächlich keine Einnahmen, geschweige denn Gewinne?", fragte Hagen entsetzt.

Bevor Hanna etwas erwidern konnte, fiel ihm Nils ins Wort: „He, hör mal, Hagen, das ist doch wohl nicht neu für dich, oder? Es ist üblich, dass neue Unternehmen der New Economy oft nach dem Börsengang keine Gewinne machen. Also, keine Panik."

Hagen wurde unwirsch. „Okay, Nils, ich weiß, dass ich in einigen Dingen umdenken muss. Aber ganz so unbeleckt bin ich nicht, wie du vielleicht denkst. Als Pleitegeier haben wir keine Chance beim Börsengang. Also noch mal: Wie finanziert ihr den laufenden Betrieb? Immerhin erwarten 35 Angestellte am Ende des Monats ihre Gehälter."

„Noch nie was von Business Angels gehört?", konterte Nils.

„Sehr wohl. Aber wer sind die in eurem Fall?", fragte Hagen gereizt.

„Du weißt, dass Hannas Onkel uns unterstützt hat, und zwar massiv. Er gehört zu den wenigen Menschen, die Knauserigkeit als Charakterschwäche interpretieren", antwortete Nils fast schon trotzig. Hagen spürte immer deutlicher, dass dieser Mensch eigentlich nicht sein Fall war.

„Hast du mal was gehört von Unternehmensfinanzierungen durch ‚Friends, Fools and Family'? In diese Kategorie gehört nämlich euer Onkel Richard. Er ist alles andere als ein Business Angel." Also wirklich, jetzt wollte ihm Nils auch noch Hannas Onkel als Business Angel verkaufen. Einfach lächerlich.

„Und was ist der Unterschied? Ist es nicht letztendlich egal, woher und von wem das Geld kommt?", fragte Nils mit kaum verhohlener Aggressivität in der Stimme.

Hagen zwang sich zur Ruhe. Ein Streit würde zu nichts führen. „Nils, im Prinzip stimmt das. Der Unterschied ist nur, dass finanzielle Einlagen von Freunden oder Familienmitgliedern wie Hannas

Onkel meist einmalig sind. Den Spendern ist es egal, was mit dem Geld passiert. Das hat seinen Vorteil, weil sie einem nicht reinreden und nicht versuchen, einen zu kontrollieren."

„Und? Ist doch optimal. Was ist dagegen einzuwenden?"

„Nichts. Auch ein Business Angel kann ein Freund oder Verwandter sein. Aber er investiert in der Regel nur in Start-ups, wenn er an den Erfolg des Unternehmens glaubt. Und zwar zu einem Zeitpunkt, zu dem Banken noch nicht zu einem Darlehen bereit sind, weil ihnen das Risiko zu hoch ist ..."

„Und wo liegt da der Unterschied zu Onkel Richard?", unterbrach Nils ihn.

„Dass seine Spende einmalig war. Wohlhabend und generös zu sein heißt nicht, dumm zu sein. Welches Interesse sollte er haben, euch noch mehr Geld zu geben? Ihr macht einen Fehler, wenn ihr euch darauf verlasst, dass er als ewige Geldquelle für euch da sein wird. Im Gegensatz zu Onkel Richard sind Business Angels Menschen, die das Risiko lieben und gegebenenfalls auch noch mal nachinvestieren. Als Gegenleistung verlangen sie aber ein gewisses Maß an Mitspracherecht. Nennen wir es mal eine Art Beraterfunktion. Manche begleiten ihre ‚Schützlinge' sogar bis zum Börsengang. Sie mögen zwar Angels genannt werden, aber sie sind alles andere als Engel. Das sind Geschäftsleute, Nils. Ihre Investitionen sind Geldanlagen, keine Spenden. Und mittelfristig wollen sie selbstverständlich ihr Vermögen vermehren – vorausgesetzt, ihre Zöglinge sind erfolgreich beim Börsengang."

Nils schaute Hagen angriffslustig an, sagte aber nichts mehr. Falls er verlegen war, sah man es ihm nicht an. Hagen rollte bedächtig einen Kugelschreiber zwischen seinen Fingern. Er blickte abwechselnd Hanna und Nils an, ohne dass irgendeiner ein Wort sagte. Langsam wurde die Stille bedrückend, und Hanna begann, nervös mit dem Fuß zu wippen.

Schließlich konnte Hagen die beklemmende Atmosphäre nicht mehr ertragen und brach das Schweigen: „Liebe Leute, lasst uns doch vernünftig sein."

„Gute Idee", meinte Nils, „ich schlage vor ..."

Weiter kam er nicht, denn Hanna schnitt ihm das Wort ab: „Nils, bitte, es hat doch keinen Zweck, so weiterzumachen. Wir müssen die Karten auf den Tisch legen. Wir machen uns doch lächerlich! Hagen ist einer von uns. Das scheinst du vergessen zu haben. Wie soll er denn in unserem Sinne arbeiten können, wenn wir ihm die wichtigsten Informationen vorenthalten?"

„Mal langsam, Hanna. Verlier doch nicht gleich den Kopf! Sooo dramatisch ist unsere finanzielle Situation nun auch wieder nicht." Nils fing wieder an, lässig in seinem Stuhl hin und her zu wippen.

Hanna wurde ärgerlich: „Dramatisch genug, um sich endlich ernsthafte Gedanken zu machen. Wie soll es denn weitergehen? Außerdem habe ich keine Lust mehr auf dieses Katz-und-Maus-Spiel."

„Und was erwartest du?", fragte Nils.

„Dass Hagen uns hilft. Ich vertraue ihm und setze auf seine Kompetenz als erstklassiger Finanzfachmann. Immerhin haben wir ihn deshalb gebeten, bei uns einzusteigen, falls du dich erinnerst."

Hagen hörte ihnen zu und wusste nicht, was ihn mehr irritierte. Die plötzliche Gereiztheit zwischen den beiden oder Hannas Andeutungen zur finanziellen Lage von cool.com.

„Okay, okay, Hanna, beruhige dich. Du hast ja Recht", lenkte Nils beschwichtigend ein. Hagen schaute Hanna fragend an.

Sie schluckte und sagte leise: „Hagen, unsere finanzielle Lage ist weitaus schlimmer, als du denkst. Wir machen nicht nur keine Gewinne, sondern unser Geld geht langsam, aber sicher zur Neige."

„Wie sollte es sich auch vermehren, wenn man keine Einnahmen hat", erwiderte Hagen trocken.

Hanna wurde konkreter: „Genau gesagt, das Geld ist schon alle. Wir wissen nicht, wie wir die nächsten Gehälter und die Miete für den Loft zahlen sollen. Wir stehen quasi vor der Auflösung unseres Unternehmens – bevor wir richtig angefangen haben. So sieht's aus."

Hagens Miene verfinsterte sich. Er hatte gewusst, dass cool.com Liquiditätsprobleme hatte. Darüber hatten sie ausgiebig gesprochen. Aber dass er hier offensichtlich nur den Konkursverwalter machen sollte, davon war nicht die Rede gewesen. Wie hatte er, der erfahrene Hagen Icks, nur so blauäugig sein können? Er war Jungspunden auf den Leim gegangen! Aus der Traum vom CFO in der New Economy! Was hatten sich eigentlich diese Yuppies dabei gedacht! Als ob es reichen würde, ein paar Semester BWL zu studieren, einen reichen Onkel und die Idee für einen blödsinnigen Kühlschrank zu haben. Aber gleich ein Unternehmen gründen. 35 Leute einstellen. Ein Büro anmieten. Ohne einen klaren Geschäftsplan zu haben! Er ärgerte sich, weil er sich auf dieses Abenteuer eingelassen hatte, ohne die Geschichte vorher zu überprüfen. Hanna, Nils, Frank, Kemal – er war ihrem Charme und ihrem Elan erlegen, ohne hinter die Kulissen zu schauen. Toll, dass sich jemand um Daisy kümmerte. Nett, dass sich alle duzten und kein Krawattenzwang herrschte. Wie freundlich Hanna war. Und Frank, so klug.

In seiner Wut sah er sie nun alle ganz anders. Kemal – ein Nichtsnutz mit Handy. Frank – ein weltfremder Träumer ohne Geschmack. Nils – ein schicker Blender und Schwätzer. Und Hanna – ein verwöhntes Mädchen ohne Verantwortungsbewusstsein, ohne Sinn und Verstand.

Ihm wurde heiß und kalt bei dem Gedanken. Wie würde es nun mit ihm weitergehen? Welches Unternehmen würde ihn noch einstellen – mit einer Kündigung und einer Unternehmensauflösung im Lebenslauf?

Hagen schreckte hoch, als Hanna ihn ansprach: „Es tut mir Leid, Hagen. Du musst dir sehr ausgenutzt vorkommen. Das wollten wir nicht."

„Was wollt ihr denn von mir?", fragte er grimmig.

„Wir erhoffen uns Hilfe von dir", erwiderte sie und sah ihn eindringlich an, „du bist unsere letzte Rettung. Ich weiß, dass wir es mit dir schaffen."

„Und wie stellst du dir das vor?"

„Du verfügst über Erfahrungen, die uns fehlen. Und du bist gut. Wenn du es nicht schaffst, schafft es niemand. Bitte, gib dir und uns noch eine Chance."

Hagen saß immer noch mit finsterem Gesicht und abwehrend verschränkten Armen an seinem Schreibtisch. Hanna hatte sich hinter ihn gestellt und ihre Hände leicht auf seine Schultern gelegt, während sie mit ihm sprach. Er schwieg und dachte nach. Sie hatte Recht, er fühlte sich hintergangen. Aber es war ja eigentlich von Anfang an klar gewesen, dass sie Schwierigkeiten hatten. Sonst hätten sie sich ja ihn nicht geholt. Und das Vertrauen, dass er – und nur er – den Karren aus dem Dreck ziehen könnte, schmeichelte ihm enorm. Er atmete tief durch. „Okay. Lasst uns gleich anfangen. Schlimmer kann's ja schließlich nicht werden."

Hanna strahlte und setzte sich wieder. „Ich fasse zusammen", fuhr Hagen fort, „wir haben kein Geld mehr, aber eine – sagen wir – viel versprechende Geschäftsidee. Und natürlich einen finanzstarken Onkel."

„Das heißt: einen negativen Faktor gegen zwei positive", warf Nils ein.

Hagen war ihm diesmal sogar dankbar für seinen Versuch, die Situation aufzulockern, und erwiderte: „Im Geschäftsleben gehen solche simplen Rechnungen leider meist nicht auf. Wir brauchen eine Finanzierungsstrategie. Vielleicht können wir Onkel Richard ja doch noch zu einem Business Angel machen." Hagen sah Hanna fragend an.

Hanna nickte und sagte: „Onkel Richard hat uns zwar schon sehr viel Geld gegeben, aber ich könnte ihn sicherlich bewegen, uns noch einmal auszuhelfen. Ich habe ein sehr gutes Verhältnis zu ihm. Da er keine Kinder hat, behandelt er mich wie seine eigene Tochter."

Hagen sah sie zweifelnd an. „Hanna, es handelt sich um sehr viel Geld. Ich kann die Situation zwar noch nicht im Einzelnen übersehen, aber grob geschätzt dürften wir zwischen 400 000 und 750 000 Euro brauchen, um überhaupt mal die Gehälter für drei Monate zahlen zu können. Dann brauchen wir Venture Capital und danach immer noch Geld ...", er machte eine kurze Pause. „Hanna, ich kann mir kaum vorstellen, dass er nur aus Zuneigung zu dir bereit ist, noch einmal in dieser Größenordnung einzuspringen."

Hannas Augen weiteten sich und sie sagte zögernd: „Aber er ist unsere einzige Chance! In unserer derzeitigen Lage bekommen wir von niemandem einen Kredit!"

Hagen nickte. Er war jetzt wieder ganz der kalkulierende Finanzchef: „Ich weiß. Deshalb sagte ich ja, dass wir einen Strategieplan brauchen. Wir müssen taktisch vorgehen."

„Und wie stellst du dir das vor?"

Hagen fing an, die Situation zu genießen. Je unsicherer Hanna wurde, umso souveräner wurde er. „Wir müssen deinen Onkel Richard davon überzeugen, dass er von seinen Investitionen in cool.com mittelfristig ordentlich profitieren kann."

„Dann müssen wir tricksen", meinte Nils sofort und schien Gefallen an der Idee zu haben.

„Nein, auf keinen Fall. Das wäre unseriös", erwiderte Hagen scharf. „Wir dürfen ihn natürlich nicht über das Risiko im Unklaren lassen, das er eingeht, wenn er noch einmal Geld nachschießt. Es wird ihm ohnehin klar sein, dass es sich um Venture Capital handelt und er somit keinen Anspruch auf Rück- und Zinszahlung hat. Aber wir müssen ihm die positiven Seiten schmackhaft machen. Wir bitten ihn eben nicht um eine Spende, sondern verkaufen ihm einen Anteil. Durch den kann er bei Wertsteigerung und anschließendem Verkauf seiner Beteiligung einen attraktiven Gewinn erzielen. Wir müssen ihm das Geschäft mit unserem geplanten Börsengang schmackhaft machen."

„Schlau", murmelte Nils.

Hanna runzelte die Stirn. Sie hatte offenbar Zweifel. „Ich bin mir nicht sicher, ob Onkel Richard sich so einfach überzeugen lässt. Er weiß ja im Prinzip Bescheid über das, was wir machen und wohin wir wollen. Er wollte mir helfen, aber sonderliches Interesse für das, was ich mit seinem Geld mache, hat er nie gezeigt."

„Tja, vielleicht lag das daran, dass du ihm gegenüber immer nur die reizende Nichte und weniger die taffe Geschäftsfrau hast heraushängen lassen", hänselte Nils.

Hanna wurde rot, und Hagen musste lachen, wurde aber gleich wieder ernst. „Nils liegt wahrscheinlich gar nicht so falsch mit seiner Annahme. Um noch mehr Geld von Onkel Richard zu bekommen, müssen wir ihm zeigen, dass wir ein seriöses Unternehmen mit enormen Zukunftsperspektiven sind."

„Und wie sollen wir das machen – ausgerechnet jetzt, kurz vor der Pleite?", fragte Hanna.

„Wir müssen einen professionellen Businessplan erstellen. Alfred Herrhausen, der frühere Chef der Deutschen Bank, hat das einmal sehr schön gesagt: ‚Wir müssen das, was wir denken, sagen. Wir müssen das, was wir sagen, tun. Und wir müssen das, was wir tun, dann auch sein.‘ Und zwar sofort. Wir dürfen keine Zeit verlieren. Der wird uns nicht nur bei Onkel Richard helfen, sondern hoffentlich auch später noch. Denn der Businessplan ist die wichtigste Entscheidungsgrundlage für alle Kapitalgeber, unsere Basis für die Kapitalsuche sozusagen. Erst mal aber legst du ihn deinem Onkel vor.“

„Ich befürchte, dass Onkel Richard trotzdem einen Schlag bekommen wird. Eine Summe in der von dir genannten Größenordnung – das wird auch ihm zu viel sein.“

„Siehst du deinen Onkel häufiger?“

„Nicht regelmäßig, aber etwa alle vier bis sechs Wochen einmal. Meist gehe ich dann zu ihm und meiner Tante und esse mit den beiden zu Abend. Oder ich verbringe am Wochenende einen Nachmittag bei ihnen. Jetzt habe ich sie schon länger nicht mehr gesehen.“

Nils klatschte begeistert in die Hände. „Prima. Heute ist Donnerstag. Du rufst heute Abend an, erkundigst dich, wie es ihnen geht, und lässt dich möglichst für diesen Sonntag schon zum Essen einladen. Den Businessplan hast du in der Tasche, wenn du hingehst. Du betreibst den üblichen Smalltalk, lenkst irgendwann – möglichst unauffällig – das Gespräch auf cool.com. Dann erzählst du Onkel Richard von den enormen Fortschritten in der Entwicklung des Screen-Fridge und erwähnst beiläufig, dass das ganze Unternehmen leider auf dem Spiel steht, weil noch ein wenig Geld für die letzte Entwicklungsetappe fehlt. Was meinst du? Wird er anbeißen?“

Hanna schmunzelte. „Ich glaube schon. Onkel Richard lässt niemanden im Regen stehen, und mich schon gar nicht.“

„Wir müssen trotzdem behutsam mit ihm umgehen", befand Hagen. „Hier ist Salamitaktik gefragt."

„Salamitaktik?" Hanna fragte lachend nach: „Du meinst, wir ziehen ihm das Geld scheibchenweise aus der Nase?"

„Ja, genau so. Du fragst ihn erst mal nur nach einer Viertelmillion Euro und gibst ihm unseren Businessplan. Wir lassen ihm dann Zeit, das Papier durchzulesen – in der Hoffnung, ihn von der Seriosität unseres Unternehmens überzeugen zu können –, und bitten ihn vier Wochen später noch einmal um, sagen wir mal, eine weitere Viertelmillion."

„Klingt easy", meinte Nils.

„Ist es aber nicht", korrigierte ihn Hagen, „das Erstellen eines Businessplans ist kein Pappenstil."

„Was muss ein Businessplan denn alles beinhalten?", fragte Hanna.

Hagen holte tief Luft: „Wir werden unser exaktes, genau durchdachtes und logisches Konzept transparent darlegen müssen. Im Prinzip ist ein Businessplan nichts anderes als ein schriftliches, detailliertes Unternehmenskonzept. Was Onkel Richard interessieren wird, ist, ob das Geschäftskonzept in sich schlüssig ist. Ob das Management überzeugt. Ob es überhaupt einen Markt gibt für den Screen-Fridge. Wodurch wir uns von Konkurrenzprodukten abheben ..."

„Konkurrenzprodukte gibt es nicht", fiel Nils ihm ins Wort.

„Das, zum Beispiel, lieber Nils, ist ein Kardinalfehler, den viele Start-up-Unternehmen machen. Einzigartig ist heutzutage kaum etwas in der Wirtschaft. Woher willst du wissen, dass kein Konkurrenzprodukt existiert? Oder dass es gerade irgendwo in der Entwicklung ist? Habt ihr schon eine Marktanalyse durchgeführt?"

„Nein, haben wir natürlich nicht", sagte Hanna leise.

„Es wäre ja auch nicht weiter tragisch, wenn es ein ähnliches Produkt gäbe. Aber man muss es wissen und entsprechende Maßnahmen treffen", schob Hagen beruhigend hinterher. Hannas Augen blitzten unternehmungslustig, so gefiel sie ihm schon wieder viel besser. Seine Wut war inzwischen vollends verraucht und einem warmen Gefühl der Zuneigung gewichen. Er würde Hanna zeigen, dass sie auf ihn zählen konnte. Im Grunde genommen war ja alles da für den Erfolg. Aber auf was für ein Abenteuer hatte er sich da eingelassen!

„Wie umfangreich ist ein Businessplan in der Regel?", fragte Hanna. „Dreißig bis vierzig Seiten", sagte Hagen, „und Sonntagabend – wenn du zu Onkel Richard gehst – muss er fertig sein."

„Vier Tage", murmelte Hanna, „das bedeutet einige Nachtschichten."

Hagen nickte und sagte: „Wir müssen sofort loslegen, sonst schaffen wir's nicht."

Nils setzte ein Lächeln auf und verabschiedete sich. „Ich geh jetzterst mal was essen, und ihr?"

Business Angels

Finanzierung für junge Unternehmen

Business Angels sind Privatinvestoren, meist ehemalige Unternehmer oder Topmanager, die sich mit Einzelinvestitionen zwischen 20 000 und 300 000 Euro an Seed- oder Start-up-Unternehmen beteiligen.

Business Angels spielen oft eine bedeutende Rolle, weil sie Finanzierungslücken für Unternehmensgründer schließen, bis diese Kredite von Banken oder öffentliche Fördergelder erhalten. Business Angels sind auch oft eine Ergänzung zum formellen Venture Capital.

Mehr als Kapitalgeber

In der Regel ist die Vermehrung ihres Vermögens für Business Angels zweitrangig. Sie investieren in erster Linie, weil sie Spaß daran haben, ihr Wissen und ihre Kontakte zu nutzen, um ein neu gegründetes Unternehmen zum Erfolg zu führen.

Nicht selten begleiten Business Angels ein Unternehmen bis zum Börsengang. Voraussetzung ist allerdings ein sehr gutes persönliches Verhältnis zum Gründerteam.

Wachsender Kapitalbedarf

In Deutschland gibt es zurzeit rund 30 000 Business Angels, die bisher circa eine Milliarde Euro investiert haben. Der potenzielle Kapitalbedarf liegt bei rund 7 Milliarden Euro und damit rund 200 000 Business Angels.

Ein Businessplan nimmt Gestalt an

Hagen war etwas überrascht über Nils' Abgang. Etwas gefiel ihm nicht an der Lässigkeit, mit der er über die Firma und deren Finanzen sprach. Er verkniff sich jedoch jeden Kommentar, als er sah, dass Hanna nur mit den Achseln zuckte und ihm zu verstehen gab zu schweigen. „Lass mal, wir schaffen das schon", sagte sie. „Es ist besser, wir beide machen das allein." Hagen war das ganz recht. Sehr gern war er mit Hanna allein. Und sei es auch nur, um einen knochentrockenen Businessplan zu erstellen. Hanna wirkte etwas verlegen auf ihn, sie lächelte nun nicht mehr.

„Ich zieh mich kurz zurück, um das – ähm – Meeting mit Onkel Richard in die Wege zu leiten. In einer Viertelstunde bin ich wieder da, und dann legen wir sofort los. Ist das in Ordnung, Hagen?"

Hagen nickte. „Ich bereite in der Zwischenzeit eine Liste mit den Punkten vor, die wir für den Businessplan berücksichtigen und abarbeiten müssen."

Hagen brachte seinen Schreibtisch in Ordnung und stellte eine To-do-Liste zusammen. Die Struktur für einen Businessplan zu erarbeiten, war für ihn ein Kinderspiel. Ihm kamen allerdings Zweifel. Ob er und Hanna die benötigten Zahlen und Informationen in diesem Chaos finden würden? Zumal sie nur vier Tage Zeit hatten. Normalerweise beanspruchte ein Businessplan mehrere Wochen. Bevor er darüber nachdenken konnte, kam Hanna zurück. Sie erzählte ihm strahlend, dass Onkel Richard sofort angebissen habe: Am Sonntag sei sie zum Abendessen eingeladen.

„Klasse", sagte Hagen. Dann bat er sie, sich neben ihn zu setzen. Er zeigte ihr auf dem Bildschirm die To-do-Liste und den Entwurf für den Businessplan. Dann erklärte er, wie so ein Plan formal auszusehen hatte und was er beinhalten sollte. Hannas Haar roch gut. Hagen konzentrierte sich jedoch sofort wieder auf das Geschäftliche. „Wichtige Elemente des Konzepts sind die Marktanalyse und die Finanzpläne. Diese beiden Teile werden einen Großteil unserer Zeit in Anspruch nehmen. Wichtig ist auch", fuhr er fort, „das Executive Summary."

Hanna blickte ihn verständnislos an. „Was ist denn das?"

„Och, eigentlich nichts Weltbewegendes. Nur eine etwa zweiseitige Zusammenfassung des Businessplans. Das Executive Summary – einige nennen es auch Management Summary – steht am Anfang des Businessplans. Es soll dem Interessenten die Möglichkeit bieten, sich innerhalb kürzester Zeit ein Bild von dem Unternehmen zu machen. Das Summary schreiben wir zuletzt, wenn wir alle Detailinformationen haben. Aber eines kann ich dir jetzt schon sagen: Darin liegt der Schlüssel zum Erfolg!"

Hanna nickte und las die übrigen Stichworte des Entwurfs: Vorstellung des Unternehmens, Markt-, Produkt- und Managementbeschreibung, Zusammenfassung der bisherigen Entwicklung, Chancen/Risiken, Finanzplan, geschätzter Finanzierungsbedarf.

„Wir sollten uns die Arbeit aufteilen", fand Hagen. „Ich schlage vor, du übernimmst die ersten fünf Punkte. Ich kümmere mich um die gesamte Finanzangelegenheit. Wenn wir fertig sind, gleichen wir unsere Berichte ab und bearbeiten sie redaktionell. Dann liest sich der Plan nachher wie aus einem Guss. Das Summary schreiben wir zusammen. Einverstanden?"

Hanna nickte: „Ja. Du weißt aber, dass dies mein erster Businessplan ist. Ich würde gern die einzelnen Punkte mit dir durchsprechen, bevor ich loslege."

„Okay, fangen wir beim Unternehmen an. Du beschreibst die Geschichte von cool.com. Wann und warum entstand cool.com, und wo wollt ihr das Unternehmen hinführen? Vergiss bitte nicht, die Rechtsform und die Eigentümer mit ihren Firmenanteilen zu erwähnen. Wichtig ist dabei vor allem, dass das Potenzial des Managementteams klar herausgestellt wird. Studium, Berufserfahrungen und besondere Kenntnisse solltest du von jedem Einzelnen von uns auflisten. Was meinst du – ist das machbar?"

„Ich denke, das Kapitel dürfte kein Problem sein. Von dir bräuchte ich auch noch einen tabellarischen Lebenslauf. Wir haben mit dir ja quasi die Katze im Sack eingestellt."

„Kriegst du. Nächster Punkt: Produkt. Du beschreibst den Screen-Fridge am besten aus der Sicht des Kunden. Potenzielle Investoren legen Wert auf eine USP, die Unique Selling Proposition. Die wollen wissen, was daran so einzigartig gegenüber allen anderen, möglichweise vergleichbaren Produkten ist. Stell also heraus, warum jemand den Fridge überhaupt kaufen soll."

„Ich seh's kommen, da werde ich mich mit Frank zusammensetzen müssen." Hanna seufzte. Hagen registrierte mit Befriedigung, dass auch sie nicht begeistert von dieser Vorstellung war. Frank war eben einfach ein Stoffel.

„Ja, aber achte darauf, dass uns technische Details nicht so viel bringen. Es geht um Kundennutzen. Außerdem sollten wir nicht vergessen, die Unterschiede zu eventuellen Konkurrenzprodukten herauszuarbeiten." Hanna runzelte die Stirn. „Ich weiß, dass du das nicht gerne hörst", sagte Hagen, „aber ihr solltet euch genau informieren, bevor ihr davon ausgeht, dass euer Fridge einzigartig ist. Gibt es kein Konkurrenzprodukt, müssen wir uns schleunigst darum kümmern, welche Patente und Lizenzen eine Nachahmung verhindern können. Bei der Marktanalyse kann dir sicher Nils helfen, wenn er dazu gerade aufgelegt ist. Als Verkäufer sollte er sich zumindest schon mal mit dem potenziellen Markt beschäftigt haben. Hier geht es um Größe und Entwicklung des Marktes, die Kundenstruktur sowie geplante Verkaufszahlen."

„Okay, bis hierhin ist mir alles klar. Zumindest theoretisch." Hanna schrieb eifrig mit.

Hagen nickte zufrieden und fuhr fort: „Bei der Darstellung der Chancen und Risiken dürfen wir die Gefahren auf keinen Fall unter den Tisch fallen lassen. Das heißt, wir nennen die Risiken. Im selben Augenblick sprechen wir aber auch von den Maßnahmen, die wir treffen werden, um den Risiken entgegenzuwirken. An dieser Stelle solltest du auch ein paar Worte über unser Marketingkonzept, unsere Absatz- und Vertriebsstrategien, verlieren."

Hanna schaute ihn verlegen an und sagte: „Tja, also genau genommen haben wir noch kein Marketingkonzept."

Hagen trommelte mit den Zeigefingern auf der Schreibtischplatte. „Höchste Zeit, eines zu entwickeln." Das war doch nicht zu fassen. Hatte Nils sich nicht selbst als Verantwortlichen für Finanzen und Marketing vorgestellt? So ein fauler Sack! Die Unterlagen für die Buchhaltung waren in einem schlimmen Zustand gewesen – und jetzt gab es nicht einmal ein Marketingkonzept. Da hatte er wohl noch einiges zu tun.

„Au, Backe", murmelte Hanna, „ich bin gespannt, was da noch kommt."

Hagen lachte: „Nichts mehr, denn jetzt bin ich dran, und zwar mit der Finanzplanung der kommenden drei, besser fünf Geschäftsjahre. Cashflow-Rechnung, Ergebnisplanung und Planbilanzen. Personal- und Investitionsbedarf. Das wird ganz schön schwierig. Ein Jonglieren mit Zahlen sozusagen."

Hagen überlegte, wie er aus den chaotischen Finanzunterlagen von cool.com einen vernünftigen Finanzplan basteln konnte. Ihm war klar, dass die nackten Zahlen wenig Gutes verhießen. Er musste die momentane wirtschaftliche Situation plausibel erläutern. Und seine Prognosen für die Umsatzentwicklung, den Break-even und einen positiven Cashflow mussten absolut überzeugend sein.

Von seinem Fenster aus sah er zwei Arbeiter, die ein Loch in der Straße ausbesserten. Es sah nach Regen aus. Bald würde der Winter kommen.

☆☆☆

Die nächsten drei Tage verliefen hektisch. Niemand kam richtig zum Essen und zum Schlafen. Hanna war nichts anzumerken. Sie lächelte wie immer. Hagen bewunderte ihre schier unerschöpfliche Energie. Sie war schnell, zielorientiert und effizient. Außerdem sah sie auch nach zwölf Stunden Arbeit noch gut aus. Frank war eine zumeist stumme, dafür aber umso größere Hilfe. Nils dagegen ließ sich kaum noch blicken. Ab und zu kam er vorbei, um sich gleich wieder zu verabschieden, weil „wichtige Meetings" auf ihn warteten. Hanna und Hagen hatten weder Zeit noch Interesse, darüber nachzudenken.

Business-plan

Ein Businessplan ist ein schriftliches, in der Regel nicht mehr als vierzig Seiten umfassendes Geschäftskonzept über die gesamten Aktivitäten eines Unternehmens. In erster Linie dient der Businessplan der Beschaffung von Kapital, indem er potenziellen Investoren und/oder Kreditgebern das Unternehmen transparent und damit kalkulierbar erscheinen lässt. Darüber hinaus ist er aber auch Planungs- und Kontrollinstrument für das Management und die Gesellschafter.

Inhalt und Struktur

Im Businessplan werden die Vergangenheit, Gegenwart und Zukunft des Unternehmens be-

schrieben, die Planzahlen für die nächsten drei bis fünf Jahre festgelegt, die Gesamtstrategie des Unternehmens, die geplanten Schritte zur Realisierung und die erforderlichen finanziellen und personellen Ressourcen dargestellt. Es gibt genaue Regeln, wie ein Businessplan zu erstellen ist:

- Executive Summary: Inhalt des gesamten Plans in Kurzform
- Unternehmensgegenstand und rechtliche Verhältnisse
- Geschäftsleitung und Mitarbeiter
- Leistungsangebot und Nutzen für die Kunden
- Marktsituation: geschätzter Markt für das Produkt und Unterscheidung von der Konkurrenz
- Wirtschaftliche Situation und Finanzplanung
- Chancen und Risiken

Das sachlich gehaltene, auf Tatsachen beruhende Geschäftskonzept muss in sich schlüssig und das Management überzeugend dargestellt sein. Ein Businessplan ist keinesfalls eine Werbebroschüre und muss halten, was er verspricht.

Sonntagnachmittag saßen die beiden zusammen und entwarfen mit rauchenden Köpfen das Executive Summary. Frank begann, den fertigen Businessplan zu layouten. Drei Stunden später hielten Hanna und Hagen eine 35-seitige Broschüre in der Hand. Hanna steckte sie kommentarlos in ihre Tasche und verschwand mit einem „Ich bin weg". „Bring gute Nachrichten mit", rief Hagen ihr nach. Er drückte ihr die Daumen. Von diesem Abend hing verdammt viel ab.

Als Hanna fort war, bemerkte Hagen, wie ausgelaugt er sich fühlte. Er weckte Daisy und fuhr mit ihr nach Hause. Unterwegs hielt er kurz an einer Pizzeria, um sich etwas zu essen mitzunehmen. Als er den Wagen in die Garage fuhr, bemerkte er, dass sein Hund schon wieder schlief. Neben der Pizzaschachtel. Die Wohnung war kalt und ungemütlich. Er ging in die Küche, setzte sich an den Campingtisch und packte die Pizza aus. Als er eine Flasche Wein öffnen wollte, merkte er, dass er keinen Korkenzieher hatte. Er drückte den Korken mit dem Daumen in die Flasche und aß im Stehen. Dann nahm er die halb volle Flasche mit ins Schlafzimmer, legte sich auf sein halbes Ehebett und starrte an die Decke, an der eine matte Glühbirne baumelte. Er stand wieder auf. Wusch sich im Bad das Gesicht mit kaltem Wasser. Wanderte unschlüssig in der Wohnung auf und ab. Setzte sich schließlich ins Wohnzimmer auf einen Campingstuhl.

Hatte er nicht doch einen Fehler im Businessplan übersehen? Waren seine Zahlenspiele noch vertretbar? Einem Profi würde sofort auffallen, dass er wegen der Kürze der Zeit einfach ein bisschen getrickst hatte. Vor allem aber fragte er sich, ob es richtig war, sich in so hohem Maße auf Hannas Onkel zu verlassen. Eine halbe Million

Euro, hatte er ausgerechnet, würden sie mindestens brauchen. Das war eine Menge Geld. Auch für Menschen wie Onkel Richard. Was bekam er dafür? Eine Menge Versprechen. Davon abgesehen fand er seinen Vorschlag, Onkel Richards Sympathien für Hanna auszunutzen, ziemlich unprofessionell. Es war halb elf. Das Telefon läutete. Mit klopfendem Herzen griff er zum Hörer.

„Hagen! Wir bekommen das Geld!", brüllte Hanna, „jedenfalls die ersten 250 000 Euro, um die ich ihn heute gebeten habe."

Hagen konnte es kaum fassen. Sein lahmes „Fantastisch. Gut gemacht." ging in Hannas Jubel unter. Er wagte einen Vorstoß: „Wollen wir uns noch treffen?"

„Ja klar, ich bin in zehn Minuten bei dir", sagte Hanna.

„Mmm, nein, lieber nicht, ich habe die Maler im Haus. Wollen wir vielleicht in eine Kneipe oder so?"

„Nein, nicht in irgendeine Kneipe. Wir gehen in den Laden überhaupt, zu Josh. Bis gleich!"

Hagen fühlte sich plötzlich wieder wach. Es gab Geld, es ging also weiter. Er traf Hanna – allein, nicht im Büro. Er zog sich ein frisches Hemd an und ging ins Bad. Seine Augen sahen müde aus und seine Haut war blass, stellte er vor dem Spiegel fest. Er putzte sich die Zähne und prüfte seine Fingernägel, dann rasierte er sich. Und er nahm sich fest vor, etwas gegen seinen Bauch zu unternehmen. Demnächst. Ganz bestimmt.

☆☆☆

Hanna war bereits da, als er eintraf. Sie war zurückhaltend geschminkt, trug einen legeren Hosenanzug und auffällig große Silberohrringe. Hagen fand sie überwältigend. Hanna begrüßte ihn mit einem Kuss auf die Wange. Hagen zuckte ein wenig zusammen und roch ihren Puder, der etwas Herbes, Erdiges verströmte.

„Entschuldige bitte die Verspätung", sagte er.

„Champagner? Champagner!", antwortete sie und lächelte ihn mit weit aufgerissenen Augen an. Der Mann hinter dem Tresen zuckte nicht mit der Wimper und nickte kurz.

„Wie hast du ihn dazu gebracht hast, so viel Geld lockerzumachen?"

Hanna hob ihr Kinn und strich sich mit zwei Fingern über den Hals.

„Tja, das würdest du gern wissen, hm? Eigentlich habe ich ihm gar nicht viel erzählt. Er hat gleich gewusst, was ich wollte."

„Und was hat er gesagt?"

Hanna imitierte die Stimme ihres Onkels: „Du scheinst es ernst zu meinen, meine Liebe. Das gefällt mir. An wie viel hast du denn gedacht?"

„Das war alles?"

„Ja! Stell dir vor. Am Ende habe ich ihm den Businessplan in die Hand gedrückt, aber er hat nur drin geblättert. Wir haben echt Glück gehabt."

„Glück und Charme", sagte Hagen.

„Ohne dich hätten wir das nicht geschafft. Ich glaube, wir haben einen guten Fang mit dir gemacht."

Hagen sagte nichts und fuhr mit dem Zeigefinger über die Tischdecke.

„Ich meine das ernst, Hagen. Übrigens gilt das nicht nur für dich allein. Auch für alle anderen Mitarbeiter von cool.com. Ihr Knowhow ist unsere Stärke, unser eigentliches Kapital. Human Resources nennt man das, glaube ich. Ohne dich, ohne Frank, ohne Roman, unseren Star in der Produktentwicklung, hätten wir keine Chance."

Hagen nickte und prostete ihr zu. Hanna war nicht zu bremsen.

„Eigentlich sind die Mitarbeiter viel wichtiger als das Produkt. Denn mal ehrlich: Was kann ich mit der besten Produktidee anfangen, wenn mir die Mitarbeiter fehlen? Ich brauch doch das Know-how zur Entwicklung und Vermarktung des Produkts! Oder nehmen wir mal an, ich behandle oder bezahle sie nicht korrekt. Die wandern mir binnen kürzester Zeit ab. Dann sitze ich in doppelter Hinsicht auf dem Trockenen." Hanna ordnete ihre Gedanken und fuhr fort: „Durch die Suche nach neuen Mitarbeitern mit gleichwertigem Wissen gerät meine Arbeit ins Stocken. Klar. Und die Konkurrenz profitiert vom Know-how meiner Firma."

Sie hielt kurz inne, und lächelte Hagen liebenswürdig an. „Weißt du was? Als wir dich damals in dieser Kneipe kennen lernten, war das wie bestellt. Mich interessierte weder dein Lebenslauf, noch dass du gerade aus deiner Firma geflogen warst. Mich interessierte, wie du auf unsere Liquiditätsprobleme eingegangen bist – und damit hast du mich überzeugt."

Hagen fühlte sich zwar geschmeichelt, aber noch viel lieber hätte er gehört, dass sein Charme bei ihr gewirkt hatte. Außerdem irritierte ihn, dass Hanna beim Erzählen ihre Hand auf seinen Arm gelegt hatte. Er wusste nicht, wie er das deuten sollte. Er hatte für einen flüchtigen Moment die Idee gehabt, seine Hand auf ihre zu legen. Aber vielleicht hatte sie etwas ganz anderes gemeint. Er würde sich lächerlich machen und alles verpatzen. Oder vielleicht doch? Plötzlich sah er ein paar Tische weiter Gregor. Gern hätte er ihm mit Hanna an seiner Seite imponiert. Andererseits: Gregor war bei blonden Frauen schwer wieder loszuwerden. Und Hanna war garantiert sein Typ!

Doch Gregor nickte ihm nur freundlich zu. Er war in Begleitung eines Anwaltskollegen und des obersten Richters der Stadt, die

Hagen beide bei einer dieser Partys durch Gregor kennen gelernt hatte. Ihren Mienen nach zu urteilen verhandelten sie gerade außergerichtlich einen Fall. Zumindest wirkten sie nicht wie in Feierabendstimmung. Auch Gregor sah angespannt aus.

Um kurz vor eins läutete der Kellner die letzte Runde ein. Hagen bestellte zum Abschluss zwei Wodka-Lemon und bedankte sich bei Hanna, dass sie ihre privaten Abendstunden für ihn „geopfert" hatte.

Hanna verzog das Gesicht. „Versteh mich nicht falsch, Hagen. Aber manchmal merkt man schon, dass du aus einer anderen Welt kommst. Für mich ist das nämlich nichts Besonderes, nach der Arbeit noch gemeinsam essen oder etwas trinken zu gehen. So lernt man sich besser kennen. Und viele Probleme lassen sich mit ein bisschen räumlichem Abstand vom Büro viel leichter lösen. Hast du etwa noch nie von After-Work-Parties gehört?"

Hagen schüttelte den Kopf. Er sah zu Gregor hinüber, der offenbar auch vorgehabt hatte, die lockere Feierabendstimmung für informelle berufliche Kontakte und Deals zu nutzen. Na ja, eigentlich gab's das ja auch schon immer. S. M. Luzius ist auch oft mit Geschäftspartnern essen gegangen. After-Work-Party, haha. Alter Wein in neuen Schläuchen, nichts anderes war das.

Er war froh, dass er nicht versucht hatte, Hannas Hand zu nehmen. Es gehörte einfach zu ihrer Art, unkompliziert mit den Dingen umzugehen. Mit ihm hatte das überhaupt nichts zu tun. Er hätte sich wirklich lächerlich gemacht. Wahrscheinlich wartete jetzt noch jemand auf sie.

Als Hanna ihr Glas geleert hatte, sagte sie, dass sie zum Umfallen müde sei und ins Bett müsse. Hagen bot ihr an, sie nach Hause zu fahren, doch sie wehrte ab: „Mach dir um mich keine Sorgen. Ich nehm ein Taxi." Sie drückte ihm zum Abschied einen

Kuss auf die Wange und verschwand. Auch Gregor war schon weg. Hagen sah sich um, legte einen Schein auf den Tisch und zog seinen Mantel an. Man kann nicht alles haben, sagte er sich. Zu Hause angekommen schlief er sofort ein und träumte von nichts.

☆☆☆

Am nächsten Morgen wachte Hagen zerschlagen auf. Er duschte kalt und aß die Reste der kalten Pizza vom Vorabend. Als er in den Wagen stieg, fühlte er Nervosität. Er fuhr zum LuMa-Firmengelände, einem Ort aus seiner Vergangenheit. Schauplatz seiner größten beruflichen Niederlage. Heute war der Tag, an dem er seinen Firmenwagen zurückgeben musste. Er parkte den Mercedes neben dem Haupteingang und ging, ohne sich umzusehen, auf die Pförtnerkabine zu.

„Morgen, Herr Icks", sagte der Pförtner, als Hagen die Glastür öffnete.

„Schön Sie zu sehen", sagte Hagen. „Ich bringe Ihnen den Wagen. Hier sind Fahrzeugpapiere und Schlüssel."

„Icks!", schrie plötzlich jemand hinter ihm. Es war die Stimme, die Hagen nie vergessen würde.

„Morgen, Herr Luzius", sagte er kühl.

„Heute ist Rückgabetag, ja? Schön, gut so. Muss ja alles seine Ordnung haben, nicht wahr? Na, bestimmt haben Sie schon einen neuen Firmenwagen, oder nicht?", bellte S. M.

Hagen hatte keinen neuen Wagen. Bei cool.com gab es keine Firmenwagen – für niemanden. Stattdessen erhielten alle Mitarbeiter Jobtickets oder ein Kickboard. Hagen fand die Idee gar nicht schlecht, theoretisch zumindest. Auf der anderen Seite war ein Auto aber ein Auto. Auf einem Kickboard konnte er sich nicht vorstellen,

Wasserkästen oder das viele Hundefutter zu transportieren, das Daisy für ihr tägliches Wohl benötigte.

„Kommen Sie mal mit, Icks, ich möchte Ihnen was zeigen. Na los!" S. M. schob Hagen in einen kleinen Raum neben dem Empfang, wo sich Bürostühle, Werbeartikel aus dem Vorjahr und Kartons mit Kopierpapier stapelten.

„So, hier können wir zwei uns in Ruhe unterhalten." S. M. wies Hagen mit überfreundlicher Geste den einzigen freien Stuhl zu und lehnte sich gegen die Tischkante eines ausrangierten Konferenztischs. Hagen verspürte den Wunsch, sofort wieder aufzustehen und den Alten kommentarlos stehen zu lassen. Aber er war neugierig, was er ihm denn zu sagen hatte. Luzius hielt sich nicht lange mit Höflichkeiten auf.

„Passen Sie auf, ich hab da eine grandiose Idee. Wir beide haben doch schon viel miteinander überstanden. Hat doch immer gut geklappt mit uns, oder nicht? Die dumme Geschichte mit der Bilanz vergessen Sie jetzt gleich mal wieder; das müssen Sie nicht so eng sehen. Ich kann ja auch nicht immer so, wie ich will, nicht wahr? Also. Ich sage: Auf zu neuen Ufern. Augen zu und durch. Die Wirtschaft ist in Bewegung, das muss ich Ihnen nicht erzählen. Moderne Produkte, junge Unternehmen, die New Economy, pipapo. Da tut sich was! LuMa sollte das nicht verschlafen, sag ich mir. Na, und da kam mir diese Idee, die sehr gut ist. Gut für LuMa, aber erst recht gut für Sie, mein Bester!"

Hagen sagte nichts und wartete ab, was S. M. geplant hatte. S. M. sah Hagen kurz an und fuhr fort: „Man sagt, dass Sie jetzt ganz dynamisch in ein kleines Unternehmen eingestiegen sind; moderne Kühlschränke, ganz tolle Sache. Und wenn Sie da einsteigen, muss wohl was dran sein, Sie sind ja schließlich ein Profi. Computerkühlschränke – warum nicht? Aber niemals mit jungen, ganz unerfahrenen Leuten! Mit denen können Sie doch nicht arbeiten. Sie brauchen einen starken Partner. Und das könnte doch LuMa sein, ein traditionsreiches Familienunternehmen mit exzellentem Ruf!"

S. M. interpretierte Hagens Schweigen als Zeichen von Unverständnis. „Im Klartext: Ihr Unternehmen als Teil von meinem. Das wäre doch eine Sache! Ich kaufe die Klitsche – und wir haben die Technologie exklusiv für uns, da wären wir unschlagbar, Sie und ich. Überlegen Sie mal, was für Vorteile Ihre Klitsche davon hätte: Die LuMa ist bereits international, die Vertriebswege sind vorhanden – und Cash gibt's auch genug. Und mit uns als Team geht der Unternehmenskauf ruck, zuck! Ich habe das Geld und Sie kennen den Laden und lassen mir alle Informationen zukommen. Mit zweieinhalb Millionen Euro läuft der Deal. Na, was halten Sie davon?"

Hagen sagte immer noch nichts. Luzius presste die Lippen zusammen und gab sich Mühe, nicht zu schreien. Er versuchte, ein Lächeln aufzusetzen und väterlich zu klingen.

„Sie hätten natürlich auch etwas von dem Deal; eigentlich sogar mehr als ich. Ich erwerbe nur eine neue Firma ohne ausgereiftes Produkt. Ihnen aber eröffnet sich eine neue berufliche Zukunft – als Geschäftsführer. Die derzeitigen Manager können wir problemlos austauschen. Sie sehen: LuMa lässt seine besten Leute nicht hängen. Ich habe immer gewusst, dass Ihre große Stunde eines Tages kommt. Und jetzt ist sie da, Icks. Sie müssen nur die Hand ausstrecken."

Hagen bemühte sich ruhig zu bleiben. Mit fester Stimme hielt er dagegen. „Ich bin nicht käuflich. Das hätte Ihnen in den letzten vierzehn Jahren eigentlich auffallen müssen."

„Was heißt denn hier käuflich. Es geht ums Geschäft, da ist keine Zeit, um nachtragend zu sein."

„Ich bin nicht käuflich, und die Firma steht nicht zum Verkauf", wiederholte Hagen.

„Alles Unfug, Icks. Hören Sie zu. Was ist denn, wenn in der Branche gefährliche Gerüchte die Runde machen? Sie wissen doch, wie schnell das geht. Was passiert wohl, wenn alle denken, ihrer cool.com, oder wie das heißt, geht das Geld aus? Und dann? Das könnte Lieferanten, Vermieter und ganz zu schweigen von irgendwelchen „Onkelchen" als potenzielle Investoren ganz schön verunsichern. Und abschrecken. Dann steht der Laden ganz schnell vor dem Aus, und dann sind Sie dankbar für jede helfende Hand. Mit Geld lässt sich vieles regeln, das sollten Sie nicht vergessen, Icks!"
Hagen stand schweigend auf und ging zurück in die Pförtnerloge. Hinter ihm schnalzte Luzius unwillig mit der Zunge und murmelte irgendetwas. Hagen dröhnten die Ohren. Der Pförtner wollte ihm ein Taxi rufen, doch Hagen erklärte, er wolle ein wenig laufen, und verließ das Gelände zu Fuß. Bald würde der erste Schnee kommen, dachte Hagen.

Auf dem Rückweg beschloss er, den anderen zunächst nichts von S. M.s Plänen zu erzählen. Er fühlte Ekel und ein leichtes Würgen bei dem Gedanken an Luzius. Der große Tag kommt wirklich noch, dachte Hagen; eines Tages wird abgerechnet. Aber es stimmte: Die Drohungen, cool.com durch gezielte Gerüchte in Misskredit zu bringen, könnten die Stimmung trüben. Zum Beispiel bei den Lieferanten, die sie teilweise gemeinsam hatten. Daher hatte S. M. wohl auch viele seiner Informationen. Und natürlich machte die LuMa weitaus mehr Umsatz bei ihnen, als cool.com – das könnte ein Druckmittel werden. Hagen seufzte, er wollte das Team nicht entmutigen. Hanna hatte den Nagel auf den Kopf getroffen: Es war ein gutes Team mit einem großen Potenzial. Und er war ein Teil davon. Es war nicht einfach nur ein Job, auch für ihn nicht. Hagen dachte an das Geld von Hannas Onkel. Damit waren die nächsten Zahlungen gesichert. Aber danach? Cool.com brauchte bald zusätzliche Mittel, da hatte S. M. Recht. Cool.com war jetzt erst einmal aus dem Gröbsten heraus, und die letzten Meldungen aus der Produktentwicklung klangen vielversprechend. Jetzt war es an der Zeit, die nächste Phase der Finanzierung einzuläuten – sie würden sich schon bald um Venture Capital kümmern müssen.

Das Verhör

Die Zukunft macht nicht Halt – auch nicht vor Ihrer Küche. Warum sich um alles selbst kümmern, wenn andere das für Sie erledigen können? Die Zeit ist reif für eine neue Stufe der Informationstechnologie. Und wir holen Ihnen die Zukunft ins Haus – mit dem denkenden Kühlschrank. Ein Traum wird wahr", schloss Nils lächelnd seinen Vortrag und legte den Laserpointer mit großer Geste neben den Laptop. Das letzte Power-Point-Diagramm, das künftigen Investoren eine Kapitalrendite von hundert Prozent innerhalb von drei Jahren versprach, ließ er auf der Leinwand stehen.

Camilla Dombrowski klopfte mit dem oberen Ende ihres Füllfederhalters auf den Tisch. „Sehr hübsch, gefällt mir", sagte sie. „Aber natürlich reichen mir große Worte nicht. Das können Sie sich sicher denken. Nach dieser viel versprechenden Einführung bin ich auf die weiteren Details sehr gespannt." Die Venture Capitalistin von MoneyMaker Inc. faltete die auffallend gepflegten Hände, setzte ein freundliches Gesicht auf und sah fragend in die Runde.

Nils ließ sich in dem freien Sessel neben Hanna nieder. Seinen Job, fand er, hatte er gut gemacht. Jetzt kamen die anderen dran. Hagen setzte sich in seinem Ledersessel auf und sah Hanna an, die vorsichtig lächelte. Camilla Dombrowski schob die bunten Grafiken auf ihrem Schreibtisch ein Stück von sich weg, um den Businessplan aufzuschlagen. „Gleichermaßen erfreulich wie ungewöhnlich finde ich, dass mit Ihnen ein erfahrener Finanzexperte mit im Boot ist." Sie wandte sich an Hagen. Der räusperte sich und bemerkte: „Ich bin nach anfänglicher Skepsis mittlerweile fest davon überzeugt, dass unser Screen-Fridge ein großes Marktpotenzial hat."

„Und Sie beide," sie wandte sich Nils und Hanna zu, „bringen den frischen Wind mit, wie?", fragte Camilla. „Schön, schön. Dann lassen Sie uns jetzt einmal den Businessplan durchgehen. Das Unternehmen, das Produkt, der Markt und das Managementteam. Bleiben wir zunächst beim Markt. Sie streben die Marktführerschaft bei den intelligenten Kühlschranksystemen an. Entscheidend dafür ist der Kundennutzen. Was können Sie mir dazu sagen?"

Das war Hagens Stichwort. „Unser Konzept ist einfach und daher für den Kunden leicht verständlich. Es ist uns natürlich klar, dass die Kunden prinzipiell gern beim Vertrauten bleiben und Neuem gegenüber skeptisch sind. Aber der Screen-Fridge bietet viele Vorteile, die praktisch jeden überzeugen dürften, der zu Hause Lebensmittel lagert. Ein Produkt für die Masse also, wenn auch zunächst vielleicht nur für die etwas betuchtere."

„Die Handhabung wird so einfach sein, dass sie ebenfalls jeder versteht, von der Hausfrau bis zum Rentner", schob Hanna nach.

„Die ersten Kunden werden sicher Berufstätige sein, die wenig Zeit zum Einkaufen haben", sagte Hagen schnell, „Dann aber auch andere, die guten Service und bequeme Versorgung zu schätzen wissen. In Fachartikeln über das Kühlwesen wird von einem hohen

Bedarf an besser planbaren Lagersystemen gesprochen. Gespräche auf Messen ergaben übrigens das gleiche Bild. Studien finden Sie in den Unterlagen. Der Fachverband der Kühlschrankindustrie hat aufgrund von Umfragen errechnet, dass sich in den ersten drei Jahren nach Markteinführung 70 000 intelligente Kühlschränke verkaufen ließen, damit erzielen wir einen EBIT, also einem Gewinn vor Zinsen und Steuern, von etwa fünf Millionen Euro pro Jahr."

„Ja, das haben Sie hier als Referenz beigefügt", nickte Camilla. „Sie wollen also keine kleinen Brötchen backen, wie mir scheint. Gut, sagen wir, die Marktchancen sind also nicht schlecht. Außerdem ist der Verkauf auch auf Industriekühlschränke und das Ausland erweiterbar. So weit, so gut."

Hagen wusste, dass MoneyMaker Inc. hervorragende Auslandskontakte hatte und schon eine Reihe anderer junger Unternehmen erfolgreich mit Kapital unterstützt hatte. Deshalb hatte er sich bewusst an diese und zwei andere Venture-Capital-Gesellschaften gewandt, die ebenfalls Erfahrung darin hatten, Start-ups in der Anfangsphase zu begleiten und zu finanzieren. Je mehr Kontakte, desto besser die Vermarktungsmöglichkeiten, dachte er.

„Sie wissen ja sicher, dass wir auch Büros in München und Kalifornien haben", lächelte Camilla. „Durch unser Netzwerk internationaler Partner können wir Ihnen auf der ganzen Welt die Türen öffnen. Wenn wir ins Geschäft kommen, natürlich."

Hanna nickte. So hatte sie sich das vorgestellt – der Screen-Fridge auf dem Weltmarkt, ein Standard-Haushaltsgerät wie ein Toaster oder eine Kaffeemaschine.

„Wenn Sie Ihre Kühlschranktechnik standardisieren", sagte Camilla, „könnten die Wachstumschancen tatsächlich exorbitant sein."

Und ihr könnt exorbitant an uns verdienen, dachte Nils, der schweigend zugehört hatte. Hagen und Camilla waren so ungefähr im gleichen Alter und schienen einen guten Draht zueinander zu haben. Und das konnte bei anspruchsvollen Geschäften wie diesem enorm hilfreich sein. Nils wusste, wann er sich besser zurückhielt.

„Nun mal ganz unbescheiden: Das Ziel Marktführerschaft ist klar. Was wissen Sie über Ihre Wettbewerber?"

„Das ist in der Tat ein Schwachpunkt", sagte Hagen, „wir wissen von zwei anderen Firmen, die Ähnliches vorhaben wie wir. Aber wir sind wohl in der Entwicklung des Produkts am weitesten."

Camilla zog die Augenbrauen hoch: „Da müssen wir nacharbeiten. Sie müssen sich darüber im Klaren sein, was die anderen vorhaben und wie weit sie sind, auch wenn es nicht ganz einfach sein wird, das herauszubekommen."

„Wir haben hervorragende Techniker, die sich ständig über die neuesten Entwicklungen auf dem Laufenden halten. Außerdem werden wir uns auch durch Service, Beratung und Ersatzteilverkauf profilieren und uns so eine eigene, besondere Wettbewerbsposition schaffen – auch wenn es mit der Zeit noch andere Hersteller geben sollte", erklärte Hagen.

Camilla machte eine abwehrende Handbewegung. „Das schreiben Sie mal schön in Ihre Prospekte", sagte sie harsch. „Ihnen fehlt noch so manches. Zum Beispiel ein durchschlagendes Verkaufsargument, ein Alleinstellungsmerkmal oder ein Patent. Aber das sind Details, und heute ging es erst mal um die große Linie. Und die, das sagte ich Ihnen schon, gefällt mir. Wie sieht übrigens Ihr Marketingkonzept aus?"

„Den Markteintritt haben wir für nächstes Jahr geplant, wir werden uns an Großhändler zuerst in Deutschland, danach in der Schweiz und in Österreich wenden. Andere Länder kommen später dran. Wir werden noch genau überlegen, wie viel Zeit, Aufwand und welche Anforderungen der Vertrieb erfordert. Und wir haben bereits ein Kommunikationskonzept, wie wir unsere Zielgruppen auf den Screen-Fridge aufmerksam machen."

Nils schenkte Camilla Kaffee nach. Sie beachtete ihn nicht und blätterte leise seufzend im Businessplan. „Das sieht ja alles nicht so schlecht aus", sagte sie leise vor sich hin. „Das Wichtigste duldet allerdings keinen Aufschub. Das Wichtigste ist, wie Sie wissen, die Finanzierung."

Hanna sagte vorsichtig: „Genauso wichtig sind für uns Ihre guten Beziehungen. Ein direktes Coaching bei uns, falls es mal brennen sollte, und Ihre Börsenerfahrung." Beim letzten Wort schaute Hagen sie überrascht an. Intern hatten sie zwar schon über einen möglichen Börsengang in ferner Zukunft gesprochen. Doch Hagen hielt es noch für zu früh, diese Überlegungen nach außen zu tragen, solange ihr Produkt noch nicht einmal auf dem Markt war.

„Wir wollen nicht vom Thema abkommen", erklärte Camilla Dombrowski mit flötender Stimme. Allerdings war sie nicht überrascht, davon zu hören. Sie rieb sich stöhnend die Augen und setzte zu einem längeren Monolog an, den Hanna, Hagen und Nils erwartet hatten. Camilla dozierte über den Neuen Markt, die Blase, die heiße Luft und die Zeit nach dem großen Knall, der überdies abzusehen gewesen sei. Als sie merkte, dass sie abschweifte, bremste sie sich selbst mitten im Satz.

„Nur die wenigsten Kunden fragen danach, wie viele und welche Start-up-Firmen MoneyMaker schon erfolgreich unterstützt hat, ob es einen Coach vor Ort gegeben hat und wie es mit der Branchenerfahrung aussah. Schon beim ersten Telefongespräch und vor allem nach einem Blick auf Ihren Businessplan hatte ich den Eindruck, dass Sie Ihre Hausaufgaben gemacht haben. Es ist auch gut, dass Sie jetzt schon an den Börsengang denken. Doch lassen Sie uns zunächst über den Finanzierungsplan sprechen. Wir sind eine klassische Venture-Capital-Gesellschaft. Das heißt, wir beteiligen uns vorrangig an jungen Hightechfirmen in einer frühen Wachstumsphase. Wenn ich Sie richtig verstanden habe, sind Sie sowohl an Kapital als auch an einer Managementunterstützung interessiert?"

„Eine Beratung halte ich vor allem dann für wichtig, wenn wir planen, unser Management zu erweitern. Wie sieht es mit der Beschaffung von Förder- und Bankmitteln aus?" Hagen blieb am Ball, das musste man ihm lassen. Hanna warf ihm einen bewundernden Blick zu, den er sichtlich genoss.

„Auch das können wir leisten", sagte Camilla. „Wir beschränken uns nicht auf die Bereitstellung von Eigenkapital, sondern arbeiten auch mit Banken, öffentlichen Kapitalbeteiligungsgesellschaften und öffentlichen Förderstellen zusammen. Wir können für Sie ein individuelles Finanzierungspaket schnüren. Welchen Kapitalbedarf würden Sie denn für Ihr Unternehmen ansetzen?"

Das war eine schwierige Frage. Natürlich hatte sich Hagen darüber Gedanken gemacht, wie viel Geld sie brauchen würden. Er hatte verschiedene Finanzierungsarten verglichen und analysiert, wie viel Kapital notwendig wäre. Für die weitere Entwicklung des Screen-Fridge. Für die Markteinführung, das Marketing. Und nicht zuletzt für die Mitarbeitergehälter. Er entschied sich, mit einer Gegenfrage zu antworten. „Das hängt auch davon ab, welche Konditionen Sie bieten und welche Beteiligungspolitik Sie verfolgen. Ich nehme an, Sie beteiligen sich hauptsächlich direkt mit Gesellschaftskapital?"

Camilla nickte. „So ist es. Wir erwerben meistens Anteile am Stammkapital, gewöhnlich zwischen 20 und 49 Prozent."

Das ist gut, maximal 49 Prozent, dachte Hanna, so behalten wir die Mehrheit. Andernfalls wären die anderen Mehrheitsgesellschafter und hätten im Zweifel das Sagen. Sie sah zu Nils herüber, ob er vielleicht gerade dasselbe dachte. Nils hatte begonnen, die Schnee-flocken vor dem Fenster zu beobachten. Er fragte sich, wohin er diesmal in Skiurlaub fahren sollte. Camilla beachtete ihn ohnehin nicht, da war es die Mühe nicht wert, zumindest so zu tun, als könne er der Unterhaltung folgen.

„Auch eine stille Beteiligung ist möglich", fuhr Camilla fort, „bei der wir zum Beispiel für zehn Jahre Kapital in Ihre Firma stecken, ohne als direkter Gesellschafter öffentlich in Erscheinung zu treten. Natürlich bevorzugen wir eine atypisch stille Beteiligung, bei der wir nicht nur am Gewinn, sondern auch am Wertzuwachs teilhaben. Auch eine Kombination zwischen direkter und stiller Beteiligung wäre denkbar. Alles ist möglich."

Nils hatte einen Halbsatz mitbekommen. Stille Beteiligung, das war auch seine Rolle; zumindest heute. Er unterdrückte ein Gähnen, ließ seinen Blick durch den Raum schweifen und musterte dann Camilla aus dem Augenwinkel: Mit diesem Herrenschnitt und dem Nadelstreifenkostüm gehörte sie nicht zu der Kategorie Frauen, mit denen er sich auskannte. Doch das spielte keine Rolle. Hauptsache, sie würde cool.com das notwendige Kapital besorgen. Er beschloss, den Rest des Meetings wenigstens ein interessiertes Gesicht zu machen, und lächelte Camilla charmant an.

Inzwischen hatte Hagen sich entschieden, die Karten auf den Tisch zu legen und in Sachen Kapitalbedarf konkreter zu werden. „Ich denke an eine Beteiligungssumme in der Größenordnung von zwei bis drei Millionen Euro. Der Wertzuwachs Ihrer Unterneh-mensanteile bei uns wird nach unseren Berechnungen so hoch sein, dass Sie eine Rendite von weit über hundert Prozent nach dem Börsengang erzielen können – davon können wir alle etwas haben."

Camilla nickte zustimmend. Das Team und sein Ge-schäftskonzept hatten sie im Großen und Ganzen überzeugt. Details konnte man später klären. „Ich bin sicher, dass wir uns einig werden. Wir werden allerdings Ihre Zahlen noch genauer unter die Lupe nehmen, das ist klar. Unser nächster Schritt wird dann die Due Diligence sein. Das ist für uns die Basis für den Erwerb und die Bewertung einer Beteiligung."

Hagen wusste, was eine „Due Diligence" bedeutete: Camilla wollte die Angaben des Businessplans verifizieren. Sie würde die angegebenen Referenzen überprüfen, sachkundige Experten befragen, den Zielmarkt gründlich analysieren. Auch die Organisation des Unternehmens sollte überzeugen. Die Planzahlen und Randbedingungen würden auf ihre Realitätsnähe überprüft werden. Wie wirkt es sich aus, wenn Zeitbedarf und Kosten für die Markteinführung steigen? Ist es möglich, Schutzrechte zu erteilen? Was ist geplant, um Referenzkunden zu gewinnen? Und so weiter und so weiter. Hagen hatte ein mulmiges Gefühl. Alles stand auf Messers Schneide. Die Zeiten, in denen jeder mit Geld überschüttet wird, der eine halb gare Idee gut verkauft, sind vorbei, dachte er. Und vielleicht war das ja auch ganz gut so für die Firma.

„Wie schätzen Sie unsere Chancen ein?", fragte Hanna.

„Relativ gut", sagte Camilla distanziert. „Aber ich möchte Ihnen nicht zu viel versprechen. Behalten Sie immer im Hinterkopf, dass nur drei von hundert Projekten verwirklicht werden."

Hanna hakte nach. „Gesetzt den Fall, das Ergebnis der Due Diligence ist positiv. Wie geht es dann weiter?"

„Wenn wir eine gemeinsame Vorstellung von unserer Zusammenarbeit gewonnen haben, erstellen wir einen Letter of Intent. Das ist eine Absichtserklärung, dass wir an einem Beteiligungsvertrag mit Ihnen interessiert sind. Sie ist allerdings noch nicht verpflichtend. Danach können wir aber relativ schnell zu einem verbindlichen Term-Sheet kommen", erläuterte Camilla.

„Das ist der Vorvertrag, nicht?", fragte Hanna. Im gleichen Moment hätte sie sich ohrfeigen können für ihre Frage. Jetzt hatte sie gezeigt, dass sie nicht so richtig Bescheid wusste. Aber Hagen beruhigte sie mit einen kurzen Blick.

„So ist es. Darin halten wir die grundlegenden Beteiligungsvereinbarungen fest. Das heißt konkret: die Unternehmensbewertung, die Beteiligungssumme, die Beteiligungsdauer und verschiedene weitere Punkte, das können wir noch gemeinsam besprechen."

„Wichtig fände ich auch, unsere mündlichen Vereinbarungen im Term-Sheet zu vermerken", warf Hagen ein. „Zum Beispiel die Regeln unserer Zusammenarbeit, wann welche Aktionen geplant sind, bei welchen Geschäftsvorgängen wir Ihre Zustimmung brauchen."

„Ja, das sind die üblichen Punkte", stimmte Camilla zu, „außerdem legen wir gemeinsam fest, ob wir einen Beirat zur strategischen Lenkung schaffen wollen."

In diesem Punkt war sich Hagen noch nicht ganz sicher. Konnte das nicht zu sehr in Kontrolle ausarten? „Das wird vielleicht nicht nötig sein", sagte er vorsichtig, „aber sicher sind Sie daran interessiert, dass wir für unsere Unternehmensangaben haften. Zum Beispiel dafür, dass wir die Produkt- und Markenrechte für den Screen-Fridge haben."

„Das wäre in der Tat eine solide Basis für uns", bestätigte Camilla. „Obwohl ich auch jetzt schon von Ihrer Vertrauenswürdigkeit überzeugt bin."

Sie klappte den Businessplan zu und schaute mit wachsamen, grau-grünen Augen in die Runde. Sie wirkte auf Nils wie eine Richterin, die das Urteil vertagt. Freiheit oder Kerker, dachte er. Geld oder gar nichts, fiel ihm ein. Hanna strahlte aus jeder Pore Zuversicht aus, Hagen saß ernst und aufmerksam in seinem Sessel.

„Bliebe jetzt noch die Exit-Planung. Wie gesagt, ich würde Ihnen den Börsengang empfehlen."

Hagen blieb skeptisch. Exit-Planung. Klar, Camilla dachte an ihr Geld und wie sie es wieder zurückbekommen konnte. Sie aber wollten mit Screen-Fridge erst einmal einsteigen – an Exit wollte da noch niemand denken. Der Weg an die Börse würde extrem teuer werden. Zunächst der Werbeaufwand, um sich bekannt zu machen. Dann die ständigen Unternehmensberichte und dazu noch schwankende Aktienkurse. War das wirklich jetzt schon aktuell? Wo sie noch nicht einmal ein marktreifes Produkt vorweisen konnten?

Auch Camillas Optimismus konnte seine Zweifel nicht ganz zerstreuen. „Das Going public stellt hohe Ansprüche an ein Unternehmen", betonte sie, „doch mit Ihrer Innovations- und potenziellen Ertragskraft werden Sie das schaffen. Für die Vorbereitung müssen Sie allerdings mindestens ein halbes Jahr, eher ein ganzes einplanen. Und das ist immer noch sehr knapp bemessen. Die Zeiten, in denen alles husch, husch ging, sind vorbei. Zumindest für uns. Und Sie brauchen eine gute Equity-Story."

Nils hielt den Kopf schief. Diesen Ausdruck kannte auch Hanna noch nicht. Sollte sie nachfragen und damit abermals ihre Unwissenheit eingestehen? Camilla bemerkte das und sprach weiter: „Eine spannende Börsengeschichte, die schon bei strategischen Entscheidungen mitgeplant wird. Dazu gehören auch regelmäßige Businesspläne, in denen Sie Umsatz- und Gewinnziele festlegen, die Sie dann allerdings auch einhalten sollten, wenn Sie wissen, was ich meine."

Hagen war noch immer nicht ganz wohl. Das hörte sich einfach zu gut an. Was war, wenn unerwartete Schwierigkeiten mit dem Screen-Fridge auftraten? Wenn sie es nicht schafften, die neue Technologie zur Marktreife zu bringen? Andererseits hatte er eben erst behauptet, hervorragende Techniker in der Firma zu haben. Schnell trank er einen Schluck Kaffee, der lauwarm geworden war, um seine Unsicherheit zu überspielen. Dann konzentrierte er sich wieder auf das Gespräch. „Welche Möglichkeiten gäbe es denn alternativ zum Börsengang?", fragte er an Camilla gewandt.

„Eine andere Möglichkeit, wie wir wieder aus der Beteiligung aussteigen können, ist der Trade Sale. Das bedeutet, wir verkaufen unsere Anteile an ein anderes Unternehmen. Oder wir verkaufen an eine andere Venture-Capital-Gesellschaft. Das haben wir allerdings noch nie praktiziert, denn für uns bedeutet das kaum einen Gewinn, und für Sie würde es sehr wahrscheinlich auch keine Vorteile bringen. Die dritte Variante wäre, dass Sie selbst die Anteile zurückkaufen. Entwickelt sich Ihr Geschäft aber gut – und davon gehe ich aus –, sind unsere Unternehmensanteile so teuer, dass Sie sie kaum zurückkaufen können."

„Das wird also nur gemacht, wenn das Geschäft nicht so gut läuft?", fragte Hanna. „Ja. Aber davon wollen wir doch nicht ausgehen." Camilla schaute Hagen aufmunternd an.

„Für Ihre Mitarbeiter hätte der Börsengang auch Vorteile, sofern Sie ihnen ermöglichen, Bezugsrechte auf Aktien zu erwerben", erklärte Camilla weiter. „Das heißt, ihre Mitarbeiter können innerhalb einer vorgegebenen Frist eine bestimmte Anzahl von Aktien zu einem fest vereinbarten Preis kaufen. Dadurch werden sie am wirtschaftlichen Geschehen des Unternehmens beteiligt. Wenn Sie Gewinn machen."

Hanna verstand sofort und nickte: „Das kann die eigene Motivation enorm erhöhen, wenn man quasi Mitunternehmer ist."

„Ja, die Arbeitsplätze werden attraktiver. Und es hilft, hoch qualifizierte Mitarbeiter zu bekommen und zu halten. Natürlich gab es das auch schon in hochumjubelten Firmen, deren Mitarbeiter dann nach dem Absturz auf wertlosem Papier saßen. Aber das Leben ist nun einmal nicht gerecht. No risk, no fun. Wir wollen den Teufel auch nicht gleich an die Wand malen. Ich denke, es gibt sehr gute Aussichten für Ihre junge Firma. Nur müssen Sie sich, wie gesagt, noch Gedanken über eine überzeugende Equity-Story machen."

Nils schloss sein Power-Point-Programm und klappte den Laptop-Bildschirm herunter. Due Diligence, Letter of Intent, Term-Sheet und Exit – da schwirrte einem ja der Kopf! Er war froh, dass sich das Gespräch jetzt offenbar dem Ende zuneigte. Er sehnte sich nach Feierabend. Camilla beobachtete ihn mit hochgezogenen Augenbrauen und beendete das Meeting. „So viel für heute. Wenn die Due Diligence gelaufen ist, melde ich mich wieder bei Ihnen."

Hanna rannte die Treppen zur Straße herunter. „War das gut oder war das nicht gut?", rief sie übermütig. Hagen lachte. „Schlecht war's nicht. Aber noch haben wir nichts in der Hand. Wenn die Herrschaften sich also zur Abwechslung mal zu ein bisschen Bescheidenheit durchringen könnten? Ich schlage vor, wir gehen zu unserer Verabredung mit Kemal. Der wartet sicher schon – mit großem Hunger."

„Hagen, Hagen, sagenhafter Hagen", sang Nils.

☆☆☆

Venture Capital

Venture Capital („Risikokapital",
„Wagniskapital" oder „Chancenkapi-
tal") ist Eigenkapital, das eine Venture-Capital-Gesellschaft einem anderen, meist jungen Unternehmen zur
Verfügung stellt. Dafür erwirbt der
Kapitalgeber Unternehmensanteile,
meist zwischen zehn und 49 Prozent.
Die Firmengründer erhalten neben
dem Kapital bei Bedarf auch eine
Management-Unterstützung, die zum
Beispiel eine strategische Beratung,
den Aufbau von Auslandskontakten
und die Vorbereitung eines
Börsengangs einschließt.

Ziel der Investition

Angepeilt wird der schnelle Aufbau
eines hohen Firmenwerts. Davon
profitieren sowohl der Venture Capital-Geber, der nach fünf bis acht Jahren seine Anteile mit hohem Gewinn
wieder verkaufen kann, als auch die
Unternehmensgründer.

Auswahlkriterien

Das wichtigste Investitionskriterium
für die Venture Capital-Geber sind
schnell wachsende Märkte mit hohem Innovationsgrad wie der gesamte Hightechbereich, Biotechnologie,
Internet oder neue Werkstoffe. Häufig
investieren Venture Capitalists in ein
Konzept oder eine Geschäftsidee,
und das Produkt ist noch nicht
marktreif. Dafür erwarten sie geringe
Marktrisiken, ausbaufähige Wettbe-
werbsvorteile und eine Zielrendite
von mindestens dreißig Prozent pro
Jahr.

Kompetenz und Kontakte – darauf
sollten Kapital suchende Unternehmen bei der Auswahl ihres potenziellen Finanzpartners achten.

Die Diagnose war eindeutig: Traumatische Erlebnisse in der frühen Kindheit seien der Ursprung der „aktuellen nervösen Darmschwäche", erklärte der Arzt. Mit dem Ärmel seines handgestrickten Pullovers putzte er sich ausgiebig die Brillengläser und warf seiner Patientin, die zitternd vor ihm auf dem Schreibtisch saß, einen kritischen Blick zu.

„Manchmal reichen schon Kleinigkeiten, um alte Wunden wieder aufzureißen. Hat die junge Dame in letzter Zeit besonders einschneidende Veränderungen ihres primären sozialen Nahraums erdulden müssen?", fragte er Kemal.

„Wie man's nimmt. Sie lebt jetzt in einer Wohnung ohne Möbel. Aber der Kühlschrank ist jedenfalls noch da", antwortete er und sah Daisy ratlos an, die anfing, mit dem rechten Auge zu zucken.

„So etwas kann natürlich schwere Verlustängste auslösen. Sie müssen jetzt sehr verständnisvoll zu ihr sein", forderte der Psychologe. „Schlagen Sie ihr vor allem nichts ab. Und hören Sie ihr besser zu, wenn sie Ihnen etwas sagen will. Nächste Woche, gleiche Zeit? Sie finden ja allein raus. Der Hund kennt den Weg."

Das klärende Gespräch nach der Sitzung beim Hundepsychiater war für Kemal immer der unangenehmste Teil seiner neuen Pflichten. Daisy auszuführen, war in Ordnung. Aber nach einer Sitzung schien sie jedes Mal noch verwirrter als zuvor und war nur mit Extra-Leckerbissen wieder zu besänftigen. Oder war das pure Berechnung? Daisy wusste, dass es nach der Therapie eine Belohnung gab. Diesmal schlenderten die beiden aber nicht zum Fleischer, sondern ins Restaurant, wo sie mit Hanna, Hagen und Nils verabredet waren. Die hatten einen Termin mit dieser Camilla Dombrowski gehabt – und nun wahrscheinlich auch Appetit.

Als Kemal mit Daisy eintrat, wurde er nur von Nils mit einem schlaffen Winken begrüßt. Hanna und Hagen steckten wieder einmal inmitten einer ihrer schier endlosen Diskussionen. Kemal brachte Daisy an den Tisch. Sie freute sich nur mäßig, Hagen zu sehen. Kemal grinste. Dann reihte er sich in die Schlange hinter dem Tresen ein. Big-Mäc, Fisch-Mäc oder Pommes? Ein Döner wäre jetzt auch nicht schlecht. Aber das gab's in diesem amerikanischen Spezialitätenrestaurant natürlich nicht. Kemal hörte die anderen hinter seinem Rücken laut diskutieren.

„Außer einem Namen und einer Idee haben wir absolut nichts vorzuweisen. Jeder wird uns auslachen, wenn wir damit ankommen", zeterte Hagen.

„Ach was", sagte Hanna, „wir müssen uns nur gut verkaufen. Du hast doch gehört, was Camilla gesagt hat. Alles, was wir brauchen, ist eine Story. Es ist nicht wichtig, wer wir sind, sondern wer wir sein könnten."

Hagen schüttelte den Kopf und klammerte sich mit beiden Händen an der Tischplatte fest. „Sollen wir denn heiße Luft verkaufen? Sollen wir einfach etwas behaupten, von dem wir gar nicht wissen, ob es hinhaut?"

„Klar", sagte Nils dumpf, der gerade in einen Big-Mäc gebissen hatte, mit dem er jetzt, die Kaupause überbrückend, wild in der Luft herumgestikulierte. „Machen doch alle. So läuft der Hase eben."

Daisy verfolgte den Weg des Hamburgers mit aufmerksamen Blicken. Und Kemal, in ihren Anblick versunken, bemerkte erschrocken, dass nun plötzlich sein rechtes Auge zu zucken begann. War nervöse Darmentleerung ansteckend? Er nahm sein reichhaltig gefülltes Tablett und setzte sich zu den anderen.

„Wir haben mehr als heiße Luft. Und wir haben auch mehr als einen Namen und eine Idee. Wir haben uns, unsere Firma, unser Team", sagte Hanna gerade.

„Und was sollen wir damit machen? Sollen wir von Haustür zu Haustür gehen und uns persönlich vorstellen? Hallo, wir sind's, bitte zeichnen Sie unsere Aktien, weil wir so nett sind?", blaffte Hagen zurück. Langsam wurde ihm das Gerede um die vielen tollen Mitarbeiter zu bunt.

Hanna sah ihn an wie ein etwas zurückgebliebenes Kind. „Wir sind nicht nett, wir sind gut. Und wir haben eine Vision, wir alle zusammen, in die es sich zu investieren lohnt. Was wir brauchen ist eine Equity-Story. Wir müssen erklären, wo wir stehen. Wo wir hinwollen. Und wie wir das machen werden. Und dabei müssen wir uns, das Team, immer in den Vordergrund stellen. Nur wir können diese Vision umsetzen. Niemand sonst. Unser Kapital sind wir selbst, cool.com. Begreifst du das denn nicht?"

Hagen rührte mit einem seiner Pommes frites im Senf. Er schlug einen Haken zum Ketchup, malte kleine gelbe Sonnenstrahlen in die rote Tunke und seufzte. Als er so alt wie Hanna war, hatte er nicht dieses grenzenlose Selbstvertrauen, dachte er. Was er ebenfalls nicht hatte, damals als Student, war ein Bauch. Und ihm war nie ganz klar gewesen, was genau er später eigentlich machen wollte. Irgendetwas Solides, mit festen Arbeitszeiten und immer der gleichen Summe auf dem Konto, Monat für Monat, Jahr für Jahr. Hauptsache etwas ohne allzu großes Risiko. Dann heiraten, ein Haus kaufen, vielleicht ein Kind oder zwei.

Daraus war nichts geworden. Doris mochte keine Kinder, und in den letzten Jahren schien sie sich auch aus ihm nicht mehr viel zu machen. Wenigstens im Job ging es voran, bis ... Und jetzt saß er da mit diesen Kindern, die überhaupt keine Zweifel an dem hatten, was sie taten. Die scheinbar überhaupt keine Sorgen kannten. Und was hielt Hanna eigentlich von ihm? War er in ihren Augen schon ein alter Mann, der bei den Dingen durchblickte, mit denen sie sich nicht aufhalten wollte? Oder sah sie in ihm den großen Bruder? Das wäre fatal, denn dann ...

„Bist du noch da, oder was?", Hanna piekste ihn mit dem Zeigefinger.

Hagen fand, dass er Hanna ein bisschen Recht geben sollte. Auch wenn er nicht wirklich überzeugt war. Aber vielleicht hatte sie ja Recht und er war einfach zu pessimistisch. Um nicht zu sagen: zu feige. Würde sie das von ihm denken, gingen seine Chancen bei ihr gegen null. Das konnte er sich ausrechnen.

Er nahm einen neuen Anlauf: „Aber wie sollen wir uns zu einer überzeugenden Börsengeschichte machen? Was uns dein Onkel und, wenn wir Glück haben, Camilla geben, reicht hinten und vorn nicht. Dass wir ein Team sind, macht uns nicht satt. Börse okay, aber ohne richtige Marketingstrategie wird die cool.com-Aktie ein Flop. Wir haben nur eine Chance, wenn wir die Leute dazu bringen, uns die Tür einzurennen. Und wenn sie bei der Stange bleiben. Und das werden sie nur tun, wenn sie das Gefühl haben, dass wir als Firma eine Zukunft haben."

Außerdem war ja noch längst nicht gesagt, dass Camilla Dombrowski auch nur einen müden Euro rausrückte.

Nils gähnte, Hanna sagte nichts mehr. Kemal hatte die ganze Zeit geschwiegen. Er war mit Daisy und einem Fish-Mäc beschäftigt. Er zupfte kleine Stückchen heraus, die er mit einem Fingerschnippen nach unten beförderte. Woher Daisy wohl ihre Neurose hatte? Was war eigentlich mit Hagens Exfrau? Hagen hatte ihm erzählt, wie es jetzt in seiner Wohnung aussah. Armer Hund. Erst wurde sie von einer hartherzigen Frau als Kindersatz adoptiert – und dann landete sie in der leeren Wohnung eines traurigen, aber sehr netten Finanzfreaks.

Daisy dachte an nichts von alledem. Sie dachte an den nächsten Bissen.

„Wir müssen das, was uns von den anderen unterscheidet, den Leuten in kleinen Dosen klar machen. Wir müssen es immer wieder erklären, jedes Mal ein bisschen genauer", sagte Hagen.

„Genau", sagte Hanna. „Und wir erklären, dass sich bei uns die Leistung der Mitarbeiter und die des Unternehmens die Waage halten. Wir rechnen es auf: Was tut das Unternehmen für die Mitarbeiter und was die Mitarbeiter für das Unternehmen? Wir sagen: Bei uns ist die Bilanz ausgeglichen. Wir stellen uns infrage. Wir untersuchen, was besser klappen könnte. Wir legen offen, wie die Bilanz aussieht und wie sie zustande kommt. Wir behaupten: Mitarbeiter und Unternehmen geben gleich viel. Und das macht uns unterscheidbar von anderen", erklärte sie.

„Genau", sagte Nils, „so machen wir's."

„Wow, echt cool." Kemal hatte zwar nicht zugehört – aber es hörte sich gut an.

☆☆☆

Drei Tage später saß Hagen reglos hinter seinem Schreibtisch und dachte nach. Nichts hatte sich getan. Kein Anruf, keine Perspektiven. Das Warten war zermürbend. Und brachte ihn auf unangenehme Gedanken. Seine Arme lagen flach auf den Knien, er schaute geistesabwesend aus dem Fenster. Er dachte an S. M. und fühlte nichts als Ekel. Dann dachte er an Doris und ein Gefühl von Beklemmung machte sich bemerkbar. Und schließlich dachte er an Hanna. Er stellte sich vor, wie er mit ihr auf einer Wiese saß und sie genussvoll mit schwarzen, saftigen Kirschen fütterte. Waren es Herzkirschen? Er sah und hörte nicht, was um ihn herum geschah. Seit zehn Minuten hatte er sich nicht erkennbar bewegt. Wer ihn in diesem Zustand noch nicht gesehen hatte, hätte auch glauben können, dass er mit offenen Augen schlief. Aber er war hellwach, so wach wie lange nicht mehr. Hagen wurde angetrieben von einer sonderbaren Mischung aus Sehnsucht, Zukunftsängsten und einer ihn überraschenden, namenlosen Energie, die sich aus wieder erwachtem Selbsterhaltungstrieb zu speisen schien.

Als das Telefon klingelte, nahm er mechanisch den Hörer ab und nannte seinen Namen. Als er registrierte, dass Camilla Dombrowski am anderen Ende der Leitung war, erwachte er schlagartig aus seiner Starre. Er streckte den Rücken durch, hörte aufmerksam zu, sagte manchmal „Ja" und „Gut" oder „Oh". Dann verabschiedete er sich überkorrekt und schoss von seinem Schreibtisch hoch. Mit großen Schritten umkurvte er zwei Stellwände, bog dann einmal links und einmal rechts ab und stand in Franks Büro.

„Let's go", sagte Hagen.

„Hm?", fragte Frank, ohne von seinem Bildschirm aufzublicken. Hagen machte sich mit der linken Hand eine Ecke des mit Papieren, leeren Pizzaschachteln, halb vollen Limonadeflaschen und aufgeschlagenen Fachzeitschriften übersäten Schreibtischs frei, setzte sich auf die Kante und sah Frank aufmerksam an.

„Es geht los. Jetzt. Wir haben das Geld so gut wie sicher. Camilla Dombrowski hat gerade ihr Okay gegeben. Jetzt fehlt nur noch der Letter of Intent. Es ist so weit. Du kannst loslegen."

„Oh. Cool", murmelte Frank.

„Ja, cool. Cool. Wie weit sind wir übrigens?"

„Tja", sagte Frank und lehnte sich in seinem Sessel zurück, den Blick noch immer an den Bildschirm geheftet. Dann sah er sich seine Fingernägel an und spitzte mehrmals die Lippen und atmete durch die Zähne ein. „Weiß nicht. Es geht schon noch eine Weile. Schwer zu sagen. Ich würde mal sagen, kommt drauf an."

Hagen stand auf und kratzte sich nervös an der Stirn. „Auf was?" Frank sah ihn kurz mit hochgezogenen Augenbrauen an und blickte dann wieder auf den Monitor. „Wie es voran geht. Ich meine, die Linie ist klar, aber die Details, die Umsetzung im Einzelnen …

Wahrscheinlich wird es irgendwann sogar funktionieren, eigentlich ist das sogar sicher, so gut wie, jedenfalls, aber, wie gesagt, kommt drauf an. Kommt Zeit ..."

Hagen war gegangen. Nur nicht aufregen. Er konnte einfach mit Frank nichts anfangen. Die Chemie stimmte nicht. Merkwürdig, dass ihm das ausgerechnet jetzt auffiel. Immerhin hatte er 14 Jahre in einem Unternehmen gearbeitet, wo Missstimmungen zum Alltag gehörten. Und er fand das normal.

Als er später Hanna in ihrem Büro von dem Gespräch mit Frank berichtete, zuckte sie nur mit den Schultern. „Wir müssen eben Geduld haben", sagte sie unbekümmert.

Jetzt reichte es Hagen. „Kommst du mir jetzt auch mit Sprüchen? Du solltest dein Personal echt besser im Griff haben. Wie sollen wir uns denn verkaufen, wenn wir noch gar kein richtiges Produkt haben? Dann ist doch alles hinfällig."

„Nichts ist hinfällig", sagte Hanna mit ruhiger Stimme. „Niemand bewertet heutzutage eine Firma nach der Zahl der Autos auf dem Parkplatz. Es ist auch egal, ob der Pförtner eine Uniform anhat oder der Firmengründer als Ölgemälde im Foyer hängt. Was wir im Moment wirklich brauchen, haben wir schon: Büros, Rechner, Telefone und unsere Kontakte. Und ein Konzept. Und Leute, die Ideen haben. Und das Geld. Mach dir mal keine Sorgen, mein Lieber."

Hagen plusterte sich ein wenig auf. Keine Sorgen machen – die hatte Nerven. „Ich mache mir aber Sorgen. Willst du mir erzählen, dass das reicht, um ein Unternehmen an die Börse zu bringen? Diese Klitsche mit all den pickligen Knöpfchendrückern und den smarten Jungs, die nur Sprüche klopfen können?", keuchte Hagen.

„Das ist schon mal nicht schlecht. Wir haben das, was man Wissenskapital nennt. Die Summe aus materiellem und nichtmateriellem Kapital, und nur das zählt jetzt. Du bist nicht mehr bei

LuMa, Hagen! Wir basteln keine Kühlschränke zusammen, wir bieten Lösungen. Zumindest arbeiten wir daran. Die Welt dreht sich weiter, kein Mensch zählt mehr die Schrauben im Lager. Komm runter von deinem Oldie-Trip", sagte Hanna bestimmt.

Hagen setzte sich. Er zählte die Knöpfe an Hannas Kostüm, um sich abzulenken. Sein Blick fiel auf ihre Knie. Hagen wandte sich ab, sah aus dem Fenster und befeuchtete seine Lippen. Er rieb sich die Augen und holte tief Luft, um zu einem Monolog anzusetzen. Hanna kam ihm zuvor. Sie hatte sich hinter ihn gestellt und begann nun vorsichtig, seinen Nacken zu massieren. Fast wäre Hagen vor Schreck vom Stuhl gefallen. Erst verkrampfte er sich, dann lockerte sich seine Nackenmuskulatur allmählich. Hanna sprach mit tiefer, sanfter Stimme. Er fühlte sich wie ein Kind, das aus einem bösen Traum erwacht ist und nun getröstet wird. Hatte sie ihn mein Lieber genannt? Und was hatte das mit dem Massieren zu bedeuten? Es war angenehm, so viel stand fest. Und sie roch gut.

„Wie viel wir wirklich wert sind, hängt nicht von den Dingen ab, die hier herumstehen." Hanna hatte den Faden wieder aufgegriffen. „Es geht um ganz andere Sachen. Zähl nicht die falschen Dinge. Denk daran, was uns von den anderen unterscheidet. Die Leute arbeiten hier, weil es ihnen Spaß macht. Nicht weil wir am meisten bezahlen. Und wir haben gute Leute. Davon profitiert das Unternehmen mehr als von allem anderen. Das gleicht sich aus, es hält sich die Waage. Wir werden das so machen, wie wir gesagt haben. Weißt du noch? Die Mitarbeiterbilanz stellen wir in den Vordergrund. Weil sie bei uns eben stimmt. Plus und Minus. Alles wird bewertet. Das ist ein Teil unserer Geschichte, vielleicht der wichtigste. So etwas kommt an. Das ist es, was wir zu erzählen haben. Was Nils ihnen erzählen wird. So wird das auch am Neuen Markt laufen. Und noch haben wir nicht einmal richtig angefangen."

Hanna redete sich in Begeisterung. „Unsere Ideen können auch auf anderen Feldern erfolgreich sein. Wir werden ganz groß herauskommen. Wir werden die Lieblinge der IT-Branche. Vielleicht entwickeln wir Programme für die Biotechnologie. Warum sollten wir nicht immer besser werden? Was meinst du?"

Hagen sagte nichts. Jetzt fühlte er sich etwas entspannter. Hanna saß nun wieder ihm gegenüber an ihrem Schreibtisch und sah ihn an. Hagen sah aus dem Fenster. Er begann sich allmählich an den Gedanken zu gewöhnen, dass seine Firma etwas verkaufte, das man nicht in die Hand nehmen konnte. Von dem man nicht einmal sagen konnte, dass es wirklich existierte. Keiner zählt die Schrauben in einem New-Economy-Unternehmen. Aber wie rechnete man aus, was es wert ist? Und wie konnte es sein, dass so viel Geld allein mit Versprechungen und Erwartungen bewegt wurde? Woher kam nur all dieses Vertrauen? Waren die alle so wie Hanna und Nils, fragte sich Hagen.

„Ich sehe ja ein, dass heute alles ein bisschen anders läuft als zu meiner Zeit, aber ..."

„Das ist deine Zeit, Hagen. Unsere Zeit. Die Zeit von cool.com. Davor war schon, danach kommt noch. Willkommen in der Wirklichkeit", sagte Hanna und lächelte.

Hagen lächelte unsicher zurück und kam sich ein bisschen idiotisch vor. Eigentlich war er der Ältere, eigentlich sollte er ihr etwas erklären können. Dabei musste er jeden Tag mindestens eine seiner Grundüberzeugungen über Bord werfen. Aber was sprach schon dagegen? Wohin hatte ihn sein Wissen gebracht? In eine leere Wohnung. Ohne Frau. Hier kümmerte man sich sogar um seinen Hund. Immerhin, den hatte er. Und er hatte sich an Daisy gewöhnt. Mitunter tat sie jetzt sogar, was er ihr sagte.

„Manchmal bin ich ein bisschen vernagelt, oder?", fragte er Hanna. Sie zuckte mit den Schultern und lächelte ihn nachsichtig an.

Geben und Nehmen

Hagen Icks saß an seinem Schreibtisch. Er stand in einem neuen Büro. Genau genommen war es kein Büro, sondern lediglich sein vierter Aufstellungsort bei cool.com. Daran konnte er sich einfach nicht gewöhnen. Andauernd musste er umziehen. Mobile Büros nannte man das hier. Keinem machte es hier etwas aus, permanent mit Laptop und Rollcontainer durch die Gänge zu ziehen. Ihm schon. Zumal er das einzige cool.com-Arbeitsumfeld hatte, das wirklich wie ein Büro aussah. Mit Fotos und anderen persönlichen Dingen. Die musste er dann auch immer einpacken. Manchmal half Hanna ihm schweigend. Sie hatte als Einzige begriffen, dass ihm das alles etwas bedeutete.

Er war auch der Einzige, der jeden Morgen rasiert und mit einem frischen Hemd und einer Krawatte zur Arbeit kam. Am Anfang hatten sie ihre Späße über ihn gemacht, nun ließ das nach und er fühlte sich ein bisschen wie der Herbergsvater. Hagen studierte den Börsenspiegel der *FAZ*, blätterte in der *Wirtschafts-*

Woche und im *Handelsblatt*. „Motivation statt Dressur" las er und „Mitarbeiter als Kapital". Interessiert beugte er sich über den Artikel.

„Kann ich dich kurz sprechen?", hörte er hinter sich jemanden fragen. Roman, einer der Informatiker, stand in seiner Tür, die wie alle Türen in diesem Unternehmen fast immer offen war.

Hagen nickte ihm zu: „Roman, komm rein. Kann ich dir helfen?"

Roman setzte sich und sah Hagen eine Weile stumm an: „Ja. Oder, eigentlich nicht; ich möchte kündigen."

Hagen zog die Nase hoch. Das konnte doch nicht wahr sein. Roman, einer der besten Leute in der Produktentwicklung, wollte cool.com verlassen. Und das ausgerechnet jetzt. „Was ist los?", fragte er. „Macht es dir keinen Spaß mehr, bei uns zu arbeiten? Hast du mit jemandem Ärger? Oder geht es um Geld? Willst du mehr Geld verdienen?"

Roman schaute Hagen erstaunt an. „Nein. Am Geld liegt es überhaupt nicht. Und gearbeitet habe ich hier wirklich immer gern. Aber weißt du, Hagen, ich möchte jetzt einfach einmal etwas anderes machen. Etwas, was ich schon immer einmal wollte." Er machte eine kleine Pause und zögerte, weiter zu reden. „Sag mal, Hagen, wusstest Du gar nicht, dass ich schon seit Jahren nebenbei eine Ausbildung zum Taekwondo-Trainer mache?"

Hagen staunte nicht schlecht. Dieser unauffällige Programmierer in einer asiatischen Kampfsportart? Er konnte es sich kaum vorstellen. Aber wenn er ehrlich war: Eigentlich hatte er sich nie mit Roman näher unterhalten. Woher sollte er das also wissen?

Roman hatte inzwischen weiter geredet. „Tja, damit bin ich jetzt fertig. Und meine Frau hat jetzt einen tollen Job bekommen. In einer aufstrebenden Firma für Umwelttechnik. Sie hat da sehr gute Perspektiven. Bekannte von uns haben die Firma übernommen und möchten sie beteiligen. Das ist ihre Chance, sagt sie. Na ja, und einer muss sich ja um unsere Tochter kümmern. Mir kommt das ehrlich gesagt ganz gelegen. Dann kann ich nämlich abends, wenn meine Frau zu Hause ist, als Trainer arbeiten. Und tagsüber, da bin ich in Zukunft Hausmann." Roman lächelte ihn entwaffnend an.

Hagen rollte in seinem Schreibtischstuhl ein Stück nach hinten und sah aus dem Fenster. Roman war – wenn man so wollte – ein Teil des Kapitals der Firma. Er war einer der fähigsten Köpfe, was IT anging. Etwas, von dem Hagen nicht viel verstand. Wenn Roman die Firma verließ, würde ein anderer Entwickler seine Arbeit übernehmen müssen. Aber woher sollte der kommen? Und würde er genauso gut sein wie Roman, so einfallsreich und engagiert? Ganz zu schweigen von der langen Einarbeitungszeit. Und überhaupt: Wer wollte schon in einem Unternehmen anfangen, wo so ziemlich alles in der Schwebe war?

Hagen wandte sich Roman wieder zu. „Roman, du bist unser bester Programmierer. Ich weiß nicht, ob wir die Entwicklung des Fridge ohne dich überhaupt hinkriegen. Zumindest wird sie sich deutlich verzögern. Versteh mich nicht falsch, ich will dir kein schlechtes Gewissen machen. Gibt es denn irgendetwas, womit wir dich halten können?"

Roman zögerte. „Nein, wirklich nicht. Mit geht es ja nicht um mehr Geld oder irgendeinen Titel. Das klingt blödsinnig, aber nach fünf Jahren vor dem Bildschirm weiß ich nicht mehr, wie es ist, auf einer Wiese zu liegen. Schwimmen zu gehen. Oder im Urlaub am Strand zu spazieren. Das ist der Punkt. Und meine Tochter, sie ist jetzt vier, die kriegt mich nie zu Gesicht. Wenn ich daheim bin, schlafe ich, verstehst du? Ich habe nicht ewig Zeit, das alles nachzuholen. Zu sehen, wie sie groß wird."

„Willst du sagen, du hast dir in den zwei Jahren, die du jetzt bei uns bist, keine Freizeit gegönnt?", fragte Hagen verblüfft.

„Das wäre übertrieben. Aber ich bin eben zu gar nichts Privatem mehr gekommen. Das ging ja auch von mir aus. Die Software-Architektur war meine Welt und ich habe mich da sehr wohl gefühlt. Aber jetzt bin ich an einem Punkt, an dem ich eben etwas ändern möchte. Die Arbeit und vor allem die Leute hier werden mir sicher fehlen – aber, wie gesagt, so geht's nicht weiter. Bei mir ist Ende der Fahnenstange."

Hagen trommelte auf seinem Schreibtisch. „Dann müssen wir wohl ohne dich auskommen, wie's aussieht. Das wird sicher nicht leicht. Aber wenn du genug hast von deinen asiatischen Kämpfen und deine Tochter in die Schule geht, hast du ja vielleicht Lust, wieder bei uns einzusteigen. Jedenfalls wär's schön, wenn du dann wieder von dir hören lässt."

Sie standen auf und gaben sich die Hand. „Bis Ende des Jahres bleibe ich noch. Ich habe schon mit Nils und Hanna gesprochen." Er tippte mit dem Zeigefinger an die Stirn und verließ das Zimmer.

Hagen setzte sich und sah aus dem Fenster. Draußen war schon seit Stunden Schnee geschippt worden, nun schneite es wieder. Zwei alte Männer gingen mit ihren Hunden vorbei, die sich, sobald sie ein paar Meter zwischen sich gebracht hatten, wütend ankläfften. Dann war nichts mehr zu hören. Es gab nichts als ein großes Weiß zu sehen. Die Straße lag da wie in Watte gehüllt.

Die bewegungslose Starre, in die Hagen beim Nachdenken verfallen konnte, war etwas, was keiner der cool.com-Mitarbeiter je bei Hanna gesehen hatte. Die meiste Zeit tat sie drei Dinge auf einmal – reden, essen und simultan nachdenken nicht mitgezählt. Als Hagen in die Firma gekommen war, hatte sie sich gegen alle Gewohnheit antrainiert, möglichst alles fallen zu lassen, wenn er ihr Büro betrat. Hagen, der kaum mehr als zwei Dinge zur selben Zeit erledigte, diese dann allerdings äußerst gewissenhaft, tat das Gleiche, wenn Hanna zu ihm kam. Zwischen beiden hatte sich ein harmonisches Gleichgewicht eingestellt, über das sie nicht sprachen. Das besorgten andere. Hagen hatte registriert, dass er ein kleines Privileg genoss. Und Hanna wusste genau, dass sie ihre Zeit nicht verschwendete, wenn sie sich mit ihm unterhielt. Wenn er, statt eine Mail zu schicken oder anzurufen, in ihr Büro kam, waren das selten Gespräche zwischen Tür und Angel. Dann lehnte sich Hanna in ihrem Schreibtischstuhl zurück, sah den großen Mann mit den nachdenklichen Falten auf der Stirn an und hörte ihm konzentriert zu.

Als er jetzt hereinkam und es sich – was er selten tat – auf ihrer Bürocouch bequem machte und den Knoten seiner Krawatte löste, wirkte er auf sie ungewöhnlich entspannt.

„Roman steigt aus. Er hat ja wohl schon mit dir gesprochen, aber er war eben erst bei mir. Mal abgesehen davon, dass sein Ausscheiden für uns ein ziemliches Problem ist, beschäftigt mich noch etwas anderes. Roman geht nicht zur Konkurrenz. Es geht ihm nicht ums Geld und auch nicht um die Karriere. Er will einfach etwas völlig anderes machen, als im Büro zu sitzen. Kannst du dir das vorstellen?"

„Ich kann mir manchmal auch etwas anderes vorstellen, als hier zu sein", gab Hanna zu. Hagen nickte wissend.

„Weißt Du, Hanna, zuerst dachte ich, wir hätten es falsch angepackt. Ich dachte, wir hätten mit ihm reden und ihm eine bessere Perspektive bieten sollen, bevor er diesen Entschluss gefasst hat. Aber ich glaube, wir hätten keine Chance gehabt. Er hat sich schon vor längerer Zeit hingesetzt und sich gefragt, was er eigentlich will."

„Und? Weiß er's jetzt?"

„Ich glaube schon." Hagen stand auf und setzte sich auf Hannas Schreibtischkante. „Roman wird Hausmann und kümmert sich um sein Privatleben. Eigentlich hat er uns damit einen Gefallen getan. Auch wenn es schwierig wird, jemanden zu finden, der ihn ersetzen kann."

„Wieso einen Gefallen?" Hanna wunderte sich. „Hat er dir denn gesagt, dass er sich bei uns nicht wohl gefühlt hat?"

„Nein, im Gegenteil, das war mit Sicherheit nicht der Grund. Aber nach dem Gespräch ist mir etwas aufgefallen. Er hat uns genau im richtigen Moment klar gemacht, dass wir mehr für unsere Leute tun müssen. Damit ihre Motivation steigt und sie gern bei uns arbeiten, müssen wir ihnen auch mehr als das Übliche bieten."

Hanna nickte: „Wir lassen ihnen ihre Freiheiten. Und wahrscheinlich kontrollieren wir so fair und offen wie in sonst kaum einer Firma. Aber sonst? Vielleicht sollten wir mal über Serviceeinrichtungen nachdenken. Damit die Leute mehr Zeit für ihr Privatleben haben. Wir könnten vielleicht eine Kinderbetreuung anbieten. Oder wir holen uns regelmäßig einen Fitnesstrainer ins Haus."

„Ja, aber ich finde, wir müssen den Leuten auch finanziell einen Anreiz bieten", ergänzte Hagen. „Auch wenn das bei Roman nichts genützt hätte. Höhere Gehälter können wir momentan nicht zahlen. Aber wir könnten unsere Mitarbeiter an der Firma beteiligen. Wir kommen da nicht drumherum. Sonst kann uns das nämlich noch öfter passieren, dass unsere besten Leute abwandern. Und dann haben wir ein echtes Problem."

Hanna kratzte sich ziemlich undamenhaft am Kopf. Diese Geste hatte Hagen noch nie bei ihr gesehen. Aber scheinbar dachte sie scharf nach. „Was stellst du dir vor? Wie sollen wir sie beteiligen, wenn es nichts gibt, an dem sie einen Anteil haben könnten?" fragte sie.

Hagen zog ein Bündel Papiere aus seiner Jackentasche. Die Blätter waren mit seiner kleinen steilen Handschrift eng beschrieben. Er legte sie auf seinen Schoß und blätterte darin. „Das stimmt nicht. Es gibt viele Firmen, die genau so arbeiten – und zwar bevor sie zu Geld kommen. Zum Beispiel mit einer Erfolgsbeteiligung. Ich habe mir da ein bisschen was aufgeschrieben."

„Ein bisschen was aufgeschrieben", imitierte Hanna ihn und kicherte. Hagen stand auf und lief dozierend durch Hannas Büro. In der einen Hand das Bündel, in der anderen einen Bleistift, mit dem er wie mit einem Degen durch die Luft fuchtelte. „Also: Die Mitarbeiter bekommen zusätzlich zum Gehalt ein variables Entgelt. Die Erfolgsbeteiligung kann eine Leistungs-, eine Gewinn- oder eine Ertragsbeteiligung sein. Wie die Beteiligung umgesetzt werden soll, wird in vier Stufen analysiert. Zuerst wird die Ausgangsbasis festgestellt: Wie hoch ist der Erfolgsanteil insgesamt? Dann wird der Maßstab des Erfolgs ermittelt. Kannst du mir folgen?"

„Es ist extrem spannend, was du da erzählst Hagen", flüsterte Hanna mit ironischem Unterton. „Aber könntest du bitte einmal ruhig stehen bleiben? Dein Stechschritt macht mich ganz nervös!" Doch Hagen fuhr unbeirrt fort: „Warte. Du wolltest es wissen, oder? Also: Der Erfolgsanteil der Mitarbeiter wird bestimmt. Das heißt, welchen Anteil hat ihre Arbeit am Erfolg im Vergleich zum eingesetzten Kapital? Dann wird der insgesamt erwirtschaftete Erfolgsanteil auf die einzelnen Mitarbeiter verteilt", erklärte Hagen weiter.

„Erfolgsanteil! Sag mal, von was redest du eigentlich, Hagen?" Langsam wurde Hanna ungeduldig. Sie hatte immer noch nicht begriffen, worauf er hinaus wollte. Wie soll das gehen? Cool.com hatte doch gar nichts zu verteilen. Nicht einmal auf dem Papier. Und bislang wusste kein Mensch, was daraus noch werden sollte.

Hagen nahm seinen Papierstapel und ließ ihn dramatisch vor Hanna auf ihrem Schreibtisch fallen. „Ich rede von Zielen, Hanna. Wir werden nicht immer auf diesem Niveau bleiben. Je mehr Erfolg, desto mehr gibt es zu verteilen. Und ich glaube daran, dass wir es schaffen. Was meinst du: Jeder Mitarbeiter sollte in dem Bereich am stärksten beteiligt werden, den er auch am meisten selbst beeinflussen kann."

Hanna sah ihn schweigend an und seufzte. „Okay, das stimmt ja auch. Wenn ich selbst gar nichts ausrichten kann, motiviert mich auch das ausgeklügeltste Anreizsystem nicht. Aber ich weiß immer noch nicht, wie wir unsere Leute beteiligen sollen."

Hagen stand am Fenster und sah hinaus und seufzte. „Du hörst mir nicht zu. Willst du es wissen oder nicht?" Dann fuhr er fort und dozierte über Leistungsbeteiligung, Produktivitätsbeteiligung und Kostenersparnisbeteiligung – und all die verschiedenen Vorteile für die Mitarbeiter und das Unternehmen, die sich daraus ergaben. Hanna hörte nur mit einem Ohr hin, was Hagen nicht entging. Und es machte ihn ein wenig ärgerlich. Sie sollte gefälligst zuhören. „Warum können Frauen das bloß nicht? Doris war auch immer so."

Hanna wurde hellhörig. Jetzt wurde es interessant. Zum ersten Mal hatte Hagen etwas über Doris gesagt. Über seine Exfrau, die einfach nicht mehr auftauchte. Sie wollte gerade vorsichtig nachhaken, als die Gelegenheit auch schon vorbei war.

Hagen war beim Fazit seiner Erklärungen angelangt: „Ich sehe für uns nur eine plausible Lösung. Mit Aktien könnten wir uns alle zu Anteilseignern machen. Wir müssen dazu im gesamten Emissionsvolumen ein Kontingent für die Mitarbeiter reservieren. Nach der Börseneinführung können wir die Mitarbeiteraktien entweder durch genehmigtes Kapital oder durch Ankauf über die Börse beschaffen."

„Genehmigtes Kapital? Von wem? Von meinem Onkel? Von Camilla Dombrowski?", fragte Hanna. Das war ganz schön viel Neues für sie. Aber sie musste zugeben, dass es sich interessanter anhörte, als sie zunächst gedacht hatte.

„Genehmigt nach dem Aktiengesetz. Der Vorstand der AG wird von den Aktionären im Rahmen der Hauptversammlung für bis zu fünf Jahre ermächtigt, das Grundkapital bis zu einem bestimmten Nennbetrag zu erhöhen. Der Nennbetrag entspricht dem genehmigten Kapital. Die Erhöhung wird erreicht durch die Ausgabe neuer Aktien, die an die Mitarbeiter gehen. Da wir den Börsengang noch vor uns haben und alle Mitarbeiter beteiligen wollen, ist für uns das genehmigte Kapital das Richtige."

Hagen hatte seine Papierbündel wieder gegriffen und begann erneut mit seiner Wanderung durch Hannas Büro. Immer wieder hob er seine Zettel hoch, wedelte damit durch die Luft, formte daraus eine Rolle und strich sie dann vorsichtig wieder glatt. Hanna beobachtete ihn gleichmütig. Sie ließ sich nicht anmerken, dass sie mit ihm jetzt viel lieber über andere Dinge gesprochen hätte.

„Wenn wir wirklich an die Börse gehen, wäre so eine Beteiligung für die Mitarbeiter wirklich attraktiv? Und zwar so attraktiv, dass sie sich stärker mit dem Unternehmen identifizieren und sich nicht so leicht abwerben lassen?", überlegte sie laut.

Hagen zuckte mit den Schultern. „Kommt drauf an. Wenn wir viele gute Ideen haben, die bei den Kunden ankommen, kann der Aktienkurs schon ordentlich steigen. Kann, muss natürlich nicht. Das ist eben das Risiko. Ein dritter Weg, neben Erfolgsbeteiligung und Kapitalbeteiligung, wären Stock Options. Zusätzlich zum Lohn gibt es Aktienoptionen für die Mitarbeiter. Sie bekommen damit das Recht, nach einer bestimmten Laufzeit – meist zwischen zwei und zehn Jahren – Unternehmensaktien zu kaufen. Und zwar zu einem vorher festgelegten Basis- oder Ausübungspreis. Der Basispreis entspricht in der Regel dem Marktwert der Aktie zum Zeitpunkt der Optionszuteilung. Unsere Leute sind natürlich daran interessiert, dass die Aktien bis zum Kaufzeitpunkt mehr wert sind, als sie mit dem Basispreis bezahlen müssen. Sie werden deshalb darauf hinarbeiten, dass der Aktienkurs steigt – das entspricht einer Erfolgsbeteiligung. Gleichzeitig werden sie auch am Kapital des Unternehmens beteiligt. Deshalb kann man es auch als Kapitalbeteiligung sehen."

Hagen setzte sich wieder und sah seine Schuhe an. Hanna hatte ihn beim Dozieren betrachtet. Ein bisschen verstaubt wirkt er ja, dachte sie, wenn er da steht und redet. Nein, ein Draufgänger war er nicht gerade. Aber auch kein Langweiler. Er konnte schon charmant sein, aber das traute er sich selten. Meistens nahm er sich sehr zurück und verhielt sich überkorrekt. Dieser Mann braucht ein bisschen mehr Aufregung in seinem Leben, dachte Hanna. Hagen sah mit einer hochgezogenen Augenbraue zu ihr herüber. „Wie geht es dann weiter?", fragte Hanna.

„Nach einigen Jahren können die Mitarbeiter ihre Aktien wieder verkaufen. Und bei einem höheren Kurs den entsprechenden Gewinn einkassieren. Für den Verkauf wird häufig vorab ein so genanntes Handelsfenster festgelegt, um Insidergeschäfte zu verhindern. Das bedeutet, der Verkauf darf nur zu einem Zeitpunkt erfolgen, an dem auch alle anderen Aktionäre auf dem Markt über möglichst vollständige Informationen verfügen. Ein solcher Zeitpunkt ist zum Beispiel kurz nach der Hauptversammlung oder einem sonstigen Berichtstermin."

Hanna wandte sich ihm zu. „Wenn unser Screen-Fridge einschlägt, haben wir also hohe Gewinnchancen. Und das macht die Stock Options so attraktiv", stellte sie fest und nahm ihm das Papierbündel aus der Hand. Er gestikulierte nämlich immer noch damit. Sie warf einen Blick darauf: Die Buchstaben waren winzig klein; es gab keinen Rand. Hagen schien keinen Millimeter Papier verschwenden zu wollen. Wenigstens waren die Buchstaben leserlich und eigentlich auch schon wieder hübsch in ihrer Schlichtheit. „Krämerseele", schoss es Hanna kurz durch den Kopf.

Hagen war etwas irritiert, als er sah, wie Hanna seine Aufzeichnungen sanft lächelnd und mit dem milden Blick einer Kindergärtnerin betrachtete.

„Genau", griff Hagen hastig den Gesprächsfaden wieder auf, „und auch für das Unternehmen ergeben sich einige Vorteile: Da die Stock Options Teil der Bezüge sind, müssen die Gehälter nicht so hoch sein. Außerdem entwickeln die Mitarbeiter ein höheres Kostenbewusstsein und höhere Produktivität. Das gesteigerte Engagement führt auch zu einem besseren Arbeitsklima und geringerer Fluktuation."

„Und die Nachteile?", fragte Hanna mechanisch. Hagen pflegte doch immer von allen Seiten zu prüfen.

Hagen sah an ihr herunter und wieder herauf, betrachtete ihre Knie und zuckte ein wenig zusammen, als er bemerkte, dass sie ihn beobachtete. Er hörte sich selbst sprechen, dachte aber gleichzeitig an etwas anderes. Es war wie ein Film mit einer zweiten Tonspur, die parallel in seinem Kopf lief. Auch auf dieser Spur hörte er sich selbst sprechen, aber mit einem anderen Tonfall. Und er redete nicht von Mitarbeiterbeteiligungen. Er sprach zu Hanna, er sagte Worte, die er in Wirklichkeit nicht wagte auszusprechen. In seinem Kopf ging es um ihre Haut, ihr Haar, ihr Parfum...

Hagen kehrte in die reale Welt zurück. Ohne sich wirklich zuzuhören, sagte er: „Auch hier gibt es Probleme und offene Fragen. Zum Beispiel die Lohnsteuer. Ist sie schon beim Kauf der Optionen oder erst beim Kauf der Aktien an das Finanzamt abzuführen? Dann die Laufzeit der Optionen. Kündigt nämlich ein Mitarbeiter vor Ablauf dieser Zeit oder scheidet aus dem Unternehmen aus, so verfällt automatisch auch sein Recht zum Aktienkauf. Im Übrigen darf man nicht vergessen, dass natürlich der Motivationseffekt von Mitarbeiteroptionen genauso schnell verpufft, wie vielleicht die

Aktienkurse in den Keller rauschen. Viele Optionsmodelle haben heute für die Mitarbeiter den Wert null." Hagen dachte kurz nach. „Doch die Vorteile überwiegen in unserem Fall. Ich denke, Optionen wären für uns das Richtige. Das zeigt den Leuten vielleicht, dass sie hier als Persönlichkeiten gebraucht werden. Und dass sie nicht durch jeden x-Beliebigen ersetzbar sind."

„Dass sie nicht einfach nur Namen und Nummern sind, nicht mal für den CFO." – „Stimmt. Nicht mal für den." Hanna hob erstaunt die Augenbrauen. Das waren ja ganz neue Töne.

Hagen sah Hanna lächelnd an. Sie beugte sich über seine Papiere und versuchte, etwas zu entziffern. Er konnte ihr Haar riechen und betrachtete für einen Moment ihre Knie, die sie übereinander geschlagen hatte. Hanna bemerkte es natürlich wieder und schmunzelte. „Eigentlich finde ich Männer, die sich für Zahlen begeistern, nicht sehr anziehend", zirpte sie. Hagen ließ den Stift, an dem er sich festgehalten hatte, fallen und fuhr vorsichtig seine Hand aus, bis seine Fingerkuppen Hannas Zeigefinger berührten.

„Aber bei mir machst du eine Ausnahme?", murmelte er.

„Mal sehen", sagte Hanna und schob drei Finger auf seinen Handrücken. Sie küsste ihn vorsichtig. Hagen hatte auf einmal das Gefühl, aus einem Dämmerschlaf erwacht zu sein. Es war, als habe jemand eine Glasglocke weggezogen. Eine Glocke, die vor Jahren über ihn gestülpt worden war. Und die nichts hinein- und nichts hinausgelassen hatte. Er sah dieser stets so pragmatisch wirkenden Frau ungläubig in die Augen. Sie hatte gerade ganz offensichtlich etwas anderes als ihre Firma im Sinn. Er schielte unauffällig zur Tür. Ein bisschen hatte er vergessen, wie das geht, küssen, aber das war unwichtig. Auf Hanna konnte er sich wie immer verlassen.

☆☆☆

Mitarbeiter-beteiligung

Beteiligungsmodelle können für Mitarbeiter entscheidende Anreize schaffen, sich mit aller Energie für den Erfolg des Unternehmens einzusetzen, da eigenverantwortliches Gestalten eine der stärksten Motivationen für Leistung ist.

Kapitalbeteiligung

Besonders eine Kapitalbeteiligung, bei der die Mitarbeiter zu Anteilseignern werden, kann eine hohe Identifikation mit dem Unternehmen bewirken und die Mitarbeiter stärker an ihren Arbeitgeber binden. Ein erfolg-

reicher Beteiligungsplan setzt Vertrauen sowie die Bereitschaft zu Innovation und Integration voraus.

a.) Kapitalbeteiligung der Mitarbeiter ist bei Aktiengesellschaften einfacher als bei Nicht-Aktiengesellschaften durchzuführen, da Aktien leichter zu übertragen sind als GmbH- oder Kommanditanteile oder stille Beteiligungen.

b.) Börsenkursgebundene Beteiligungen können Stock Options, Phantom Stocks oder Stock Appreciation Rights sein. Bei Stock Options erhalten die Mitarbeiter zusätzlich zum Gehalt Optionen zum Kauf von Aktien ihrer Gesellschaft. Phantom Stocks sind fiktive Aktien, die nach einer Sperrfrist mit dem entsprechenden Gegenwert vergütet werden. Stock Appreciation Rights unterscheiden sich von Phantom Stocks nur dadurch, dass Dividenden und Kursrückgänge außer Acht gelassen werden.

Erfolgsbeteiligung

Bei einer Erfolgsbeteiligung bekommen die Mitarbeiter zusätzlich zum Gehalt ein variables Entgelt, das sich nach Leistung, Gewinn oder Ertrag richtet. Die häufigsten Formen sind

a.) Leistungsbeteiligung, möglich als Produktionsbeteiligung, Produktivitätsbeteiligung oder Kostenersparnisbeteiligung;

b.) Gewinnbeteiligung, möglich als Ausschüttungsgewinnbeteiligung, Substanzgewinnbeteiligung oder Bilanzgewinnbeteiligung;

c.) Ertragsbeteiligung, möglich als Umsatzbeteiligung, Wertschöpfungsbeteiligung oder Nettoertragsbeteiligung

Hanna von Jugenheim wusste so manches, was Hagen unter seiner Glasglocke entgangen war. Zum Beispiel wusste sie, wo in dieser Stadt die richtigen Kneipen für den entsprechenden Anlass waren. Sie kannte die Lokale, in denen es für ein Gespräch unter vier Augen mit offenem Ausgang nicht zu voll, nicht zu laut und vor allem nicht zu jungunternehmerlastig war. Heute Abend ging es nicht um neue Kontakte, sondern um den Ausbau einer bestehenden Verbindung. Ein P-2-P, hätte Hanna vielleicht dazu gesagt, wenn sie vorhin in ihrem Büro nicht kurzfristig auf ganz andere Gedanken gekommen wäre.

Hagen hatte bei cool.com vieles schnell gelernt. Nun konnte er eine Churn- von einer Burn-Rate unterscheiden. Er ahnte zumindest, warum die Screen-Fridge-Idee nicht einfach gut, sondern womöglich eine Killer-Application war. Und er verstand in etwa, was Nils meinte, wenn er Frank hinter vorgehaltener Hand einen Nerd nannte.

In der Kneipe, die Hanna ausgesucht hatte, bestand wenig Gefahr, auf Menschen zu treffen, die sich in diesen Gefilden aufhielten. Hagen hatte mit einer After-Work-Party, Sushi und Latinoklängen gerechnet. Stattdessen betrat er eine Kneipe, in der Männer saßen, die tagsüber vielleicht bei LuMa arbeiteten. Die abends Schlager oder 70er-Jahre-Hardrock hörten. Die Pfeile auf Dartsscheiben warfen. Und die Gerichte bestellten, die sich aussprechen ließen – und zwar ohne dass man Gefahr lief, sich lächerlich zu machen.

Hier fühlte sich Hagen noch entspannter als vor wenigen Stunden in Hannas Büro. Weit unten in seinem Kleiderschrank hatte er eine Jeans wieder gefunden, die ihm mit ein bisschen Mühe sogar noch passte. Zum Jackett sah sie gar nicht so schlecht aus. Nur nicht übertreiben. Die Cowboystiefel, die ihm Doris vor Jahren aus Texas mitgebracht hatte, ließ er deshalb stehen. Als Hanna wenige Minuten nach ihm zur Tür hereinkam, bemerkte Hagen die aufmerksamen Blicke der Biertrinker am Nebentisch. In ihrem typischen Stechschritt kam sie direkt auf ihn zu. Sie hatte ein schlichtes geblümtes Kleid an, das noch aus ihrer Studentinnenzeit stammen musste. Sie strahlte ihn an.

Hagen lächelte zurück. Er hatte das Gefühl, gar nicht mehr aufhören zu können. Sein Herz klopfte laut und heftig. Fast kam es ihm vor, als hätten sie sich gerade erst kennen gelernt. In einer Vorlesung oder an einem Tisch in der Mensa. Der Vorteil war, dass Hagen nun eine beruhigende Anzahl Kreditkarten besaß, einen Job hatte und neuerdings sogar eine Perspektive. Und dass er mit der jungen Frau gegenüber nicht erst nach einem Gesprächsthema suchen musste. Diese Kneipe konnte nicht darüber hinwegtäuschen: Alles drehte sich weiter um die Firma, die für beide weit mehr war als ein Broterwerb. Hanna und Hagen sprachen, wie so oft, über ihr Lieblingsthema, die Zukunft von cool.com. Ihrem gemeinsamen Baby, das noch nicht einmal begonnen hatte zu zahnen.

„Die Stimmung ändert sich wieder, endlich. Die Krise ist vorüber, sagen alle. Die Kurse ziehen auch wieder an. Es ist vielleicht nicht mehr so einfach wie früher, als man nur sagen musste: ‚Das ist mein Name. Hier ist meine Idee. Und jetzt gebt mir Geld.' Aber das Misstrauen ist nicht mehr so stark. Der Optimismus ist wieder da und endlich kommt wieder Leben in den Neuen Markt", freute sich Hanna.

Hagen sah das ganz ähnlich. „Und das ist unsere Chance. Die Anleger haben ihre Verluste verkraftet. Aber sie sind vorsichtiger geworden. Und sie fragen sich, was nun passiert. Jetzt wollen sie neue Ideen sehen, die diesmal wirklich ausgegoren sind. Da steigen sie ein. Und da steigen wir ein. Der Markt will Zahlen sehen, aber auch unser Potenzial jenseits davon. Wir brauchen ein schlüssiges System, das das Verhältnis zwischen den Mitarbeitern und dem Unternehmen darstellt. Wir legen die Karten auf den Tisch und präsentieren ihnen unser Konzept. Wenn wir es schaffen, die Mitarbeiterbilanz zu einer Geschichte zu machen, die sie nachvollziehen können, sind wir mit cool.com in einem Dreivierteljahr in allen wichtigen Medien. Und dann an der Börse."

„Wenn wir dann noch eine Bank finden, die uns da hinbringt", antwortete Hanna. Hagen schob ihr eine Strähne hinters Ohr und umfasste ihr Handgelenk.

„Du bist doch sonst so optimistisch. Wir schaffen auch das, jede Wette. Solange wir nicht irgendwo mittendrin stehen bleiben. Wir müssen selbst daran glauben und dürfen gar nicht erst anfangen, uns unserer Sache zu unsicher zu sein", erklärte Hagen.

„Und du. Bist du dir deiner Sache sicher?"

„Ich war mir schon lange keiner Sache mehr so sicher." Und er betonte es so, dass Hanna nicht genau wusste, ob er nun cool.com oder ihre noch ganz junge Beziehung meinte.

„Soso", sagte sie deshalb, hob den Kopf und sah Hagen mit zusammengekniffenen Augen an. „Es ist noch nicht so lange her, da hast du dir bei jedem kleinen Steinchen auf deinem Weg den Kopf zerbrochen und die Stirn in dramatische Falten gelegt. Wochenlang hast du nur davon gesprochen, was alles nicht klappt. Und dann haben Nils und ich dich beruhigen müssen. Und jetzt sprüht Herr Icks nur so vor Tatendrang. Du kennst ja gar kein Halten mehr. Wie kommt's eigentlich, dass du plötzlich so guter Dinge bist, mein Lieber?"

Das wollten auch die Herren am Tisch nebenan wissen. Hagen beugte sich näher zu Hanna herüber und sprach mit gedämpfter Stimme weiter. „Weil ich jetzt das Gefühl habe, nicht einfach nur das zu verwalten, was mir jemand auf den Schreibtisch legt. Weil ich gefragt werde und nicht einfach nur funktioniere. Und vielleicht auch, weil mir kein Blutsauger mehr im Nacken sitzt, der mich herumschiebt, wie er will. Statt sich zu fragen, wie er aus seinen Leuten das Beste herausholt."

Das wollte sie jetzt eigentlich nicht hören. Hanna sah auf ihren Teller und wickelte Nudeln auf. „Och, dein Blut will ich dir eigentlich nicht aussaugen. Dann kann ich dich nicht mehr gebrauchen. Aber funktionieren solltest du schon", sagte sie mit leiser Stimme und grinste ihn dann ziemlich frech an.

Aber Hagen war ganz woanders. Er malte sich gerade die Zukunft der Firma aus. Hanna seufzte und hörte ihm weiter zu. „Lass uns doch mal überlegen, wie so eine Mitarbeiterbilanz aussehen könnte." Er nahm einen Stift aus seiner Jackett-Innentasche und zog eine Linie auf die Papierserviette. Auf der linken Seite des Strichs malte er kleine Kreise untereinander und deutete von oben nach unten darauf. „Hier schreiben wir auf, was wir unseren Mitarbeitern bieten. Was schlägst du vor?"

Hanna lachte: „Zuerst mal das Gehalt, dann freiwillige soziale Leistungen, Mitgestaltungsmöglichkeiten und ein angenehmes Arbeitsumfeld. Weiterbildung natürlich und Selbstverwirklichung.

Was noch? Das gute Image unserer Firma, selbstverständlich. Und in die andere Spalte kommt rein, was die Mitarbeiter für das Unternehmen tun, was sie cool.com geben, oder?"

„Genau, das sind dann zum Beispiel Kriterien wie Know-how, Erfahrung, soziale Kompetenz, Motivation, Loyalität, Bereitschaft zu Überstunden und noch eine ganze Reihe anderer Dinge. Die einzelnen Punkte auf beiden Seiten werden anschließend nach ihrer Bedeutung gewichtet. Dann bewerten wir sie wie in der Schule mit Noten. Was die Mitarbeiter uns geben, bewerten wir als Geschäftsleitung. Und was wir den Mitarbeitern geben, müssen wir bei ihnen abfragen. Und wenn man das dann ausrechnet, kommt auf jeder Seite eine Bilanznote heraus. Und die sagt uns, ob wir mit unser Vermutung Recht haben. Ob sich also bei cool.com beide Seiten die Waage halten. Vielleicht finden wir auf diesem Weg noch einen Roman, der lieber in Australien Schafe züchten würde. Dann können wir viel früher gegensteuern."

„Genau", sagte Hanna, „steuern wir mal gegen." Sie schob ihre Hand in seine Richtung über den Tisch. „Sag mal, Hagen, als deine ,Mitarbeiterin', wo stehe ich denn da in deiner persönlichen Bilanz?"

„Weit, weit oben", sagte Hagen, noch ganz hingerissen.

„Aber nicht zu weit oben, hoffe ich. Nicht so weit, dass da keiner mehr hinkommt. Da könnte es mir nämlich schnell zu einsam werden."

Das wollte Hagen natürlich nicht. Er schob die rechte Hand in Hannas Nacken und zog sie sanft an sich. Die Biertrinker sahen zur Seite, tranken aus und riefen nach der Bedienung. Hagen und Hanna hörten sie nicht. Sie hörten auch die Musik nicht mehr und bemerkten erst viel später, als es längst still geworden war, dass sie die letzten Gäste waren. Die Bedienung sammelte die Aschenbecher ein und stellte die Stühle auf. Mit einem Räuspern näherte sie sich dem Tisch der beiden Gäste, die ihre Köpfe zusammengesteckt hatten und sich in die Augen sahen. „Wir würden jetzt gern Feierabend machen", sagte sie mit betont gleichgültiger Stimme. Hanna und Hagen lösten sich voneinander, gaben ein viel zu hohes Trinkgeld und gingen Arm in Arm nach draußen. Ein scharfer Wind strich ihnen über die Gesichter und Hanna fragte sich, ob Hagen darum so rote Ohren hatte.

Nun war es wohl so weit. Hagen überlegte fieberhaft, wo er und Hanna den Abend beenden könnten. Manches mag sich verändert haben, aber diese Frage stellt sich doch immer wieder. In gewisser Hinsicht war Hanna noch immer Studentin, nach Feierabend zumindest. Dazu gehörte, dass sie weiterhin in einer Wohngemeinschaft lebte. Hagen wäre es gleichgültig gewesen, in der Küche zottelbärtigen Soziologen über den Weg zu laufen. Oder in einem dunklen Gang mit einer übermüdeten angehenden Pädagogin im Frotteepyjama zusammenzustoßen. Hanna aber schien sich ein bisschen zu zieren und sagte gewohnt pragmatisch: „Lass uns zu dir fahren." Hagen war nicht nach Widerspruch, seine Wohnung lag ohnehin näher. Erst als er den Schlüssel zu seiner Haustür unter Hannas Hüfte hindurch ins Schloss steckte und die Tür mit einem schwachen Tritt aufstieß, fiel es ihm siedend heiß wieder ein. Viel mehr als den Kühlschrank, den Campingtisch und das Hundekörbchen gab es immer noch nicht in seinen vier Wänden. Vielleicht wäre die WG ja doch der bessere Ausweg gewesen, doch dafür war es jetzt zu spät.

Hagen schaltete das Licht ein und holte tief Luft. Hanna fing schallend an zu lachen. Ihre klare Stimme dröhnte zwischen den kahlen Wänden. „Hier haust du also. Jetzt verstehe ich, warum du es nie eilig hast, nach Hause zu kommen!"

Hagen sah sich ratlos um. Auf dem Boden seines ehemaligen Wohnzimmers lagen allerlei Prospekte und Kataloge. Kemal hatte darin mit dickem rotem Filzstift Kreuze gemalt. Sie sollten andeuten, welcher Tisch, welcher Sessel an welchem Platz stehen könnte. Etwas Chrom, etwas Leder und viel dunkles Holz. Kemal hatte Geschmack, stellte Hagen fest, auch wenn er ein bisschen dick aufgetragen hatte. Soweit er es übersehen konnte, war er schon komplett neu eingerichtet, zumindest virtuell. Neben dem Hundekörbchen lag ein exklusives Einrichtungsmagazin. Darin waren ein roter Läufer mit kubistischem Muster und eine schmale Stehlampe aus chinesischem Papier angekreuzt. „Daisy's Platz" stand da in Großbuchstaben. Warum nicht? Kemal hatte sich tatsächlich wieder einmal um alles gekümmert, theoretisch zumindest. Hanna war im Bad verschwunden und rief durch die offene Tür: „Zum Glück hat er das Körbchen dagelassen, obwohl er den Hund mitgenommen hat. Wenn du dich klein machst, haben wir vielleicht beide drin Platz." Sie fing wieder an zu lachen.

Kemal hatte noch etwas anderes dagelassen. Hatte er etwas geahnt? Im Kühlschrank waren zwei Flaschen Champagner kalt gestellt. Außerdem ein Glas Gurken und eine Tafel Schokolade, bemerkte Hagen überrascht. Er drehte an dem Drahtverschluss der Flasche, als zwei Hände seine Hüfte umfassten, die sich langsam zu seiner Gürtelschnalle vortasteten.

„Ich habe gar nicht gewusst, dass du es gern hart und unbequem hast", wisperte es an seinem Ohr. Hagen wurde ziemlich warm. Er ließ den Korken an die Decke knallen und goss den Schampus in zwei ehemalige Senfgläser ein.

„Du weißt einiges nicht, meine Süße" murmelte er. „Und das nächste Mal, wenn wir Champagner trinken, sind wir berühmt."

Hagen drehte sich zu ihr um. Barfuß war sie nicht wesentlich kleiner als noch vor wenigen Minuten. Aber jetzt trug sie statt ihres

Studentinnenkleids eines seiner Hemden mitsamt Krawatte. Hagen stellte die Gläser auf den Boden und löste erst seinen, dann ihren Schlips.

„Hagen, ich bin ja für vieles zu haben, aber dein Küchenboden sieht ziemlich hart aus."

„Du kannst gern das Körbchen haben." Hagen machte sich an die Knöpfe heran. Hanna roch so lecker, jetzt sogar noch besser als im Büro. Nicht mehr nach Mädchen, aber auch noch nicht ganz nach Frau. Und schon gar nicht wie Doris. An ihren Geruch konnte er sich gar nicht mehr erinnern. Hätte mir vor einem halben Jahr jemand erzählt, dass ich einmal ein Mädchen, halb so alt wie ich selbst, in meiner Küche ausziehen würde, ich hätte es nicht geglaubt, dachte Hagen. Hätte ich, als ich ihn kennen lernte, gewusst, dass er so lebt, hätte ich ihn gleich mit in mein Büro genommen, dachte Hanna. Er küsste ihren Hals und ihre Schultern und zeichnete mit den Zeigefingern ihre Schlüsselbeinknochen nach. Ihre Haut war geschmeidig und weich. Hanna hatte einen festen, schlanken Körper. Trainiert, aber nicht muskulös. Wahrscheinlich ist sie sehr biegsam. Biegsamer als ich jedenfalls, dachte Hagen und zog seinen Bauch ein. Er fragte sich, wie sie es bei all der Arbeit schaffte, auch noch zu trainieren.

Hanna löste sich von ihm und stakste zwischen Hundekörbchen, Prospekten und Illustrierten durch die Wohnung. Unterwegs ließ sie beiläufig Hagens Hemd auf den Boden gleiten. Auf ihrer linken Pobacke saß ein kleiner tätowierter Schmetterling, der Hagen noch eine Spur schneller atmen ließ. Er nahm einen Schluck aus dem Senfglas und sah ihr nach. Sie ging zielstrebig, als sei sie schon oft in dieser Wohnung gewesen. Aus dem Schlafzimmer hörte er, wie sie sich auf sein halbes, quietschendes Ehebett setzte. „Das Wichtigste hat sie dir ja dagelassen", sagte sie.

Das sah Hagen anders. Das Wichtigste war gerade in sein Leben und kurz darauf in seine Wohnung getreten. Er schenkte nach, griff nach den Gläsern und schaltete das Licht in der Küche aus.

Börsenfieber

Hagen saß in seinem Büro, vor ihm lag die aktuelle Ausgabe eines Wirtschaftsmagazins. Die Titelgeschichte: Eines der „innovativsten Unternehmen des Jahres, cool.com – Mitarbeiterpflege als Zukunftsinvestition". Hagen las es mit Genugtuung. Und er wunderte sich: Fast alle Geschichten über die Firma waren positiv. Das war weit mehr, als er erwartet hatte. Er lehnte sich in seinem Stuhl zurück und ließ die letzten Monate Revue passieren.

Seine Kündigung. Der Auszug von Doris. Das Treffen mit Gregor. Hätte er sich damals nicht mit Gregor im „Wall Street" mit der unmöglichen Speisekarte getroffen, dann wäre er nie in die Unterhaltung des jungen Unternehmerteams geplatzt. Dann säße er jetzt nicht hier. Und dann hätte er auch Hanna niemals kennen gelernt. Gestern hatte sie verkündet, dass vermutlich schon in wenigen Tagen die erste Beta-Version des Screen-Fridge zur Verfügung stehen würde. Ein Prototyp mit allerlei Macken zwar, aber immerhin etwas Konkretes. Die Nachricht hatte das gesamte Team

in Aufruhr versetzt. Die Vorbereitungen für den Börsengang mussten weiter vorangetrieben werden, der Beauty-Contest stand bevor.
Für den Weg an die Börse benötigte cool.com ein Bankenkonsorti-
um und PR-Berater, die ihnen zur Seite standen. Mit ihnen gemeinsam mussten die Equity-Story und das Emissionskonzept erarbeitet
werden. Die richtige Bank zu finden, war gar nicht so einfach. Sie
musste zuverlässig sein. Sie musste einen guten Namen haben. Und
sie musste zum Unternehmen passen. Ein Banken-Exposé, das die
Suche erleichtern sollte, war in Arbeit. Alle für die Banken wichtigen
Informationen waren in diesem Papier enthalten. Im Idealfall sollte
bei den Banken keine Frage zu cool.com offen bleiben.

Doch Hagens Old-Economy-Skepsis war noch immer akut.
Warum sollte sich eine renommierte Bank mit einem Unternehmen
zusammentun, das nicht einmal ein fertiges Produkt vorzuweisen
hatte? Viele hatten das versucht. Und sie waren nicht selten auf den
Bauch gefallen, als die Blase geplatzt war. Hanna wollte davon nichts
hören. Sie versuchte immer wieder Überzeugungsarbeit zu leisten.
Die formalen Dinge des Börsengangs hatten organisiert werden
müssen. Das Unternehmen wurde zur AG umgewandelt. Der Aufsichtsrat musste gewählt und der Vorstand berufen, eine Satzung
erarbeitet werden. Das Unternehmen benötigte dringend
Verstärkung im IPO-Team, das die Aktienerstemission – Initial
Public Offering – vorbereitete. Denn mit Enthusiasmus allein ließen
sich die anstehenden Aufgaben nicht bewältigen. „Die Vorberei-
tungsarbeit ist das Wichtigste für ein erfolgreiches Going public",
hatte er selbst immer wieder gepredigt. Offenbar nicht nur die
Mitarbeiter hatten ihm geglaubt. Dank der allgemein guten Presse
und der bereits auf Hochtouren laufenden PR-Arbeit nahm auch der
Bewerberstrom stetig zu. Hanna, Nils, Frank und Hagen stand eine
große Auswahl an Fachkräften zur Verfügung. Und sie suchten nach

Mitarbeitern – auch mit Expertenwissen für den geplanten Börsengang. „Das Managementteam muss gut besetzt sein. Nicht nur in der Topetage, sondern auch in der zweiten Ebene." Dieses Zitat aus irgendeinem Wirtschaftsmagazin, das Nils gefunden hatte, schwirrte dem Quartett immer wieder durch den Kopf.

Hanna kam in Hagens Büro, griff wortlos eines der Wirtschaftsmagazine aus dem Stapel, schlug eine Seite auf und schlug mit der flachen Hand auf eine Schlagzeile. „Und?", sagte Hagen.

„Dieser Artikel ist der Anlass gewesen, dass sich eine Bank bei Nils gemeldet hat. Und es ist nicht irgendeine Bank – sondern tatsächlich unser Traumpartner, der Marktführer in diesem Segment. Und genau diese Bank, du wirst es nicht fassen, hat sich quasi ganz von selbst bei uns gemeldet." Hagen nickte, begriff aber noch nicht so recht. „Diese Bank", fuhr Hanna fort, „ist so begeistert von unserem Unternehmen, unserer Geschäftsidee und unserem zukünftigen Produkt, dass sie angeboten hat, uns beim Börsengang zu unterstützen. Keine zehn Minuten her. Hast Du so etwas schon einmal erlebt? Fantastisch, oder? Den ganzen Stress mit dem Beauty-Contest ersparen wir uns. Und können uns gleich auf das Wesentliche konzentrieren – the Initial Public Offering."

Hagen ballte die Faust und lachte. Zum einen hantierte Hanna mittlerweile wie selbstverständlich mit dem Börsenfachjargon, zum anderen war das tatsächlich eine hervorragende Neuigkeit. Eine renommierte Bank bewarb sich bei ihnen um den Job der Konsortialbank. Normalerweise mussten unzählige Klinken geputzt, Gespräche geführt und Präsentationen durchgeführt werden. Immer in der Hoffnung, eine Bank mit einem guten Namen zu finden, die bereit und professionell genug war, den Job der Konsortialbank zu übernehmen.

„Den Beauty-Contest haben wir uns also erspart. Ebenso das Banken-Exposé." Hagen war hoch zufrieden.

Hanna nickte: „Das ist doch bestimmt eine gute Standortbestimmung für uns."

Sie wusste bereits, dass nach der Prüfung die PR-Agentur aktiv werden musste. Medienpräsenz war das A und O. Die Aktie sollte zur Marke werden. Das war entscheidend für einen guten Start am Tag der Erstemission. „Es wäre nicht schlecht, wenn wir einen Spezialisten für Mitarbeiter-Investor-Relations einstellen würden. Durch so eine Verstärkung würde das Team mit den Aufgaben in die Situation hineinwachsen", überlegte sie laut.

„Genau, und die Mitarbeiterzufriedenheit ist ja offensichtlich auch ein erfolgreiches Thema, das journalistisches Interesse auf sich zieht." Hagen bestätigte ihren Gedankengang, wie so oft.

Sie stellte sich hinter ihn und legte eine Hand auf seine Schulter. „Für die Börsenzulassung ist doch dann unsere neue Konsortialbank zuständig. Damit haben wir jetzt nichts mehr zu tun, oder? Der Emissionspreis wird doch ebenfalls durch die Bank ermittelt – natürlich wäre es sehr gut, wenn er möglichst hoch ist."

„Ja, aber er sollte auch nicht zu hoch sein. Denn das wirkt auf die Analysten und Investoren unseriös. Normalerweise wartet man die eingehenden Angebote innerhalb der so genannten Bookbuildingspanne ab, und dann setzt die Bank gemeinsam mit den Altaktionären den Preis fest. Natürlich spielt dabei auch die Nachfrage eine große Rolle – je größer sie ist, desto höher der Preis. Wir brauchen zwar schnell Kapital, aber das Unternehmen sollte signalisieren, dass cool.com nicht an die Börse geht, um schnell Geld abzukassieren und dann die Firma zu verkaufen. Auch aus diesem Grund sollten wir unbedingt die Aktienmehrheit bei den Gründern behalten. Das demonstriert nach außen unser Interesse am weiteren Wachstum des Unternehmens."

Plötzlich kam Daisy hereingelaufen mit Kemal im Schlepptau. Sie wedelte zur Begrüßung freundlich mit dem Schwänzchen und schien rundum zufrieden. „Wir sind wieder da", meldete Kemal. „Wir waren mit den zwei anderen ziemlich lange spazieren. Jetzt gibt's was zu fressen und ein bisschen Fellpflege."

Hagen lächelte dem Praktikanten zu. Mit wirtschaftlichen Themen stand er ja auf Kriegsfuß, aber an Daisy hatte der Junge echte Wunder vollbracht. Aus Kemals freiwilliger Fürsorge für Daisy hatte sich im Zuge der Mitarbeiter-Benefits ein richtiger Dogsitting-Service entwickelt. Zu dem Hundeteam gehörten inzwischen außer Daisy noch ein Golden Retriever und ein etwas übergewichtiger Cockerspaniel. Hagen selbst hatte schnell erkannt, welch enorme Erleichterung es für ihn bedeutete, sich nicht um seinen Hund kümmern zu müssen. Daisy war beschäftigt und drohte nicht, in der leeren Wohnung zu vereinsamen. Sie blühte sogar zusehends auf, ihre neurotische Spontanentleerung des Darms hatte fast komplett nachgelassen.

„Danke Kemal – na Daisy, geht's dir gut?" Hagen kniete vor der Hundedame, kraulte ihr liebevoll den Kopf und wendete sich dann wieder Hanna zu. „Wo waren wir stehen geblieben?"

„Beim Emissionspreis!" Hanna lehnte an Hagens Schreibtisch und hatte belustigt die rührende Herr-und-Hund-Szene beobachtet.

Hagen holte tief Luft. Hanna konnte ganz schön anstrengend sein. Manchmal kam er sich vor wie ihr persönliches Handbuch des Börsenwesens – ein Nachschlagewerk, das auf Stichwort Definitionen und Kommentare von sich gab. Die nächste halbe Stunde verbrachte er damit, Hanna Emissionspreise, Bookbuilding-Verfahren und andere Details für den Börsengang zu erläutern. Hanna machte sich Notizen, kritzelte Pfeile, Diagramme und Tabellen und versuchte so, das Gehörte anschaulich festzuhalten.

„Davor kommt aber die Börseneinführungspräsentation." Hagen ließ sich nicht aus der Ruhe bringen. „Sie muss rechtzeitig fertig sein. Denn diese Präsentation wird den Analysten und potenziellen Investoren vorab auf der so genannten Roadshow vorgestellt."

Hanna setzte sich auf, rieb sich die Hand und schrieb dann weiter. Hagen, der seinen Vortrag rücksichtsvoll einen Moment unterbrochen hatte, fuhr fort: „Wenn die Resonanz in der Presse positiv ist und unsere Werbekampagne, die ebenfalls unbedingt zu diesem Zeitpunkt beginnen muss, gut ankommt, dann gehen die ersten Nachfragen bei der Bank ein."

„An wen richtet sich das Marketing eigentlich gezielt?"

Hagen sah Hanna anerkennend an. Sie begriff sehr schnell, worauf es in diesem Geschäft ankam. „Nun, das Marketing wird auf alle Zielgruppen ausgedehnt. Es ist wichtig, so viele Leute wie möglich für die Aktie zu interessieren, cool.com bekannt zu machen und so einen Kaufanreiz zu schaffen. Im Vordergrund steht aber tatsächlich die Roadshow. Wir müssen unbedingt klären, wer von uns auf der Tour mitreist. Welchen Part jeder übernimmt. Und vor allem, welche Städte wir bereisen und welchen Banken und potenziellen Investoren wir uns vorstellen. Wir müssen einen detaillierten Tourenplan mit Daten und Uhrzeiten erstellen."

Hanna machte sich gleich eine entsprechende Notiz, während Hagen sich bereits den Details der Roadshow widmete: „Im Rahmen der Roadshow präsentieren wir unsere Firma verschiedenen institutionellen Investoren, Banken und Analysten. Das machen wir entweder nur in Deutschland oder auch im deutschsprachigen Ausland. Eventuell europaweit."

Und so ging es immer tiefer ins Detail, bis Hagen seinen Redefluss unterbrach. „Sag mal, ich brauche dringend was zu trinken, hast du auch Durst? Dann hol ich uns schnell was."

„Oh ja, danke." Hanna lehnte sich zurück. Sie fand die Ereignisse nach wie vor äußerst spannend. Natürlich wusste sie, wie viel Arbeit noch auf sie alle zukommen würde. Doch sie wusste auch, dass cool.com es schaffen konnte. Was für ein Glück, dass Hagen mit an Bord war – als Steuermann sozusagen. Irgendwo hatte sie gelesen, dass Investoren gerade bei jungen Unternehmen großen Wert darauf legten, dass die Balance zwischen Dynamik und Erfahrung stimmte. Sie zitierte aus dem Gedächtnis: „Den Durchbruch kann eine Firma nur schaffen, wenn sie beim Topmanagement auch Know-how aus der Old Economy einbindet. Das weckt das Vertrauen der Investoren." Stimmt, erinnerte sich Hanna, das hatte sie auch im Gespräch mit Camilla, der Venture Capitalistin von MoneyMaker Inc., deutlich gespürt.

„Ist Wasser okay?" Hanna schreckte hoch. „Ja natürlich, danke."

„Also gut, wo war ich gerade stehen geblieben?"

„Beim Orderbuch, glaube ich", half Hanna.

„Richtig, das Orderbuch. Es liegt in der Bookbuilding-Phase aus. Aus dem Orderbuch geht dann auch hervor, wie viele private und wie viele institutionelle Anleger überhaupt Interesse haben. Und daraus wird dann ein Zuteilungsschlüssel entwickelt. Es sollte ein optimaler Investorenmix herauskommen."

Hanna lachte: „Apropos Mix, hättest du vielleicht Lust, am Wochenende einmal für ein paar Stunden den ganzen Börsenzauber zu vergessen und mit mir ins Kino zu gehen?"

Hagen schaute verdutzt. Er war es zwar mittlerweile gewöhnt, dass Hanna gern sprunghaft das Thema wechselte, um dann ruck, zuck wieder genau da weiterzumachen, wo sie vor der Unterbrechung aufgehört hatte. Doch noch immer verwirrte es ihn. Denn er war es gewohnt, eins nach dem anderen zu tun, beziehungsweise zu denken. „Kino klingt gut. Was läuft denn?"

„Keine Ahnung, aber wofür haben wir denn unser neues Freizeit-Organisationsteam?"

Hagen lächelte. Im Gegensatz zu Hanna hatte er sich an die neuen cool.com-Dienstleistungen noch nicht so recht gewöhnt. Das Freizeit-Organisationsteam war die jüngste Errungenschaft der Firma auf diesem Gebiet: Zwei Studenten hatten angeboten, die cool.com-Belegschaft bei der Organisation ihrer wertvollen Freizeit zu unterstützen. Einmal in der Woche erhielt jeder Mitarbeiter per E-Mail das gesamte Kultur- und Freizeitangebot der Region. Mit den aktuellen Theaterspielplänen. Mit Kino- und Konzertprogrammen. Und mit Terminen von Gastspielen, Sportveranstaltungen, Special Events und was sonst noch so angeboten wurde. Wer Interesse an der einen oder anderen Veranstaltung hatte, gab seine Wünsche per Mail durch. Und brauchte sich um nichts weiter zu kümmern. Das Studententeam organisierte Eintrittskarten. Reservierte den Tisch für das Candlelightdinner. Oder erledigte die Meldeformalitäten für den Halbmarathon rund um Meinerzhagen. Der Service wurde immer individueller und sollte mittelfristig auch auf die Organisation von Kurztrips und Reisen ausgedehnt werden.

„Also Kino – schön, ich glaube, es tut uns mal ganz gut, wenigstens für eineinhalb Stunden an etwas anderes als cool.com zu denken. Aber nun weiter im Börsengeschäft ..." Hagen nickte ihr zu und konzentrierte sich wieder auf das IPO. „Wir waren bei der Aktienverteilung. Im Falle einer Überzeichnung werden zusätzliche qualitative Zuteilungskriterien in Bezug auf Anlagedauer, Platzierungsregion und die gewünschte Aktionärsstruktur hinzugezogen. Auch private Anleger werden hier berücksichtigt – durch eine vorher festgelegte Zuteilungsquote."

„Was ist in diesem Zusammenhang eigentlich die Greenshoe Option?" Hanna hatte offensichtlich ihre Hausaufgaben gemacht.

Hagen nickte anerkennend, musste aber zugeben, es auch nicht so genau zu wissen. „Warte, ich schlag das schnell mal nach."

Hagen blätterte in seinem Ordner, in dem er Zeitungsartikel, Kopien aus Wirtschaftsbüchern und zahlreiche Berichte über erfolgreiche und erfolglose IPOs gesammelt hatte. „Ah, hier steht es ja: ,Sofern die aus der Kapitalerhöhung stammenden Aktien alle platziert werden konnten und weitere Nachfrage vorhanden ist, wird die >Greenshoe< genannte Mehrzuteilungsoption von der Bank ausgeübt. – Ein zuvor vereinbarter Aktienanteil, der aus einer Kapitalerhöhung oder aus dem Besitz der Altaktionäre kommt, mit dem die Konsortialbanken regulierend in das Marktgeschehen eingreifen können.' Das ist wahrscheinlich dann der Fall, wenn auch nach der erfolgten Erstnotierung noch eine sehr große Nachfrage besteht."

„Es werden also Aktien von den Alteigentümern – das sind wir", Hanna versuchte, das Kauderwelsch zu übersetzen, „an die Bank bereitgestellt, die diese Aktien dann ausgibt. Da aber gerade in den ersten Tagen des Börsengangs viele Daytrader Interesse an den Neuemissionen zeigen, gehen deren Aktien schließlich wieder an das Unternehmen zurück. Und der Kurs bleibt relativ stabil."

Hagen nickte zustimmend und fuhr fort: „Der Vorteil des Bookbuildingverfahrens ist die sehr gerechte Preisfindung und ein hoffentlich guter Auftakt für den Börsengang."

Hanna rieb sich den Nacken. „Morgen früh ist endlich wieder Wirbelsäulengymnastik. Mein Rücken macht mich zurzeit echt fertig", stöhnte sie ungewohnt wehleidig. Doch nicht nur Hanna hatte durch das viele Sitzen Rückenprobleme. Die halbe Belegschaft hatte mit Rückenschmerzen zu kämpfen. Zum Glück gab es den Ruheraum mit der Meditationsecke, wie das Kabuff jetzt genannt wurde. Den ehemaligen Abstellraum hatte Kemal mit ein paar Helfern neu eingerichtet. Eine Couch, ein paar gemütliche Sessel und warme, gelb gestrichene Wände machten den Raum zu einer Oase der Ruhe im hektischen Arbeitsalltag. In einer Ecke stand eine kleine Stereoanlage, aus der keltisch angehauchte Entspannungsmusik erklang. Für alle geschundenen Schreibtisch-Rücken fand in diesem Raum einmal in der Woche ein Wirbelsäulen-Gymnastikkurs statt. Und ein Masseur nahm sich der besonders verhärteten Fälle an.

Hagen hatte sich hinter Hanna gestellt und massierte ihr vorsichtig den Nacken. „Ah, das tut gut", seufzte sie mit geschlossenen Augen. „Wie ist das eigentlich? Wenn der Emissionspreis festgelegt ist und die ersten Zeichnungen vorliegen, ist dann das IPO absolviert?"

„Ja, der ist dann absolviert. Danach gibt's eigentlich nur noch für die PR-Abteilung und den Vorstand in Sachen Investor Relations viel Arbeit. Wir haben als Aktiengesellschaft die Pflicht der Information. Wir müssen die Kontakte zu Analysten und Investoren pflegen und versuchen, weiterhin positiv in den Medien vertreten zu sein. Keine leichte Arbeit", seufzte Hagen, während er weiter Hannas Nacken massierte. „Wichtig ist ein straffer, aber realisierbarer Masterplan für alle Punkte. Wir dürfen uns nicht selbst überholen, müssen aber am Ball bleiben."

„Ich finde, wir sollten uns so schnell wie möglich mit Nils und Frank zusammensetzen und mit ihnen genau diese Punkte Schritt für Schritt durchsprechen. Und dann müssen wir entscheiden, wer welche Rolle übernimmt."

„Was meinst du mit Rolle?" Hagen hatte sich wieder hingesetzt.

„Na, das ist ja wohl klar. Oder glaubst Du etwa, dass Frank viel Lust hätte, mit dir an der Roadshow teilzunehmen? Das ist wohl eher der Part für Nils." Hagen verzog das Gesicht. Er konnte sich immer noch nicht an die laxe Art von Nils gewöhnen. Immer eine

Spur zu locker. Immer ein wenig desinteressiert. Wie oft hatte Hanna schon behutsam die Wogen zwischen ihnen geglättet, ehe sie hochschlugen. Und dann zusammen die Roadshow? Hagen war alles andere als begeistert. Aber es half nichts, da musste er, da musste cool.com durch.

Also schlug er ein gemeinsames Abendessen vor, um alles mit Nils und Frank zu besprechen. Hanna nickte, erhob sich von ihrem Platz, streckte sich ein bisschen. „Ich sage Nils und Frank Bescheid", sagte sie und ging hinaus.

Auch Hagen verließ sein Büro. Um ihn herum herrschte emsiges Treiben, die gesamte Belegschaft schien noch da zu sein, obwohl es schon fast 19.00 Uhr war. Es hatte eine Weile gedauert. Doch mittlerweile verstand er, warum New-Economy-Firmen so erfolgreich werden konnten. Die Leute arbeiteten ungeheuer engagiert. So etwas hatte er bei LuMa nie erlebt. Den Anspruch auf die eigene Freizeit vergaß dabei niemand. Denn wer nächtelang an Projekten schmiedete, konnte bei cool.com dafür ein anderes Mal einfach ein paar Tage zu Hause bleiben. Oder früher gehen – man hatte aus Romans Kündigung gelernt.

„Hallo Herr Icks, Sie sollten wirklich Ihre Wäsche mal mit nach Hause nehmen. Wenn Sie die noch länger hier in der Garderobe stehen lassen, können wir sie gleich noch mal waschen." Hagen schreckte aus seinen Gedanken. Von allen Neuerungen im Loft war der Wäscheservice sicherlich die wichtigste. Regelmäßig wurde die Wäsche abgeholt und wenige Tage später frisch gebügelt und sauber zusammengelegt wieder abgegeben. Für diesen Service hatte man eine Behindertenwerkstatt gewinnen können. Verlegen schnappte sich Hagen den kleinen Korb mit seiner Wäsche und ging mit einem „Vielen Dank" in sein Büro zurück.

IPO – Initial Public Offering

Initial Public Offering – kurz IPO – bezeichnet die Aktienerstemission einer Aktiengesellschaft an einer Wertpapierbörse. Synonyme dazu sind Going public oder der Gang an die Börse.

Vorbereitung: Ein erfolgreiches IPO erfordert mindestens sechs Monate Vorbereitungszeit.

Mitarbeiter: Die Verpflichtung externer IPO-Berater oder die Neuein-

stellung qualifizierter Mitarbeiter mit IPO-Erfahrung ist empfehlenswert.

Equity-Story: Sie ist entscheidend für den Erfolg des IPO und sollte bereits kurz nach dem Beschluss zum Going public vorliegen. In ihr werden in überzeugender Form die Ziele und auch die Visionen des Unternehmens schriftlich fixiert: Verwendung der Emissionserlöse, Abgrenzung von der Konkurrenz, Zukunftspläne. Die Zielgruppe sind Analysten, Bankenvertreter und Wirtschaftsjournalisten.

Beauty Contest: Im Rahmen des Beauty Contest wird eine geeignete Konsortialbank gesucht, die den Börsengang unterstützt.

Due Diligence: Prüfung der Aktiengesellschaft auf ihre Börsentauglichkeit durch externe Wirtschaftsprüfer, Steuerberater und Juristen.

Marketingaktivitäten: Die Aktie ist eine Marke. Das Interesse der Öffentlichkeit daran kann durch Werbekampagnen und gute und frühzeitige Pressepräsenz verstärkt werden.

Letter of Engagement: Mit der formellen Mandatsvergabe an die konsortialführende Bank beginnt die konkrete Vorbereitung der Erstemission: Das Emissionsvolumen, die Aktiengattung (u. a. Inhaber- oder Namensaktien), der Börsenplatz und der genaue Emissionszeitpunkt werden bestimmt. Die Börsenzulassung wird von der Konsortialbank beantragt.

Roadshow: Der Vorstand des Unternehmens reist auf einer internationalen Werbetour zu verschiedenen Banken, präsentiert das Unternehmen vor Ort und führt zahlreiche Einzelgespräche mit Investoren und Analysten, die so genannten One-on-Ones.

Emissionspreis: Das Pricing von IPOs ist stets eine Gratwanderung zwischen der Emittierung unter (Underpricing) und über (Overpricing) dem eigentlichen Wert. Für die Festlegung des Emissionskurses gibt es verschiedene Verfahren: Beim **Festpreisverfahren** liegt dem Zeichnungsangebot bereits ein Preis zugrunde, der vom Emissionskonsortium bestimmt wird. Charakteristisch für dieses Verfahren ist, dass Preis und Emissionsvolumen parallel festgelegt werden. Angebot und Nachfrage können dabei nicht über den Preis ausgeglichen werden, sodass es häufig zu Über- oder Unterzeichnungen kommt. Bei **Auktionsverfahren (Tender-Verfahren),** das international häufig angewendet wird, übermitteln die Investoren die Zeichnungswünsche mit Mengen und Preisangaben. Die Zuteilung erfolgt dann an die höchsten Gebote. Auch beim **Bookbuilding-Verfahren** sind die Anleger in die Preisfindung einbezogen: Mit ihrem Zeichnungswunsch geben sie auch ihre Preisvorstellung an die Bank. Der Emissionskurs wird anschließend marktorientiert festgelegt. Durch die enge Marktorientierung ist das Verfahren für mittelständische Unternehmen gut geeignet.

Die Medienmeute beißt an

Nils schloss die Augen und atmete in rascher Folge ein und aus. Dann blickte er kurz zur Decke. Fuhr sich mit den Fingern durch die Haare. Setzte ein smartes Lächeln auf und räusperte sich. „S-Commerce für den privaten User ist längst keine Science-Fiction mehr. Sicher, eine Screen-Fridge-Lösung allein macht noch keine Unique Sales Proposition, kurz USP. Aber unsere Story geht weit darüber hinaus – das hat auch unser Lead-Investor bereits in der Phase des Early-Stage-Financing klar erkannt. Der Content auf der Human-Resource-Ebene ist in Zeiten der Attention-Economy unser wichtigstes Asset. Und das wird bei den Investor Relations von cool.com immer hauptausschlaggebend sein. – Yeah, das ist gut. Das ist sogar sehr gut."

„Hervorragend", stimmte Hagen ihm zu. „Aber vielleicht eine Spur zu dick aufgetragen." Er wusch sich die Hände. Nils hatte sich offensichtlich die Toilette als Probenraum ausgesucht. Wahrscheinlich würde er in diesem Moment ganz gern mit Kemal tauschen. Der drehte jetzt seine Runden mit Daisy im Hotelpark.

„Quatsch, das ist eher noch untertrieben. Wir müssen klotzen statt kleckern!", antworte Nils. Er betrachtete sich immer noch im Spiegel. Drehte den Kopf leicht nach links und dann nach rechts. Dann fuhr er fort: „Hagen, wir gehen jetzt an die Börse. Und das ist die Sprache, die du dort beherrschen musst. Sonst nimmt dich einfach niemand wahr. Jede kleine Bank auf dem Dorf macht heute aus ihrer Bilanzpressekonferenz ein Event. Ein Häppchen und ein Sektchen und ein Pressemäppchen – das reicht schon lange nicht mehr. Du musst den Jungs schon ein bisschen mehr bieten. Ein paar Raketen steigen lassen. Nur so bleibt etwas haften. Die wollen ihre Geschichte, und wir erzählen sie ihnen."

Hagen ließ Nils im Waschraum weiter Monologe halten und ging zurück ins Foyer. Er sah auf die Uhr: noch drei Stunden bis zur Pressekonferenz. Er fühlte sich gut. Und er war viel ruhiger, als er es sich noch vor einer Woche vorgestellt hatte. Nils würde sich gut verkaufen. Und er würde die Firma gut verkaufen. Noch waren die Plätze für die Presse im großen Tagungszimmer des Hotels leer. An der Stirnwand prangte ein großes Banner: „cool.com – the human company". Darunter standen hinter einem langen Tisch die Stühle für Hanna, Nils und Hagen. Tagelang hatte sich Nils nicht entscheiden können. Sollte auf dem Pappschild vor seinem Platz unter seinem Namen CEO, Vorstandsvorsitzender oder Geschäftsführer, stehen? In letzter Sekunde hatte er alle Bescheidenheit fallen und „President" drucken lassen.

Hagen fand Hanna in einem Nebenraum. Sie brütete noch immer über zwei Laptops mit Mitarbeiterbilanzen von Top-Unternehmen in Excel-Vergleichs-Charts. Alle wichtigen Branchen hatten sie berücksichtigt. Über die Mitarbeiterbilanz von cool.com war in den vergangenen Wochen viel berichtet worden. In manchen Artikeln wurde das Unternehmen gar als Erneuerer der Bilanzierungstechnik für Dienstleister gefeiert. Ganz so weit wäre Hagen wohl nicht gegangen, auch wenn ihm das Lob schmeichelte. Er hatte das Modell bei cool.com eingesetzt und damit bei den Mitarbeitern offene Türen eingerannt. Aber noch gab es nach seinem Geschmack viel zu viele, die von diesem Bilanzierungssystem nicht überzeugt waren. Für die meisten waren Begriffe wie soziale Kompetenz oder eigenverantwortliches Gestalten nur Floskeln. Floskeln, um Anleger zu blenden und das Geld aus der Tasche zu ziehen. Es war noch nicht lange her, da hatte Hagen ähnlich gedacht.

Es musste ihnen gelingen, bei der Pressekonferenz klarzustellen, dass der Börsenwert von cool.com entscheidend vom Humankapital des Unternehmens abhing. Und dass diese Sichtweise, diese Berechnung etwas grundsätzlich Neues war. Dieses Kapital war ihre Stärke. War ihr wichtigstes Argument im Kampf um die Gunst der Anleger. Was sie jetzt vor allem brauchten, war eine Menge Geld. Mehr als sie von einer ganzen Reihe gutmütiger Onkel oder risikobereiter Camillas je bekommen hätten. Erst mit diesem Geld konnte es weitergehen mit dem Screen-Fridge-Programm. Nur mithilfe der ausgeglichenen Mitarbeiterbilanz als Musterbeispiel eines New-Economy-Unternehmens der anderen Art würde cool.com zu einer Erfolgsgeschichte. Das war die Basis für den angestrebten Produkt- und Markterfolg und schließlich für den Erfolg des ganzen Unternehmens cool.com. „Wenn es die Presse überzeugt, werden die Anleger schon mitziehen – und dabeibleiben", sagte Hanna, um sich selbst Mut zu machen. Hagen nickte stumm.

Er dachte an die Vergleichsbeispiele, die sie der Presse servieren würden. An Unternehmen wie Thyssen, wie die Post oder Microsoft. Große Namen, keine Frage. Aber die Mitarbeiterbilanzen – Fehlanzeige. Zugegeben, viele ihrer Überlegungen und Daten waren hypothetisch. Aber vieles wusste man auch. Die Journalisten würden sich wie die Geier auf diese Vergleiche stürzen. Und cool.com würde als Sieger daraus hervorgehen.

Die Vorzeichen standen gut: Obwohl es im Vorfeld der Präsentation auch Kritik gegeben hatte, war die Aktie um ein Vielfaches überzeichnet. Und das mit einem Werbeaufwand, den große Unternehmen aus der Portokasse bezahlt hätten. Was cool.com zugute kam: Es herrschte insgesamt wieder mehr Optimismus. Jeder, der etwas Neues zu bieten hatte, hatte wieder Chancen am Markt. Vorausgesetzt, er konnte seinen zukünftigen Erfolg schlüssig darlegen. So wie cool.com. Die dunklen Wolken waren abgezogen. cool.com war Gesprächsthema. Und Nils, aber auch Hanna und er selbst wurden als neue Wunderkinder herumgereicht. Die Medien hatten das Thema Mitarbeiterbilanz bereits vor Wochen aufgegriffen. Sie hatten es von allen Seiten beschnuppert und in seine Einzelteile zerlegt. Und sie hatten sich darüber ihre Gedanken gemacht: Wenn das Humankapital, wie cool.com frech behauptete, auf lange Sicht tatsächlich ein entscheidender Faktor bei der Bewertung eines Kandidaten am Neuen Markt sein sollte – was für eine Perspektive. Denn wie stünden dann die Firmen der Old Economy da, die seit Jahr und Tag nach Gutsherrenart geführt worden waren?

Mancher dieser Gutsherren hatte sich natürlich abfällig über die neuen Maßstäbe geäußert, die nun auch an ihn angelegt wurden. „Mumpitz", hatte einer dieser Patriarchen à la Luzius öffentlich gesagt. „Schraubenzähler", dachte Hagen. Die allgemeine Begeisterung über cool.com konnte das nicht mindern. Sie waren der Star der langsam wieder aufstrebenden New Economy. Am Ende der Empfehlungen stand fast überall: „Fazit: kaufen." Hanna konnte es kaum glauben. Nils beteuerte, nie etwas anderes erwartet zu haben.

Schweigend überflog Hagen die Texte, die er für die Präsentation zusammengestellt hatte. Er fühlte sich sicher, aber mit jeder Minute wuchs die Anspannung in ihm. Die Mitarbeiterbilanz hatte er sich in einer Kurzfassung in Form einiger Fragen aufgeschlüsselt. Die Antworten konnte er nun im Schlaf herunterbeten. Er hatte sie zudem mit Nils so oft durchgesprochen, dass auch der sie nun glaubhaft nacherzählen konnte. Und das wesentlich flüssiger und effektiver, als es Hagen je geschafft hätte.

Was ist das Ziel dieser Aufstellung, stand da. „Klarheit zu schaffen", antwortete Hagen leise sich selbst. „Wenn ich wissen will, was ein Unternehmen wirklich wert ist, muss ich auch über das menschliche Kapital Bescheid wissen. Und Wissenskapital ist umsetzbar in Finanzkapital." Wie messe ich dieses Kapital? „Im Prinzip ist das ganz einfach: Ich gehe hin und frage nach. Nur so finde ich heraus, wie die Mitarbeiter ihr Unternehmen und seine Leistungen bewerten. Zuerst will ich wissen, wie stark sie einzelne Kriterien, die sie an ihrem Arbeitssplatz vorfinden, überhaupt bewerten. Ist ihnen das Gehalt besonders wichtig? Oder wiegt das Arbeitsumfeld oder zum Beispiel das Image der Firma schwerer? Was ist wichtiger – die Aufstiegschancen oder die Arbeitsplatzsicherheit? Das ist die eine Seite." Hagen unterbrach seinen inneren Monolog und begann auf und ab zu laufen. Dann fuhr er fort.

„Auf der anderen Seite muss sich das Management fragen, welche Maßstäbe es an seine Mitarbeiter anlegt. Erwartet es in erster Linie Teamfähigkeit? Oder doch eher eine hohe Bereitschaft zu Überstunden? Verlangt es darüber hinaus vielleicht eine besonders hohe Motivation? Oder geht es vor allem um das geballte Fachwissen der Mitarbeiter? Alle Punkte werden nach umfangreichen Befragungen in der Rangfolge ihrer Wichtigkeit eingestuft, also zum Beispiel vierzig Prozent Gehalt, zehn Prozent Image, zwanzig Prozent Arbeitsumfeld und so weiter. Nun gibt es zwei Listen: die der Mitarbeiter und die des Unternehmens. Beide werden einander gegenübergestellt. Auf beiden Seiten werden die einzelnen Aspekte von eins bis sechs benotet, je nachdem wie die Umsetzung dieser Kriterien in der Realität von den Betroffenen bewertet wird: Sind zum Beispiel die Arbeitnehmer in ihrer Mehrheit mit der Gehaltsstruktur sehr zufrieden, steht hier eine Eins; ist auf der anderen Seite aber nur jeder zehnte Mitarbeiter zu Überstunden bereit, obwohl sich die Aufträge stapeln, benotet die Geschäftsleitung diesen Punkt mit einer Fünf oder Sechs. Zum Schluss wird Bilanz gezogen. Unterm Strich stehen nun zwei Zahlen, die sich aus der Gewichtung dieser Kriterien und ihrer Benotung ergeben."

Hoffentlich verstehen das alle. Hagen presste seine Fingerspitzen aufeinander und schüttelte seine Hände dann aus. Ruhig bleiben, nur ruhig bleiben. Er spielte eine nächste mögliche Frage durch.

Was sagen diese beiden Noten aus? „Je näher beide Noten einander sind, desto besser", murmelte er vor sich hin. „Besteht ein großer Unterschied, stimmt etwas nicht. Dann leistet entweder das Unternehmen mehr für die Mitarbeiter, als es bekommt, oder umgekehrt. Beides ist schlecht." Und was dann? „Dann lässt sich gegensteuern. Leidet das Unternehmen, kann ich die Motivation der Mitarbeiter vielleicht verbessern. Oder mehr in die Weiterbildung investieren, um das Humankapital besser nutzen zu können. Sind die Mitarbeiter mit dem, was das Unternehmen für sie tut, unzufrieden, muss ich etwas dagegen unternehmen. Sonst kündigen sie innerlich oder sie wandern bei nächster Gelegenheit zur Konkurrenz ab."

„Was willst du? Zur Konkurrenz abwandern?", fragte Hanna entgeistert. Hagen fuhr erschrocken hoch. „Quatsch, ich habe nur vor mich hin geredet", antwortete er verlegen und legte einen Arm um ihre Hüfte. „Und du brauchst sowieso keine Konkurrenz zu fürchten."

Mitarbeiter-bilanz

Die Idee

Mitarbeiter haben ganz wesentlichen Anteil am Wert eines Unternehmens. Dennoch finden sie mit ihrem individuellen Potenzial bislang praktisch keine Berücksichtigung in den gängigen Bilanzierungsverfahren – zumal es sich dabei um einen „weichen", schwer messbaren Wertfaktor handelt. Fehlt der Geschäftsführung und den Investoren jedoch die Transparenz über den Wert des Humankapitals eines Unternehmens, bleiben ihnen wesentliche Erfolgsfaktoren verborgen.

Eine Mitarbeiterbilanz soll gegenüberstellen, was das Unternehmen für den Mitarbeiter leistet (Bsp. A) und was der Mitarbeiter für das Unternehmen leistet (Bsp. B).

Kriterien

Für eine Mitarbeiterbilanz werden individuell für ein Unternehmen die entscheidenden Kriterien zusammengestellt. Dazu benennen einerseits die Mitarbeiter in Umfragen Faktoren, die sie zum Unternehmenserfolg beitragen, zum Beispiel Know-how, Motivation, persönliches Netzwerk, Überstunden, Mobilität. Parallel dazu werden die Leistungen des Betriebs, wie Gehalt, Boni, Arbeitsumfeld, interessante Aufgaben, Image, dargestellt. Die einzelnen Kriterien werden gewichtet, und dann erfolgt eine Bewertung nach Schulnoten von Eins bis Sechs aus Sicht der Mitarbeiter (MA) und aus Sicht des Unternehmens.

Beispiel A

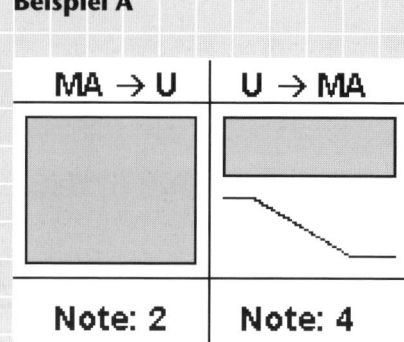

MA → U	U → MA
Note: 2	Note: 4

Beispiel B

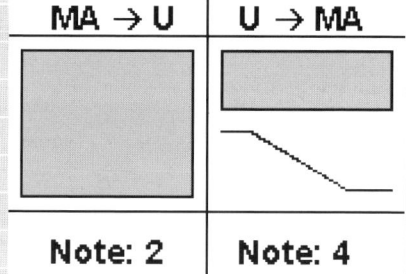

MA → U	U → MA
Note: 2	Note: 4

Zustand:

Die MA leisten mehr für das Unternehmen als das Unternehmen zurückgibt (z.B. Top-Skills, Kompetenz etc. gegenüber geringen Löhnen und langweiligen Aufgaben).

Folge:

Die Motivation lässt nach, die MA werden das Unternehmen verlassen. Das Unternehmen wird mittelfristig darunter leiden; der Shareholder-Value droht zu sinken.

Empfehlung:

Das Unternehmen muss an den Schwachstellen der Bilanz ansetzen und mehr für seine MA tun bzw. investieren.

Zustand:

Das Unternehmen leistet mehr für seine MA als umgekehrt (z.B. hohe Gehälter, Incentives, freiwillige Sozialleistungen etc. gegenüber geringer Motivation, schlechten Skills etc.).

Folge:

Die MA beuten das Unternehmen quasi aus. Ggf. wird falsch in die MA investiert (zu viel Gehalt, keine Weiterbildung) oder überproportional (zu wenig in Produktentwicklung etc.), wodurch die Unternehmensperformance mittelfristig leiden wird.

Empfehlung:

Das Unternehmen muss sein Humankapital effizienter nutzen, d.h.

ggf. MA zu mehr Leistung motivieren, mehr in Weiterbildung investieren etc., Problemfälle ggf. entlassen.

Auswertung

In einem gut funktionierenden Unternehmen ist die Mitarbeiterbilanz – also der Vergleich beider Summen – idealerweise immer ausgeglichen.

Besteht unter dem Strich eine Schieflage zwischen beiden errechneten Ergebnissen, deutet das auf Probleme hin. Leisten etwa die Mitarbeiter ihrer Einschätzung nach mehr für das Unternehmen, als sie dafür zurückerhalten, lässt auf Dauer die Motivation nach. Gründe dafür könnten zum Beispiel Top-Skills gegenüber geringen Löhnen oder unterfordernden Aufgaben sein. Einige Mitarbeiter werden vielleicht überlegen, das Unternehmen zu verlassen, was dem Unternehmen mittelfristig schadet, da der Shareholder-Value sinken kann. Hier sollte das Unternehmen an den Schwachstellen der Bilanz ansetzen und mehr für seine Mitarbeiter tun oder investieren.

Im umgekehrten Fall nutzt das Unternehmen das Potenzial seiner Mitarbeiter nicht richtig und leistet zu viel. Hohe Gehälter und freiwillige Sozialleistungen stehen hier oft geringer Motivation und schlechten Skills gegenüber. Streng genommen beuten die Mitarbeiter das Unternehmen aus. Das Unternehmen wäre gut beraten, etwa seine Mitarbeiter zu mehr Leistung zu motivieren, das Weiterbildungsangebot zu verbessern oder sich von „Problemfällen" zu trennen.

Drei Stunden später war der Tagungsraum brechend voll. Nils hing seit einer Stunde am Telefon und vertröstete die Anrufer auf einen Termin nach der Pressekonferenz. Mit der linken Hand hielt er das Handy, mit der rechten gestikulierte er energisch, wenn er nicht gerade aus der Ferne einem Journalisten zuwinkte. Eine Viertelstunde ließen Hanna, Hagen und Nils ihre Gäste bei Häppchen, Obst und Rieslingschorle warten. Dann nahmen sie unter dem cool.com-Banner Platz. Stille, unterbrochen von Blitzlichtgewitter. Dann die Fragen.

„Stimmt es, dass Sie den Break-even bereits in zwei Jahren erreichen wollen? Wie wollen Sie das schaffen?" „Mit welcher Bookbuilding-Spanne rechnen Sie? Ist das realistisch?" „Warum ist ausgerechnet die Mitarbeiterorientierung bei cool.com der kritische Erfolgsfaktor?" „Wovon haben Sie letzte Nacht geträumt?"

Hanna hatte sich umsonst Sorgen gemacht. Die Stimmung war gut. Nils machte entgegen allen Erwartungen keine makabren Scherze und antwortete auf alle Fragen routiniert. Ab und zu ergänzten Hagen oder Hanna etwas, ohne sich zu verhaspeln. Die drei kamen sich mitunter vor wie Schauspieler in einem Theaterstück. Schauspieler, die ihren Text beherrschten, aber nicht wussten, wann ihr Einsatz kommen würde. Nils, der am meisten Text hatte, improvisierte mit ein bisschen New-Economy-Neusprech, wann immer er Zeit zum Nachdenken brauchte. Hagen hörte ihn sagen „Ideenmanagement – das ist mehr als neuer Wein in alten Schläuchen. Unsere Mitarbeiter sind auf allen Ebenen aktiv an der Weiterentwicklung des Unternehmens beteiligt. Und zwar ohne Hierarchiegrenzen. Transparenz nach innen und nach außen ist unser Credo. Und dazu gehört auch die ständige Weiterbildung unseres Teams. Das ist für cool.com kein lästiges Übel, sondern Kern unserer Firmenkultur. Der Schlüssel zu einem solch innovativen Mitarbeiterpool heißt für uns Motivation. Und das kommt dem

Unternehmen und damit auch dem Anleger zugute." Fast hätte Hagen lippensynchron mitgesprochen.

Dann kam Nils zur Sache. Er stellte die Mitarbeiterbilanz von cool.com in allen Details vor. Auf der Leinwand neben ihm war eine zweigeteilte Tabelle zu sehen. In der linken Spalte hatte er die Kriterien aufgelistet, die die Mitarbeiter in das Unternehmen einbrachten. An oberster Stelle stand da die Motivation, die mit dreißig Prozent gewichtet wurde. Dann folgte das Fachwissen mit 25 Prozent, dahinter die soziale Kompetenz, Loyalität, die Bereitschaft zu Überstunden und zuletzt die Mobilität. Auf der anderen Seite führten die Punkte Mitgestaltung und Arbeitsumfeld mit je 25 Prozent vor Weiterbildung, Vorschlagswesen, Gehalt und sozialen Leistungen, dem Image und der Arbeitsplatzsicherheit. Die besten Noten erhielten in der linken Spalte das Fachwissen und die Motivation, in der rechten Spalte, wo die Leistungen des Unternehmens für die Mitarbeiter aufgeführt waren, die Selbstverwirklichung und das Arbeitsumfeld. Unterm Strich wichen die Noten kaum voneinander ab: eine 2,3 links, eine 2,4 rechts. „Das Ergebnis ist ziemlich ausgeglichen. Das ist keinesfalls die Regel", sagte Nils. Dann verglich er die Bilanz mit den Bilanzen von anderen Unternehmen. Thyssen. Die Bahn, Microsoft. Er zeigte in schneller Abfolge eine Reihe von Charts und leitete schließlich zum Börsengang über. Da wurde er unterbrochen.

„Das ist alles sehr interessant, aber was ist mit dem Produkt, ihrem Programm? Wie sieht es damit aus?", wollte ein Mann mit einer schweren, altmodischen Hornbrille wissen. Nils kannte ihn nicht.

„Der Screen-Fridge existiert bereits in einer Beta-Version. Aber das ist nur der Anfang. Nach dem Börsengang werden wir weitere Produkte auf den Markt bringen. Unser Unternehmen wächst beständig. Allein in dieser Woche haben wir vier neue Entwickler eingestellt. In der Vorwoche waren es sogar sieben. Unser wichtigstes Potenzial, die Mitarbeiter, wird immer größer. In einem Jahr werden wir neue Anwendungen zur Marktreife führen. Eine ganze Screen-World wird entstehen", erklärte Nils. Und fügte nach einer Kunstpause hinzu: „Dennoch ist und bleibt der Content auf der Human-Resource-Ebene auch in Zeiten der Attention-Economy unser wichtigstes Asset."

Hagen lehnte sich entspannt zurück. Die Augen der Journalisten waren auf Nils gerichtet, der nun die Zukunft des Unternehmens in den schillerndsten Farben ausmalte. Hinter den Presseplätzen hatten sich einige cool.com-Mitarbeiter aufgereiht. Sie hielten sich staunend und ein bisschen unsicher an ihren Gläsern fest. Frank flüsterte Kemal etwas zu, der begeistert nickte und über das ganze Gesicht strahlte. Er war sichtlich stolz, zu diesem großartigen Unternehmen zu gehören. Zu seinen Füßen stand Daisys Körbchen. Es war, wie Hagen erschreckt feststellte, leer. Er richtete sich ruckartig auf und suchte mit unruhigem Blick die Reihen der Journalisten nach seinem Hund ab. Zwischen zwei Hosenbeinen lief eine unbekümmerte Daisy umher, offenbar ganz begeistert von all den fremden Gerüchen und neuen Eindrücken. Niemand außer Hagen achtete auf sie. Auch Hanna hatte nichts bemerkt. Wie die anwesenden Journalisten war auch sie damit beschäftigt, Nils' Screen-World-Visionen nachzuvollziehen.

Hagen rutschte unruhig auf seinem Stuhl hin und her. Minutenlang versuchte er, Kemals Blick auf sich zu ziehen – ohne dabei die allgemeine Aufmerksamkeit auf sich zu lenken. Endlich sah Kemal zu ihm herüber. Mit hochgezogenen Brauen starrte Hagen abwechselnd Daisy und Kemal an, sagte tonlos „da" und „Daisy", bis Kemal zu Boden blickte, das leere Körbchen bemerkte und endlich begriff.

Beunruhigt suchte nun Kemal mit den Augen die Reihen nach Daisy ab. Er fand sie nicht weit von ihm entfernt im hinteren Bereich der Stuhlreihen und näherte sich ihr in kleinen Schritten, den Blick weiterhin auf Nils gerichtet. Daisy hatte irgendetwas bemerkt, das konnte Hagen von seinem Platz aus erkennen. Doch auf Kemal achtete sie nicht, denn jetzt drehte sie sich in die entgegengesetzte Richtung. Mit kurzen Schnalzlauten versuchte Hagen ihre Aufmerksamkeit zu erregen. Daisy reagierte wie immer nicht. Einige Journalisten starrten ihn erstaunt an. Nils hielt kurz inne, blickte irritiert zu Hagen herüber, der unsicher lächelte, und fuhr fort. Daisy hatte Hagen nicht gehört. Und wenn doch, war sie zu dem Entschluss gekommen, dass es gerade Wichtigeres zu tun gab. Sie hatte Witterung aufgenommen und lief zielstrebig auf den Journalisten mit der Hornbrille zu. Schwanzwedelnd setzte sie sich zwischen seine Füße und scharrte mit der rechten Pfote leise winselnd an seinem Knie. Der Mann erschrak. Die Situation schien ihm irgendwie unangenehm zu sein. Er lief rot an und erstarrte. Hagen war sehr erstaunt. Was sollte denn das? So zutraulich war Daisy normalerweise nicht.

Daisy freute sich scheinbar aufrichtig und legte sich auf den Rücken, bereit, gestreichelt zu werden. Unsicher sah der Mann mit der Hornbrille nach links und rechts. Daisy, die zu ihrem Erstaunen nicht von ihm erhört worden war, rappelte sich wieder auf und setzte zum Sprung auf seinen Schoß an. Der Mann sah sie panisch an. Er ballte die Fäuste und biss sich auf die Lippen. Dann stand er auf und hangelte sich zwischen all den Journalistenknien hindurch so schnell er konnte nach draußen.

Hagen hatte den Eindruck, dass der Hornbrillenträger nicht gegangen war, weil Daisy sich so über ihn freute oder er Angst vor Hunden hatte. Er schien erst dann in Panik geraten zu sein, als er bemerkte, dass er, Hagen, ihn beobachtete. Merkwürdig. Diesen Mann hatte Hagen schon einmal gesehen. Er war sich ganz sicher. Ihm fiel jedoch nicht ein, wo. Als Nils beim Punkt M-Commerce angekommen war, stand Hagen von seinem Platz auf und ging auf Kemal zu. Nach mehreren Anläufen war es dem mittlerweile gelungen, Daisy wieder einzufangen. Ihr Augenlid zuckte. Hagen hatte für einen Moment das Gefühl, sie wolle ihm zuzwinkern.

„Kemal, den Mann mit der Hornbrille, hast du den gekannt?"

„Du kennst ihn auch", antwortete Kemal. Hagen sah ihn fragend an.

„Als die Mitarbeiterbilanz vor zwei, drei Monaten durch die Presse ging, haben einige Journalisten bei verschiedenen Unternehmen der Old Economy nachgefragt. Um herauszufinden, was die davon halten. An das Gesicht von dem Mann mit der Hornbrille erinnere ich mich. Das ist kein Journalist. Sein Bild war in der Zeitung. Es ist der Pressesprecher deiner alten Firma, von LuMa. Er hat uns gelobt. Wahrscheinlich hast du es noch nicht gelesen."

Hagen war irritiert. Er hatte das Bild in der Zeitung nicht gesehen. Aber er wusste, er war dem Mann mit der großen Brille schon begegnet. Bei LuMa offenbar, vielleicht sogar in S. M. Luzius' Vorzimmer. Es musste schon Jahre her sein. Was suchte ausgerechnet der bei der Pressekonferenz? Es gab nichts auszukundschaften. Alles würde morgen früh ohnehin in der Zeitung zu stehen. Wollte Luzius nicht so lange warten? Oder führte er etwas ganz anderes im Schilde? Hagen ging ihm nach. Fast hätte er einen jungen Mann im Frack umgerannt, der ein Tablett mit Lachshäppchen gerade noch ausbalancieren konnte. „Oh, das wollte ich nicht, sorry!", rief er ihm zu und hastete die Treppe hinunter. Fast war er bei der großen Glastür angelangt, die vom Hotel auf die Straße führte. Da sah er aus dem Augenwinkel jemanden an der Garderobe, der ihm den Rücken zuwandte und hastig an seinem Trenchcoat nestelte. Hagen machte kehrt und tippte dem Mann auf die Schulter.

„Entschuldigung", sagte er. Der Hornbrillenträger zuckte zusammen, drehte sich um und starrte Hagen an.

„Tut mir Leid, das mit dem Hund. Ich hoffe, er hat Sie nicht erschreckt. Sagen Sie, kennen wir uns nicht? Sie sind nicht von der Presse, nicht wahr? Helfen Sie mir doch mal auf die Sprünge."

Der Mann im Trenchcoat schob sich die Hornbrille zurecht und band sich den Mantel zu. „Ich bin freier Journalist", sagte er knapp. Hagen schüttelte den Kopf.

„Sie sind der Pressesprecher von LuMa", erklärte Hagen.

„Das war ich. Und daher kennen Sie mein Gesicht. Aber das ist vorbei. Ich schreibe jetzt, als Freier, wie man so sagt. Und jetzt müssen Sie mich entschuldigen. Es hat mich gefreut." Hagen stellte sich ihm in den Weg.

„Sie sind kein Journalist. Ich glaube, dass Luzius Sie hierher geschickt hat. Ich weiß allerdings nicht warum. Vielleicht will er, dass Sie ihm erzählen, was Sie hier gehört und gesehen haben."

„Was wissen Sie schon", fuhr ihn der Mann mit der Hornbrille an. „Es stimmt, was ich sage. Er hat mich rausgeworfen, genau wie er Sie auf die Straße gesetzt hat. Er wollte, dass ich Ihre Mitarbeiterbilanz lächerlich mache. Das habe ich auch getan, zuerst, bei jeder Gelegenheit. Dabei fand ich die Idee gar nicht so schlecht. Als ich das in einem Interview aus Leichtsinn sagte, habe ich mir keine großen Gedanken darüber gemacht. Es war ein Lokalreporter, ich habe es nicht ernst genommen. Er schon. Er hing es an die große Glocke, und am nächsten Tag stand es in der Zeitung. Sogar in der Überschrift. Sie können sich vorstellen, was Direktor Luzius dazu gesagt hat. Und das war's dann."

„Oh, das tut mir Leid für Sie", sagte Hagen.

„Es gibt nichts, was Ihnen Leid tun müsste, Icks. Sie haben ja nichts damit zu tun. Nicht direkt, jedenfalls. Es geschieht mir ja auch ganz recht. Hätte ich mir denken können. Sie wissen nicht, was ich meine, oder? Nein, Sie wissen es gar nicht", sagte der Mann und schüttelte den Kopf. Hagen sah ihn schweigend an.

„Was?", fragte er.

„Ihre Frau. Doris. Sie und ich, wie soll ich sagen. Sie, das heißt, wir haben Sie betrogen, verstehen Sie? Fast ein Dreivierteljahr. Und meinetwegen hat sie Sie dann verlassen. Meinetwegen! Das dachte ich damals jedenfalls. Ich dachte, ich hätte gewonnen und Sie wären ein Verlierer. Aber dann kam es ja wohl doch ein bisschen anders, nicht wahr? Jetzt sind Sie der Gewinner, nach allem, was ich da gerade gesehen habe."

Hagen staunte nicht schlecht. Was hatte Doris damals bei ihrem Auszug gesagt? Sie wollte mehr vom Leben. Mit so einem? Er konnte es kaum fassen. „Wenn Sie mit Doris glücklich sind, mir soll's recht sein", antwortete er deshalb versöhnlich. Irgendwie tat ihm sein Gegenüber Leid. Wahrscheinlich hatte er jetzt ziemlichen Stress mit Doris.

„Ach was", fuhr der Mann mit der Brille nun zornig fort. „Doris hat mich genauso schnell fallen lassen wie Sie, als ich meine Stelle verloren hatte. Sie ist vom gleichen Schlag wie S. M. Luzius. Und es passt ja auch, dass sie nun bei ihm eingezogen ist."

Das wurde ja immer schöner. Hagen musste grinsen. Es berührte ihn nicht mehr. Aber neugierig war er doch geworden. Immerhin hatte er mit seinem ehemaligen Chef noch eine Rechnung offen. Und mit seiner Exfrau streng genommen auch. „Doris ist mit Luzius zusammen? Das glaub ich nicht."

„Es ist so. Glauben Sie mir. Gleich nachdem er mich hinausgeworfen hat. Keine zwei Tage später. Unglaublich, oder?"

„Eigentlich nicht", fand Hagen. Doch, es passte zu ihr. Fast hätte er laut losgelacht. Doris hatte einfach kalkuliert und war dann zu einem Ergebnis gekommen. Das war logisch. Dann hatte sich das Blatt gewendet, und wieder musste sie rechnen und sich neu entscheiden. Sein Schwiegervater, fiel Hagen ein, war Busfahrer; er hatte fünf Kinder. Doris war das jüngste. Einmal bat er Hagen, ihm Geld zu leihen. Nicht viel, eigentlich überhaupt nicht der Rede wert. Er hatte es Doris beiläufig erzählt. Sie drehte durch. Doris beschimpfte ihren Vater am Telefon als Versager und Schmarotzer. Sie verbot ihm, je wieder anzurufen. Bei S. M. hatte sie jetzt wohl ausgesorgt. Auch wenn er nicht gerade das war, was man eine netten Mann nennen konnte. Aber besonders nett war Doris ja auch nicht.

Der Journalist fing wieder an zu sprechen. „Verstehen Sie, ich wollte einfach wissen, wie Sie das machen in dieser Firma. Aber dann fühlte ich mich irgendwie ertappt, als dieser dämliche Hund mich erkannte. Ich hatte das Gefühl, Sie wüssten Bescheid. Jetzt ist es ja raus. Wissen Sie, es mag blöd klingen, aber es war nicht gegen Sie gerichtet."

„Schon gut", sagte Hagen. „Eigentlich ist das schon ziemlich weit weg. Und vielleicht war es ganz gut so. Das war es sogar bestimmt."

Der Mann mit der Hornbrille presste die Lippen zusammen und gab Hagen schweigend die Hand. Im Hinausgehen sagte er „Viel Glück. Ich glaube, Sie kriegen die Kurve. Ich wünsche es Ihnen."

Hagen ging nicht direkt zurück zur Pressekonferenz. Er ließ sich im Vorraum ein Glas Wasser geben und lehnte sich an die Brüstung. Nils sprach noch immer, das konnte er durch die geschlossene Tür hören. Doch Hagen achtete nicht darauf. Als Kemal vorhin von LuMa gesprochen hatte, war ein Gefühl in ihm hochgekommen, das er schon Monate nicht mehr gespürt hatte.

Eine Art Beklemmung. Sie verursachte bei Hagen eine Art Würgen. Das kannte er noch von früher, da hatte er das öfter gehabt. Fast jeden Tag eigentlich in den vergangenen Jahren.

Einen Moment lang fürchtete er, dass alles, was in den letzten Monaten passiert war, mit einem Mal vorbei sein könnte. Es war, als ob er am nächsten Morgen wieder in seinen Wagen steigen würde. Zur LuMa fahren würde. Um dann nach einem schier endlos langen Tag nach Hause zu kommen, wo ihn seine Frau erwartete. Schweigend mit ihm am Tisch sitzend und ihn beim Essen beobachtend. Hagen stellte sich ihr Gesicht vor und schauderte. Es war noch gar nicht so lange her, da hatte er den Bruch mit diesem Leben als Verlust empfunden. Damals saß er quasi auf der Straße und sah keine Perspektive. Weil er immer das gemacht hatte, was man von ihm verlangt hatte. Und dann verschwand Doris, und nichts mehr schien zu stimmen. Damals. Hagen schnaubte. Jeder schien in jenen Tagen die beste Zeit seines Lebens zu haben. Nur er, er hatte dagesessen, mit seinem neurotischen Hund gesprochen und die Schnauze voll gehabt.

Und plötzlich, mitten im Chaos, war Hanna aufgetaucht, wie ein Geschenk. Aber da hatte er noch nicht losgelassen, wollte am liebsten so weitermachen wie zuvor. Bis ihm klar wurde, dass er damit nicht weitergekommen war und nie mehr weiterkommen würde. Und das es noch etwas anderes gab.

Was hätte er Doris erzählt, wenn sie ihn gefragt hätte, wie es ihm nun ging? Hätte sie es begriffen? Wahrscheinlich nicht. Sie hätte ihn nicht gefragt. Genauso wenig wie Luzius. Der würde ihm wohl nicht einmal zuhören. Wie hatte er das nur all die Jahre ausgehalten? Und sich dabei eingeredet, es ginge ihm gut. Er hatte sich herumschubsen lassen und sich durchlaviert. In Hagen kochte der Zorn hoch. Er war wütend auf S. M., auf Doris und auf sich selbst. Was für eine Zeitverschwendung, dachte er. So viele Jahre, für was? Und wahrscheinlich hätte er immer so weitergemacht, wenn er gekonnt hätte. Wenn sie ihn weiter gelassen hätten. Nichts wäre anders.

Dann dachte Hagen an Hanna und sein Zorn verflog. Er hatte Glück gehabt. Wäre alles noch, wie es war, dann wäre ihm Hanna wohl nie begegnet. Dann hätte er keine Ahnung, wie eine Firma aussehen könnte, in die man morgens gern geht. Er hätte vielleicht ihr Bild in der Zeitung gesehen, neben Nils, bei der Pressekonferenz. Er hätte es gesehen und umgeblättert. Aber es war anders gekommen, weil er es so gewollt hatte. Nein, das stimmte nicht. Weil Luzius es so gewollt hatte. Und weil Doris ihre Bilanz gezogen hatte.

Hagen empfand nichts mehr für sie. Er stellte sich vor, wie S. M. und Doris sich gegenseitig zerfleischten. Andererseits, dafür war sie wahrscheinlich viel zu feige. Sie würde den Mund halten und ihren Frust in Boutiquen und Schuhgeschäften ablassen. Oder sich ein neues armes Würstchen suchen. Alles war gut, so wie es war. Sie war nun genug gestraft mit Luzius, das stand fest, aber dieses Arschloch? Hagen fand, dass S. M. Luzius seine Lektion erst noch erhalten müsse, obwohl er ihm fast dankbar war. Es würde schon noch der Tag kommen, an dem er sie ihm erteilen würde. Es gab keinen Grund zur Eile.

Sand im Getriebe

Das Going public war ein voller Erfolg. Der Börsenkurs ging schon am Tag der Erstemission steil nach oben. Und es sah ganz so aus, als würde er sich auch weiterhin positiv entwickeln. Nach der Pressekonferenz und der anschließenden Feier hatten sich alle cool.com-Mitarbeiter ein ruhiges Wochenende gegönnt, bevor sie sich am Montag mit neuem Schwung wieder in ihre Arbeit stürzten.

In den folgenden Wochen hatte vor allem die Investor-Relations-Abteilung jede Menge zu tun: Nils telefonierte mit unzähligen Journalisten. Traf sich mit bekannten Analysten. Und informierte die Investoren über alle wichtigen Neuigkeiten bei cool.com.

Alle warteten auf den Screen-Fridge. Doch noch immer war kein vorzeigbares Produkt in greifbarer Nähe. Nils' Nerven waren zum Zerreißen gespannt, und allmählich wurde ihm der Druck zu groß. Immerhin saß ihnen ein Produktentwicklungsplan im Nacken. „Wann können wir denn endlich mit der berühmten Beta-Version rechnen?", fuhr er Frank an, als die beiden sich zufällig vor Nils' Büro begegneten. „Vor sechs Wochen haben wir auf der Pressekonferenz vollmundig verkündet, die Beta-Version sei in Kürze fertig. Und jetzt habe ich immer noch nichts Greifbares vorzuweisen. Wir machen uns doch total unglaubwürdig!"

Frank reagierte mit provozierend stoischer Ruhe. „Die Entwicklung läuft auf Hochtouren. Ich weiß auch nicht so genau, wann wir mit Ergebnissen rechnen können. Eigentlich sieht es gut aus. Aber letztens waren wir auch kurz davor, und dann war's doch nichts." Er konnte Nils' schlechte Laune ja irgendwie verstehen. Aber was konnte er dafür, dass die Entwicklung des Screen-Fridge-Chips schwieriger war als erwartet. Sein leichtes Achselzucken brachte Nils auf die Palme.

„Was soll das heißen, und dann war's doch nichts …? Warum war es denn nichts? Macht ihr denn keine Aufzeichnungen?" Nils' Stimme wurde eine Spur lauter.

„Doch, natürlich." Frank fühlte sich sichtlich unwohl und verlagerte sein Gewicht ständig von einem Bein auf das andere. Er war seinem Kompagnon verbal nicht gewachsen und versuchte in der Regel, solche Gespräche zu vermeiden. Nils war heute wirklich nicht gut drauf. Frank wollte die Unterredung so schnell wie möglich beenden. Aber Nils ließ nicht locker.

„Na, dann rekonstruiert ihr einfach, wo beim letzten Mal der Fehler gelegen hat, und macht es eben anders. Meine Güte Frank, du bist doch der Informatiker! Muss ich dir etwa erzählen, wie du deinen Job zu machen hast? Habe ich je Hilfe von dir bekommen, wenn ich wieder einem Analysten versichern musste, dass wir zukünftig mehr zu bieten haben als eine nette Mitarbeiterbilanz? Weißt du eigentlich, was die mir für einen Druck machen? Alle wollen sie von mir positive Prognosen und Erfolgsmeldungen hören. Was soll ich denen denn erzählen, wenn ihr euren Job nicht macht?"

Nils hatte sich in Rage geredet. Zum ersten Mal, seit sie mit cool.com massiv an die Öffentlichkeit gegangen waren, war er nicht mehr der Strahlemann der Presse. Trotz der gut aufbereiteten Zahlen, einer überzeugenden Mitarbeiterbilanz, einem erstklassigen Börsenstart und einem hervorragenden Mitarbeiterteam wollten die Investoren endlich wissen, wann die Zukunft bei cool.com tatsächlich begann. Alle wollten messbare Fortschritte sehen und nachvollziehen, wohin die Gelder flossen. Anleger, Journalisten und Analysten schrien nach einem Produkt – nach dem Screen-Fridge. Und er, Nils, musste als Frontmann immer wieder seinen Kopf hinhalten und dem Unternehmen den Rücken freihalten. Den ganzen aufgestauten Frust ließ er jetzt bei Frank ab.

„Vielleicht haben wir uns ja geirrt und du bist gar kein begnadeter Informatiker, sondern einfach nur ein bisschen überdurchschnittlich gut", fauchte er weiter. „Zur Produktentwicklung langt es jedenfalls offensichtlich nicht."

Frank stand bewegungslos da und blitzte Nils wütend an. Er hatte krampfhaft versucht, sich zu beherrschen. Doch jetzt war Nils zu weit gegangen. Frank wusste, dass er in vielen Bereichen von cool.com nicht mitreden konnte. Er war kein Wirtschaftsmensch. Doch mittelmäßiger Informatiker und mit der Produktentwicklung überfordert, das war eine offene Beleidigung. Und das ließ er sich nicht gefallen. Schon gar nicht von Nils.

„Du glaubst wohl auch, nur weil du gut labern kannst, bist du hier der Chef vom Dienst, was? Was spielst du dich eigentlich so auf? Was leistest du denn schon? Wenn alles gut läuft, werde ich das Fundament schaffen, auf dem unser Unternehmen steht – den Screen-Fridge. Und du? Du bewegst doch nur heiße Luft. Okay, du bist ein super Redner. Du bist sogar so toll, dass du stundenlang

Vorträge halten kannst. Über Dinge, die du nicht einmal verstehst."
Der beißende Spott verfehlte seine Wirkung nicht. Nils atmete
hörbar ein. Doch Frank redete schon weiter. Und zwar lautstark.
„Aber bitte, lieber Nils, bitte erzähle mir nicht, wie ich meinen Job
zu machen habe. Entwicklung funktioniert nicht nach Zeitplan.
Mach das endlich deinen Pressehanseln klar. Und mich lässt du in
Ruhe, verstehst du? Versuch nie wieder, mir in meine Abteilung
reinzureden und meine Arbeit zu kritisieren. Du weißt doch wieder
mal überhaupt nicht, wovon du sprichst!"

Mit puterrotem Gesicht hatte Frank sich vor Nils aufgebaut.
Die beiden Kontrahenten starrten sich an, als würden sie gleich
übereinander herfallen. Der scharfe Wortwechsel war nicht zu
überhören gewesen und rief Hanna und Hagen auf den Plan.

„Was ist denn hier los?" Hanna stellte sich zwischen die beiden
Männer. „Seid ihr denn wahnsinnig? Was ist los Frank?"

Frank schnaufte nur wütend und wendete sich von Nils ab.
Hagen sah Hanna hilflos an. Sie überlegte nicht lange. Mit einem
Blick gab sie ihm zu verstehen, dass sie sich um Frank kümmern
würde. Sie schnappte sich den erregten Entwicklungschef und
verschwand mit ihm in ihrem Büro. Also blieb es an ihm, Nils zu
beruhigen. Der grummelte noch immer wütend vor sich hin:
„Unverschämtheit …, wo wär der denn, wenn wir nicht …"

Hagen zog Nils in sein Büro. „So, und nun erzählst du mir bitte,
was genau zwischen euch vorgefallen ist. Wenn es Missverständnisse gibt, müssen wir darüber reden. Sich vor versammelter
Mannschaft anzubrüllen, ist doch keine Lösung!" Er war sichtlich
verärgert. Zumal ihm Nils sowieso öfters auf die Nerven ging. Und
jetzt sollte ausgerechnet er bei ihm den Psychologen spielen.

Nils hatte sich wieder im Griff und berichtete: „Wenn wir nicht
bald ein Produkt liefern können, sind wir weg vom Fenster. Und das,

nur das wollte ich diesem weltfremden Computerfreak klar machen. Das ist alles. Was weiß ich, warum der so ausflippt."

Hagen konnte sich lebhaft vorstellen, wie sich dieses „Nur-das" für Frank angehört hatte. „Ach, und du hast ihn nicht beschimpft oder vielleicht ein bisschen provoziert? Mensch Nils, ohne Grund fährt Frank doch nicht so aus der Haut! Glaub mir, ich kann verstehen, dass deine Nerven blank liegen. Die letzten Wochen und Monate waren wirklich sehr anstrengend. Und du hast einen verdammt guten Job gemacht, Nils. Die endlose Roadshow, die Präsentationen und die vielen Einzelgespräche ... Mensch, komm, nicht zuletzt durch deine souveränen Auftritte haben wir einen so guten Börsenstart hingelegt." Er hielt kurz inne und fuhr dann beschwörend fort: „Aber vergiss bitte darüber nicht, dass auch Frank viel geleistet hat. Er steht zwar nicht so im Vordergrund, aber immerhin: Frank entwickelt unser Produkt!"

„Und was bringt uns das, wenn das Programm für den Screen-Fridge nicht fertig wird? Wir werden doch zur Lachnummer", entgegnete Nils trotzig.

„Da gebe ich dir Recht, Nils. Wir brauchen dringend ein Produkt. Aber Frank anzubrüllen, beschleunigt die Entwicklungszeit auch nicht. Sei froh, dass wir kein Biotech-Unternehmen sind. Da kriegen die Unternehmen nach dem IPO noch mehr Druck, und Forschung und Entwicklung sind meist erheblich langwieriger."

Doch Nils interessierte sich momentan nicht für die Probleme der Biotechnologie. „Frank hatte bereits im April verkündet, dass er kurz vor dem Durchbruch stehe. Erinnerst Du dich? Was macht der denn so lange? Ich verstehe es nicht. Ich verstehe es einfach nicht." Er war wieder aufgesprungen und lief wütend im Zimmer auf und ab. „Im April, da hat er behauptet, wir wären kurz vor der Beta-Version. Dann hatte er jede Menge Zeit, während wir den

Börsengang organisiert haben. Das waren acht Monate, in denen ich Konzepte verfasst, Pressekonferenzen organisiert und die Roadshow hinter mich gebracht habe. Ich habe Berge von Einzelgesprächen geführt und Kontakte zu Journalisten und Investoren hergestellt und gepflegt. Und während dieser ganzen Zeit saß der ach so geniale Frank an seinem Rechner und hat an unserem ‚Fundament' gebastelt. Da wird man doch erwarten dürfen, dass da auch irgendwann mal was bei rauskommt, oder?"

Hagen nickte, er konnte Nils verstehen. Wahrscheinlich stand er mehr unter Druck, als alle dachten. Nils, der Sunnyboy. Immer locker, immer eine Spur zu lässig. Und jetzt ganz schön im Stress. Doch in seiner Wut war er ungerecht geworden. „Wir machen alle unseren Job, auch Frank", erwiderte Hagen deshalb etwas gereizt. Schließlich waren auch Hanna und er bei der Roadshow dabei gewesen. Auch sie hatten Kontakte zu Analysten und Investoren gepflegt. Und noch heute machte die Investor-Relations-Arbeit einen großen Teil seines Tagesgeschäfts aus.

„Ah – hier habt ihr euch also versteckt." Hanna kam herein, sichtlich bemüht, die trübe Stimmung aufzuheitern. „Jetzt lasst doch bitte nicht alle gleich den Kopf hängen. Wir haben doch bisher alles sehr gut auf die Reihe gekriegt. Es wäre doch geradezu unheimlich, wenn auch die Produktentwicklung reibungslos klappen würde. Es gehört nun einmal dazu, dass man auch eine kleine Durststrecke mit Souveränität durchsteht." Sie setzte sich auf die Armlehne eines Stuhls. „Wo ist das Problem, Nils?"

„Frank ist mein Problem." Er verdrehte genervt die Augen.

„Das glaub ich dir nicht. Ich weiß genau, was Sache ist. Die Investoren wollen ein Produkt. Und es ist deine Aufgabe, sie davon zu überzeugen, dass der Screen-Fridge kommt. Hey, du bist der Kopf unserer IR-Abteilung. Du hast so gute Arbeit geleistet. Die Analysten kennen dich. Die Investoren vertrauen deinen Erklärungen. Halte sie noch ein bisschen hin und beweis ihnen deine Glaubwürdigkeit und Offenheit. Erwähn halt nebenbei, dass es ein paar kleinere, aber unbedeutende Probleme bei der Programmentwicklung gegeben hat. Wenn das einer kann, dann du!" Wie immer wusste Hanna genau, wie sie Männer um den Finger wickeln konnte. Hagen staunte. Zappelte er auch so an ihrer Angel, ohne es zu merken?

Es funktionierte auch diesmal. Nils lächelte Hanna an und sagte: „Okay, dann werde ich mich mal wieder den IRs widmen. Aber ich glaube nicht, dass das noch lange gut gehen wird." Halbwegs versöhnt zog er ab.

Hanna sah Hagen besorgt an. „So langsam verlieren wir wohl alle die Nerven. Warum schaust denn du jetzt auch noch so finster?" Sie stellte sich direkt vor seinen Schreibtisch und blickte ihm tief in die Augen.

„Ach, ich kann Nils gut verstehen", gestand Hagen mürrisch. „Wir haben ein echtes Problem. Uns fehlt das Produkt. Es reicht einfach nicht, dass wir sehr gut an der Börse notiert und auch heute noch die tägliche Kaufempfehlung vieler Wirtschaftsmedien sind. Uns fehlen positive Zahlen. Wir können kein Wachstum ausweisen. Wir treten auf der Stelle. Darüber können der erfolgreiche Börsengang und unsere positive Medienpräsenz auf Dauer nicht hinwegtäuschen. Wir sind jetzt zwar finanziell saniert, aber dafür werden die anderen Probleme eher größer.

„Ja, da kommt wohl noch einiges auf uns zu." Sie sah ihn aus müden Augen an. „Aber lass uns später darüber reden. Ich habe Frank versprochen, noch mal bei ihm reinzuschauen. Vielleicht kann er mir ja Genaueres über den aktuellen Stand der Dinge sagen. Er hat sich zwar von Nils verbaler Attacke ganz gut erholt, aber ein bisschen Zuspruch und Interesse für die Probleme der Entwicklung werden ihm sicher gut tun. Ich denke, es ist ziemlich unbefriedigend für ihn, dass er uns die konkreten Probleme bei der Entwicklung des Screen-Fridge nicht einmal erklären kann. Geschweige denn irgendwelche Anregungen oder Unterstützung von uns erhält. Wenn er mit uns redet, muss er sich doch vorkommen wie ein hoch entwickelter Marsmensch unter primitiven Erdlingen, die weder seine Sprache noch seine Denkstrukturen verstehen." Jetzt lachte sie wieder fröhlich. „Also, bis später." Sie warf ihm eine Kusshand zu und ging hinaus.

Abends saßen sie sichtlich erschöpft in Hagens Wohnzimmer. Der neue Tisch aus Glas und Metall machte sich gut. Das Entencurry

Investor Relations

Die Pflege der Investor Relations startet spätestens ein halbes Jahr vor dem Going public und ist nach dem Börsengang kontinuierlich erforderlich. Im Mittelpunkt steht die schnelle und regelmäßige **Information** der privaten und institutionellen Anleger sowie der professionellen Analysten über **Fakten** aus dem Unternehmen. Idealerweise sind die Informationen stets aktuell und glaubwürdig, auch schlechte Nachrichten werden offen und früh kommuniziert alle Mitteilungen sind kurz und prägnant gefasst und auch auf Gerüchte wird schnell und souverän reagiert. Gute Investor Relations-Arbeit wird von Vertrauen getragen.

Instrumente

1. Informationsmaterial: Pressemitteilungen, Jahres-, Quartals- und auch, das sie sich auf dem Nachhauseweg bei einem Thai-Imbiss mitgenommen hatten. In einer Ecke schlief Daisy. Ihr neues Körbchen war echt hip, wie Kemal es nennen würde. Auch der Rest der Wohnung war seit einiger Zeit wieder bewohnbar. Erst hatte Hagen alles renovieren lassen, weil sich das in einer vollständig leeren Wohnung geradezu anbietet. Von daher hatte sich Doris' Möbel-Kahlschlag doch gelohnt. Und dann hatte er sich über das Internet neue Möbel bestellt. Mit Bildern war Hagen allerdings vorsichtig gewesen. Bilder musste man im Original sehen – schon wegen der Farben. Und Galerienbesuche waren in diesen hektischen letzten Monaten wirklich nicht drin gewesen. Da Hanna jedoch kahle

allgemeine Geschäftsberichte, Ad-hoc-Mitteilungen

2. Website: professionelle und aktuelle Online-Präsenz

3. Veranstaltungen: Analystenkonferenzen, Pressekonferenzen, Hauptversammlungen, Road-Shows

Interne oder externe Umsetzung

Für die zeitaufwändige IR-Arbeit kann eine externe IR-Agentur engagiert werden. Bedeutend besser, aber eine Frage des Budgets ist die Gründung eines IR-Teams im eigenen Haus – wegen der engeren Bindung der Mitarbeiter an das Unternehmen. Ent-

scheidend ist, dass die IR-Mitarbeiter immer auf dem aktuellen Informationsstand sind.

Die Rolle des Vorstands

Eine enge Zusammenarbeit von Vorstand und IR-Abteilung ist unumgänglich. Der Vorstand braucht ein festes Zeitbudget für Investor Relations, denn er gilt als Produktmanager der Aktie: Auf **Roadshows** und in **One-to-Ones** präsentiert er das Unternehmen und die Aktie überzeugend und souverän. Durch gezieltes **Coaching** kann der CEO auf seine neuen Aufgaben vorbereitet werden.

Wände hasste, hatten sie einen Kompromiss gefunden: Anstelle von Bildern hingen jetzt überall Möbelprospekte. Außerdem hatte Hanna ihm eine komplette Speisekarte aus dem „Wall-Street" besorgt. Sie klebte an der Küchenwand und Hagen konnte sich nun jeden Tag aufs Neue über „Café Baisse mit Crème", „Doughnut DAX" oder „Omelett Dow Jones" aufregen. Hanna fand das sehr amüsant.

Während sie auf ihrem Curry kauten, drehte sich das Gespräch wie fast immer um cool.com. Um die Zukunft ihrer Firma und um die aktuellen Ereignisse des Tages.

„Mit der Mitarbeiterbilanz ist uns zwar, was Medien und Börsenumfeld angeht, ein ganz großer Wurf gelungen. Aber wenn wir nicht bald ein marktreifes Produkt vorstellen oder zumindest den entscheidenden Durchbruch in der Entwicklung verkünden können, dann haben wir ein Problem. Da hat Nils zweifellos Recht", bemerkte Hagen mit vollem Mund.

„Ach was, im Moment ist die Atmosphäre doch ganz gut. Unsere Fans halten doch noch still. Wenn alles weiterhin gut läuft, sind wir mit dem Screen-Fridge bestimmt längst auf dem Markt, bevor die Stimmung umschlägt." Hanna wischte sich ihren Mund mit einer Papierserviette ab.

„Ich wünschte, ich könnte deinen Optimismus teilen", seufzte Hagen. „Investoren und Anleger jedenfalls werden uns gegenüber kritischer. Das hab ich bei meinen letzten Gesprächen ganz deutlich gespürt. Stell dir vor, ein Wirtschaftsjournalist würde öffentlich die Fragen stellen, die wir heute intern diskutiert haben. Dann ist unser Aktienkurs über Nacht im Keller."

„So weit muss es ja nicht kommen, oder? Lass uns mal überlegen, was wir dagegen tun können." Hanna nahm die drohende Gefahr jetzt offensichtlich ernster.

Hagen überlegte: „Zunächst müssen wir versuchen, durch intensive Pflege der Investor Relations Zeit zu gewinnen. Und zwar so lange, bis die bei uns in der Entwicklung so weit sind. Einmal durch persönliche Kontaktpflege, aber auch über die Medien. Und dafür brauchen wir dringend ein paar neue öffentlichkeitswirksame Themen. Die Mitarbeiterbilanz haben alle relevanten Medien schon ausführlich gebracht. Da ist nichts mehr zu holen. Hast du vielleicht spontan irgendwelche Vorschläge?"

Hanna dachte einen Moment nach. „So aus dem hohlen Bauch heraus fällt mir momentan auch nichts ein. Lass uns Nils fragen. Der weiß am besten, was die Investoren hören wollen. Und was in den Medien gerade angesagt ist. Oder an welchen Punkten am meisten gebohrt wird."

„Gute Idee, machen wir. Und zwar gleich morgen", stimmte Hagen zu. „Und damit sind wir gleich beim nächsten Problem: Der Zusammenstoß zwischen Frank und Nils heute, der kam doch nicht von ungefähr. Da scheint es schon länger zu gären. Stehen ja auch beide ziemlich unter Druck. Frank intern und Nils extern. Wir sollten uns überlegen, was wir zur Entlastung und Motivation der beiden tun können."

Hanna nickte zustimmend. „Findest Du nicht auch, dass Frank gut noch qualifizierte Verstärkung gebrauchen könnte? Das wäre vielleicht ein Weg. Ich hätte da auch schon einen Vorschlag. Letzte Woche hat sich bei mir eine Informatikerin vorgestellt. Eine Inderin aus Hyderabad, die in Kalifornien ihren deutschen Mann kennen gelernt hat. Er ist jetzt von seiner Firma an den Stammsitz nach Deutschland zurückgeholt worden. Und deshalb sucht sie dringend einen Job. Soweit ich das beurteilen kann, ist sie topfit. Ich denke, wir sollten sie einstellen – sie kann allerdings erst zum 1. Februar anfangen."

Hagen lächelte. Seine Hanna. Für solche Probleme hatte sie immer Lösungen in der Tasche. Er bewunderte ihre Fähigkeit, auf Menschen einzugehen. Ihre Bedürfnisse zu erkennen. Und dann auch zu handeln. Eine klasse Frau. „Gut, Frank soll einmal mit ihr reden." Er sah im Geiste schon, wie beide Kopf an Kopf über den Tastaturen hingen. „Vielleicht bringt sie ja frischen Wind in unsere Entwicklungsabteilung. Außerdem sieht jemand, der von außen kommt, die Dinge manchmal klarer. Und was Nils angeht – vielleicht kannst du ja noch mal mit ihm sprechen. Er muss sich Frank gegenüber besser beherrschen. Offener Streit in der Unternehmensleitung. Das ist so ziemlich das Letzte, was wir in dieser Situation brauchen. Andererseits", er drehte nachdenklich seine Gabel, „andererseits müssen wir Nils auch ein bisschen pflegen und ihm den Rücken stärken. Schließlich wird er als Frontmann mit den kritischen Fragen bombardiert. Und er muss sich immer wieder gute Erklärungen einfallen lassen."

Hanna knüllte ihre Serviette zusammen und stopfte sie in einen Rest Curry. Sie war gesättigt. Und sie hatte keine Lust mehr, den ganzen Abend darüber zu reden. Sie versuchte, das Thema zu beenden: „Ja, ich red noch mal mit ihm. Eigentlich weiß ich ihn ja ganz gut zu nehmen. Aber ich finde, wir dürfen uns von seinen Unkenrufen nicht anstecken lassen: Alles in allem stehen wir doch ganz gut da. Nils dachte wohl, nach dem riesigen Erfolg beim Börsengang lägen jetzt alle Probleme hinter uns. Deshalb reagiert er so trotzig. Aber wir haben doch vorher gewusst, dass das erst der Anfang ist. Überleg doch mal: Als du zu uns gestoßen bist, waren wir so gut wie pleite. Und ohne Möglichkeiten, an die notwendigen Mittel zu kommen. Jetzt haben wir reichlich Geld – da werden wir das mit der Produktentwicklung auch noch hinkriegen. Vergiss nicht, unsere Leute sind unser größtes Kapital. Aber nur, wenn wir an sie glauben." Hagen nickte und sah sie liebevoll an. Und er fragte sich, ob es wohl irgendeine Situation gab, der seine Hanna nicht noch etwas Positives abgewinnen konnte.

Hanna stand auf, gab ihm einen Kuss und ging ins Bad. Ihren Optimismus müsste man haben. Hagen rieb sich mit beiden Händen das Gesicht. Er hatte Sorgen. Große Sorgen. Ihm war klar, es musste etwas passieren. Am besten ein Wunder. Ein fertiger Screen-Fridge. Zum Anfassen und Vorzeigen. Aber davon, das wusste er, waren sie noch ein ganzes Stück entfernt. Nur wussten das die Anleger und Investoren nicht – noch nicht.

Harte Landung

Hagen betrachtete die auf seinem Schreibtisch ausgebreiteten Texte und Artikel. Alles zum Thema „Wissensmanagement". Recherchiert, gesammelt und ausgewertet. Im Laufe des letzten Jahres hatten sie 17 neue Mitarbeiter eingestellt. Weitere würden in nächster Zeit hinzukommen. cool.com wuchs damit in eine neue Größenordnung hincin. Direkte Kommunikation und der an sich selbstverständliche Austausch unter den einzelnen Mitarbeitern und Abteilungen wurde zunehmend schwieriger.

Er schaute gedankenverloren auf die beiden Fotorahmen, die immer noch auf seinem Schreibtisch standen. Allen modernen Bürokonzepten zum Trotz. Eigentlich hätte er darin gern Bilder von Hanna. Und nicht von seinem Pinscher. Er würde sie bei nächster Gelegenheit darum bitten. Auch auf die Gefahr hin, dass sie ihn auslachte.

Seine Gedanken kehrten zu cool.com und seinen Mitarbeitern zurück. Wissensmanagement war plötzlich ein wichtiges Thema. Zumal sie sich mit dem Screen-Fridge in einer Branche bewegten, in der das technische Know-how von heute morgen schon veraltet war. Internet. Neuer Markt. Würden sich die täglich neuen, immer raffinierteren Techniken bis in alle Winkel des Unternehmens herumsprechen? Hagen bezweifelte das. Die Unternehmenskultur – darauf kam es an. Offenheit und Vertrauen waren die Basis, damit sich keine ablehnende Haltung entwickeln konnte. Unternehmenskultur. Für S. M. Luzius waren solche Dinge nie ein Thema. Irgendwann würde er dafür seine Rechnung bekommen. Da war sich Hagen ganz sicher. Und wenn er selbst nachhalf. Dieses Arschloch.

Keine Frage: Bei cool.com mussten alle an einem Strang ziehen. Alle mit dem gleichen Informationsstand. Auch einer wie Kemal gehörte dazu. Einmal abgesehen davon, dass er der beste Hundesitter aller Zeiten war. Hagen grinste innerlich. Und dachte an seinen ersten Eindruck von Kemal zurück. Mein Gott, war das ein Tag gewesen. Und nun saß er hier. Mitten in der New Economy. Als echter Profi sozusagen. Mittlerweile hatte er kapiert, dass es in der New Economy viel stärker auf die Steigerung des Marktwerts ankam als bei traditionellen Unternehmen. Strategisches Management nannte man das. Denn nur bei einem hohen Marktwert und hohen Wachstumspotenzial kamen die Investoren, die neues Kapital einbrachten. Und nur so würde cool.com längere Zeit überleben können.

Hagen hielt seine Überlegungen mit ein paar Stichworten fest. Jetzt stand ein Meeting mit dem Organisationsentwickler und dem Datenbankprogrammierer an, um die Details zu diskutieren. Er griff zum Telefonhörer, um die Termine zu vereinbaren, als er ein leises Räuspern hörte. Er drehte den Kopf und sah Frank am Eingang zu seinem Büro stehen.

„Hast du einen Moment Zeit? Ich muss mit dir sprechen." Frank wirkte irgendwie etwas bedrückt.

„Ja, natürlich", sagte Hagen gut gelaunt. „Was gibt's? Setz dich doch. Möchtest du einen Kaffee?"

„Nein, danke." Frank schnappte sich einen Stuhl. Er räusperte sich noch einmal. „Ich möchte bei cool.com aussteigen", begann er, und Hagen verschluckte sich fast. Er musste sich verhört haben.

„Waaas? Was willst du?" Fassungslos schaute er Frank an. „Sag das noch mal, das kann nicht dein Ernst sein!"

„Doch, sorry, aber … " Frank fixierte den Tesafilm-Abroller auf dem Schreibtisch, „ich geh weg von cool.com." Ihm war sichtlich unbehaglich zumute. Angesichts Hagens offensichtlicher Bestürzung meldete sich sein schlechtes Gewissen. „Ich werde schon zum ersten Januar gehen", setzte er vorsichtig seine Erklärung fort. „Ich habe ein Angebot von einer kalifornischen Firma. Und die wollen mich möglichst sofort haben. Na ja, und so ein Umzug in die USA, da gibt's ja auch noch ein paar Sachen vorzubereiten …"

Hagen war wie vor den Kopf geschlagen. Seine gute Laune war schlagartig verflogen. Frank, Mitbegründer und Entwicklungschef von cool.com, wollte gehen. Und das quasi sofort – und das Produkt war noch nicht fertig.

Er versuchte, ruhig zu bleiben. „Steht dein Entschluss fest? Oder könntest du dir vorstellen, unter bestimmten Bedingungen doch …"

„Ja beziehungsweise nein", unterbrach Frank. „Das heißt, ihr könnt mich nicht mehr umstimmen. Ich habe in den USA einfach mehr Möglichkeiten. SilyKit, die Firma, zu der ich gehe, entwickelt ein ähnliches Produkt wie wir. Aber die Leute dort haben richtig aufgeholt. Die stehen schon kurz vor der Markteinführung." Er holte tief Luft: „Und außerdem …"

„Außerdem, was?", hakte Hagen nach. „Glaubst du, dass wir hier es nicht schaffen, ein marktreifes Produkt zu entwickeln?"

„... außerdem nerven mich die ständigen Streitereien mit Nils", fuhr Frank unbeirrt fort. „Seine PR-Storys sind doch maßlos übertrieben! Was der den Journalisten alles vorgaukelt. Screen-World. Der hat doch keine Ahnung!"

„Ich dachte, ihr hättet euch ausgesprochen", murmelte Hagen geschockt. Die letzten vierzehn Tage, nachdem die beiden so heftig aneinander geraten waren, hatten sich eigentlich recht positiv angelassen. Nils hatte ein paar äußerst erfolgreiche PR-Geschichten in den Medien untergebracht, und Frank schien die Kränkung verziehen zu haben. Die Aussicht auf seine neue Assistentin Sandhya Sing-Schulte, die im Februar anfangen würde, schien ihn zu beflügeln. Und er hatte sich mit neuem Elan auf den Screen-Fridge gestürzt. Das zumindest war Hagens Eindruck gewesen.

„Ich verstehe natürlich, dass dich das Angebot aus den USA reizt", begann Hagen diplomatisch. „Aber willst du als Mitbegründer von cool.com tatsächlich ausgerechnet jetzt aussteigen, wo wir so kurz vor dem Ziel sind? Überleg doch mal: Wir gehören zu den Vorzeige-Start-ups des Neuen Marktes, unser Kurs steigt ständig und wir sind permanent in den Medien präsent! Ich jedenfalls glaube an cool.com und an unser Produkt. Wenn wir alle motiviert weitermachen, schaffen wir es." Er legte seine ganze Überzeugungskraft in diese Worte. Wie konnte er Frank bloß zum Bleiben bewegen?

Frank schüttelte den Kopf. „Weißt du vielleicht, wie lange wir noch brauchen, bis wir einen marktreifen Screen-Fridge haben? Ich weiß es nämlich nicht. Und das lässt sich auch nicht so einfach vorhersagen – in dem Stadium, in dem wir momentan sind, erst recht nicht. Wir haben immer noch nicht den Prototyp. Wir müssen noch so viele Funktionstests und Fehleranalysen machen. Wir wissen nicht genau, wie weit unsere Konkurrenten schon sind. Sie können uns vielleicht ganz schnell überholen."

Hagen entschied sich, seinen letzten Trumpf auszuspielen. Entschlossen wandte er sich an Frank. „Frank, hör mal zu. Was hältst du davon, wenn wir sofort ein professionelles Wissensmanagement einführen? Wir setzen uns zum Ziel, die Weiterentwicklung des Screen-Fridge mit allen Mitteln voranzutreiben. Du bist dabei unser wichtigster Mann, schließlich ist der Screen-Fridge dein Kind. Du setzt dich mit den anderen Entwicklern zusammen, und ihr besprecht, wie ihr vorgehen könnt. Jeder bringt dabei sein Fachwissen ein, und alle Erfahrungen werden allen zur Verfügung gestellt. Wenn wir das gezielt und strukturiert verfolgen, müssten wir doch einen enormen Schritt vorwärts kommen."

Frank schüttelte den Kopf. „Ich denke, dazu ist es schon zu spät", sagte er zögernd. „Wir haben mit unseren Börsengeschichten so hohe Erwartungen geweckt, dass wir jetzt unter Zugzwang stehen. Wir werden das nicht schnell genug schaffen, ein marktreifes Produkt zu präsentieren. Zudem ist der Lebenszyklus gerade bei internetgestützten Produkten sehr kurz. Außerdem halte ich den externen Erwartungsdruck nicht länger aus."

Hagen wusste nicht mehr weiter. Er spürte, dass es keinen Zweck hatte, weiter auf Frank einzureden. Wo war Hanna? Vielleicht konnte sie noch etwas retten. „Dann müssen wir es wohl oder übel hinnehmen, dass du gehst", sagte er äußerlich gefasst zu Frank. Er versuchte, das flaue Gefühl in seinem Bauch zu ignorieren. „Hast du es Hanna schon gesagt?"

„Nein, es wäre nett, wenn du mir das abnimmst. Weißt du, es fällt mir schwer, sie zu enttäuschen – wir haben das Projekt cool.com mit viel Enthusiasmus gezeugt. Und ehrlich gesagt, der Screen-Fridge ist ebenso ihr Kind wie meines. Ich werde dann später mit ihr reden. Wenn sie sich an den Gedanken gewöhnt hat." Frank stand auf. „Hagen, glaub mir, es tut mir wirklich Leid. Vor allem für Dich und Hanna. Ihr habt wirklich viel geleistet. Und ich glaub an euch. Ihr werdet es schon irgendwie schaffen." Er verließ das Büro und schloss die Tür leise hinter sich.

Hagen blieb niedergeschlagen zurück. Dann begann er hektisch, Zahlen in seinen Computer einzugeben. Die Mitarbeiterbilanz von cool.com. Das Herzstück des Unternehmens. Fieberhaft begann er abzuschätzen, was sich mit Franks Weggang verändern würde. Nach zehn Minuten klappte er sein Laptop entnervt zu. Es war zu deprimierend. Heute war er nicht mehr fähig weiterzuarbeiten. Er sagte alle Termine ab und ging hinüber zu Hanna. Sie saß am Computer. Als sie ihn erblickte, sah sie auf und lächelte.

„Kommst du etwas mit raus, an die frische Luft?", fragte Hagen. „Wir müssen unbedingt reden."

Hanna schaute ihn fragend an. „Ist was passiert?"

Hagen nickte deprimiert. „Ja. Frank steigt aus. Er verlässt cool.com."

Hanna starrte ihn ungläubig an. „Was?? Nein! Und jetzt? Ich meine …"

Hagen seufzte. „Tja, und jetzt. Lass uns erst mal rausgehen."

Hanna angelte ihre Jacke von der Garderobe. Daisy kläffte. Hanna zog ihr die Leine über den Kopf. „Wir können sie ja mitnehmen."

Langsam gingen sie den Weg im Park entlang. Ihre Schritte knirschten auf dem Kies. Nur Daisy schien sich wohl zu fühlen. Sie rannte hin und her, schnupperte überall und sprang manchmal an Hagen hoch. Doch Hagen war nicht nach spielen zumute: „Lass das, Daisy!" Beleidigt wandte sich der Pinscher ab.

„Was machen wir denn jetzt?", fragte Hanna.

Hagen machte eine hilflose Geste mit den Händen. „Das weiß ich auch nicht. Und ich befürchte, das ist erst der Anfang."

Hanna blieb stehen. „Wie meinst du das?"

„Ich denke, dass Franks Ausscheiden Folgen haben wird. Dass möglicherweise ein paar von Franks Mitarbeitern jetzt auch gehen wollen. Oder Nils. Der weiß ja eh schon nicht mehr, wie er Journalisten und Investoren vertrösten soll. Außerdem gibt's woanders für die gleiche Arbeit bestimmt viel mehr Geld. Ich bin sicher, das war auch für Frank ein wichtiges Argument."

Hanna schaute Hagen entgeistert an. „Wie soll es denn dann weitergehen? Die beiden sind unsere wichtigsten Leute!"

„Ja, deshalb hat mich Franks Entscheidung ja auch so getroffen. Das wird jetzt Kreise ziehen. Wenn wir wenigstens Nils bei der Stange halten können."

Schweigend gingen sie weiter. Die Enten in dem kleinen Teich quakten. Von den kahlen Bäumen tropfte es herunter. Tauwetter, ein typischer grauer Wintertag. Beide hingen ihren Gedanken nach.

„Zwischen Time und Market auf der Strecke geblieben", sagte Hagen schließlich ironisch, „das könnten wir doch als Nachruf auf das Titelblatt schreiben, wenn wir die Akte Screen-Fridge endgültig zumachen."

„Wovon zum Teufel sprichst du? Ich verstehe kein Wort", fragte Hanna gereizt.

„Time to Market. Sagt dir das nichts? Das ist der Zeitraum zwischen Produktidee und einem produktionsfähigen Konzept kurz vor der Markteinführung." Hagen begann zu dozieren. Das hatte er früher öfter getan, in letzter Zeit war das allerdings nur noch selten nötig gewesen. „Das ist immer die kritische Phase, nicht nur bei uns. Und es sieht ganz so aus, als würden wir sie nicht überstehen. Frank sagt, wir haben noch nicht einmal einen Prototyp. Bei der anderen Firma, zu der er gehen will, sind sie schon viel weiter, als wir gedacht haben."

„Das ist bitter", bemerkte Hanna und stieß zornig einen Stein mit dem Fuß weg. „Und wo bitte ist unser Entwicklungsvorsprung geblieben?" Sie seufzte und beantwortete sich dann die Frage selbst. „Na ja, ist eigentlich ganz klar – der Börsengang hat viel Zeit und Energie gekostet. Und jetzt müssen wir auch noch einen oder mehrere Nachfolger einarbeiten, was wieder Zeit und Geld kostet. Mensch, Hagen, können wir denn gar nichts tun? Es sah bisher doch ganz vielversprechend aus!"

Hagen sah sie zweifelnd an. „Ich wüsste nicht, was. Vorhin habe ich mich mit einem Wissensmanagement-Konzept befasst. Damit könnten wir die Produktentwicklung entscheidend vorantreiben. Nur – als ich einen ersten Besprechungstermin ausmachen wollte, kam Frank mit seiner schlechten Nachricht."

Hanna hielt inne. „Aber Hagen, das hört sich doch gar nicht schlecht an. Das mit dem Konzept, meine ich. Lass uns einfach mal durchspielen, welche Schritte unser Screen-Fridge noch durchlaufen müsste, bis wir ihn auf den Markt bringen können. Und dann entscheiden wir, ob und wie wir weitermachen."

Weil ihm auch nichts besseres einfiel, stimmte Hagen zu. Warum nicht? Sich den ganzen Prozess Schritt für Schritt vor Augen zu führen – das konnte ihnen bei der Entscheidung helfen. „Okay. Also, nach dem Lehrbuch steht am Anfang der Produktentwicklung die Produktidee", begann er. „Dann kommt die Nutzwertanalyse, mit der Kundennutzen, Marktchancen, Nachfrage und so weiter ermittelt werden. Das haben wir ja alles hinter uns. Und hier hatten wir beste Prognosen. Danach geht es an die konkrete Produktentwicklung. Da sind vor allem die Ingenieure und Programmierer gefragt. Und in dieser Phase stecken wir momentan fest."

„Gut." Hanna ließ sich nicht aus dem Konzept bringen. „Und was sagt das Lehrbuch weiter?"

„Der erste Schritt der Produktentwicklung ist die Produktspezifikation. Hier werden die Merkmale und Eigenschaften festgelegt, die der Screen-Fridge aufweisen soll."

„Also, das hatten wir auch schon", erinnerte sich Hanna. „Wie viel er leisten soll, wie hoch die Kosten sein dürfen und wie er aussehen soll."

„Genau. Funktionale, wirtschaftliche und formale Faktoren. Dazu kommt noch die Projektspezifikation, also die Rahmenbedingungen."

„Kennen wir doch alles schon." Hanna wurde allmählich ungeduldig. „Was kommt dann?"

Hagen blieb stehen und stützte sich mit den Armen auf das Holzgeländer, das den Teich umgab. Daisy zerrte an der Leine. Die Enten waren zu verlockend.

„Danach wird die Theorie in die Praxis umgesetzt. Die verschiedenen Bestandteile des Screen-Fridge nehmen langsam Gestalt an. Wir bauen einen Prototyp, machen Konstruktions- und Markttests. Dann bereiten wir die serienmäßige Herstellung vor. Für die Produkteinführung müssen wir Bedienungsanleitungen schreiben, Verkäufer schulen, Vorführungen organisieren, Werbemaßnahmen planen. Und schließlich müssen wir noch dafür sorgen, dass der Screen-Fridge einen möglichst langen Produktlebenszyklus hat."

„Okay, aber so weit sind wir nicht. Irgendwo dazwischen liegt der Fehler. Was haben wir nur falsch gemacht? Oder an welchem Punkt haben wir etwas vergessen?" Hanna machte ein Gesicht wie Miss Marple und verzog konzentriert das Gesicht. Hagen musste unwillkürlich lächeln. Und sie waren auf dem richtigen Weg, das wurde ihm schlagartig bewusst.

„Mensch Hanna, ich glaube, wir haben vor lauter Börsenvorbereitung und Presserummel unseren Entwicklungszeitplan vernachlässigt. Du hast Recht. Die ganze Überwachung, die budgetierten Kosten einzuhalten und die Konkurrenz im Auge zu behalten." Er runzelte die Stirn. „Ein echter Anfängerfehler. Zu dumm. Das alles muss nämlich laufend in die Produktentwicklung einfließen."

Hanna reagierte verständnislos. „Aber Frank hat das doch alles im Griff, dachte ich."

„Ja, das dachte ich auch." Hagen seufzte. „Er hätte wohl mehr Unterstützung gebraucht. Vielleicht sogar mehr Kontrolle. Wir waren alle zu sehr mit anderem beschäftigt."

Hanna nickte nachdenklich. „Ja, das stimmt. Und selbst wenn Frank auch daran gedacht hat, er ist nicht der Typ, der seine Ideen gut darstellen kann."

Hagen trommelte mit den Fäusten auf das Holzgeländer. Er wirkte sehr deprimiert. „Jetzt ist es jedenfalls zu spät. Er ist fest entschlossen zu gehen. Und keiner der anderen Informatiker kann Frank in der jetzigen Situation ersetzen. Unsere Produktentwicklung wird also zumindest vorübergehend stagnieren. Damit gerät unser Zeitplan aus den Fugen, auf dem unsere Finanzierung basiert. Unsere Mittel reichen nicht mehr aus, um die Zeit bis zur Produkteinführung zu überbrücken. Außerdem gerät unsere Mitarbeiterbilanz total aus dem Gleichgewicht. Ich hab das vorhin schon einmal durchgespielt. Und das ist doch unser wichtigstes Kapital, die Human Resources. All das wiederum drückt den Aktienkurs. Wir haben weniger Geld, können keine guten Leute mehr einstellen, die Mitarbeiterbilanz wird noch schlechter, die Produktentwicklung kommt irgendwann zum Erliegen. Und so dreht sich die Schraube weiter, bis wir Konkurs anmelden können." Er starrte bedrückt auf den See.

„Was aber immerhin beweist, dass wir völlig richtig lagen, als wir die Mitarbeiterbilanz ins Zentrum unserer Unternehmensphilosophie gestellt haben!" Hagen war erleichtert, dass Hanna einen ironischdistanzierten Ton anschlug. In Selbstmitleid und Verzweiflung zu schwelgen, brachte sie auch nicht weiter. „Aber jetzt mal im Ernst, Hagen, glaubst du, wir bringen den Screen-Fridge jemals auf den Markt?"

Hagen wusste keine endgültige Antwort. „Im Moment sieht es jedenfalls nicht so aus", meinte er schließlich nachdenklich.

Sie schauten beide auf den See hinaus. Die Enten schnatterten und schwammen, saßen am Ufer und ordneten ihre Federn. Wolken spiegelten sich auf der Wasseroberfläche. Daisy zerrte wieder an der Leine, diesmal jedoch in die andere Richtung.

„Was ist denn, Daisy?", knurrte Hagen unwillig und drehte sich herum. Vor ihm stand Kemal. „Wo kommst du denn her?", begrüßte er ihn verblüfft.

Kemal war wie immer gut gelaunt. Er hielt ein braunes Glasfläschchen hoch: „Daisy muss doch ihre Tropfen nehmen. Es ist Zeit."

Hagen seufzte. „Ja, die Zeit läuft und läuft, und wir sind immer noch nicht weitergekommen."

Kemals Grinsen verschwand. „Frank verlässt cool.com, nicht? Und jetzt wisst ihr nicht, wie es weitergehen soll?" Hanna nickte.

Kemal hatte plötzlich eine Idee. Augenzwinkernd meinte er: „Was ist denn mit dieser anderen Firma, wo Frank hingeht? Könnt ihr da nicht gute Leute abwerben?"

Hanna lachte: „Gute Idee, Kemal, du weißt halt immer einen Ausweg. Wie wollen wir sie ködern? Vielleicht: ‚Tauschen Sie das sonnige Kalifornien gegen Dauernebel im Sauerland! Wer will schon an der Pazifikküste wellenreiten, wenn er stattdessen in Winterberg rodeln gehen kann? Und als besonderes Bonbon erhalten Sie Ihr Dollargehalt eins zu eins in Euro!' Bei so einem Angebot wird man uns bestimmt die Bude einrennen."

Lachend standen die drei auf dem Schotterweg.

„Wir müssen uns mit Nils zusammensetzen und überlegen, was wir machen – so eine Art Krisenmeeting", sagte Hanna schließlich wieder ernst. „Und dann sehen wir weiter. Irgendeine Lösung wird uns schon einfallen."

Hagen nickte. „Vielleicht gehen wir nachher noch was trinken", schlug er vor. „Erfolgreiches Krisenmanagement braucht einfach einen angenehmen Rahmen."

„Einverstanden." Gemeinsam schlugen sie den Weg zurück ein. Daisy kläffte den Enten nach.

Produkt-lebens-zyklus

Der Produktlebenszyklus ist ein Modell, das die Absatz- und Umsatzentwicklung eines Produkts oder Dienstleistungsangebots über eine gewisse Zeitspanne erfasst. Danach durchläuft jedes Produkt fünf Phasen:

1. In der **Einführungsphase** wächst der Umsatz langsam, denn es sind noch hohe Investitionen für Produktion, Vertrieb und Werbung notwendig. Ein Gewinn wird noch nicht erwirtschaftet.

2. Die **Wachstumsphase** zeichnet sich durch einen stark ansteigenden Umsatz aus. Erste Gewinne werden erzielt.

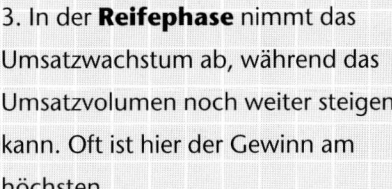

3. In der **Reifephase** nimmt das Umsatzwachstum ab, während das Umsatzvolumen noch weiter steigen kann. Oft ist hier der Gewinn am höchsten.

4. Das Umsatzwachstum kommt in der **Sättigungsphase** zum Stillstand. Die Konkurrenz wird größer, der Marktanteil kann nur durch geschicktes Marketing noch vergrößert werden, zum Beispiel mit einer Produktdifferenzierung.

5. Schließlich geht der Umsatz in der **Degenerationsphase** drastisch zurück. Gründe sind der technische Fortschritt, günstigere oder qualitativ bessere Produkte, rechtliche Bestimmungen oder neue Trends.

Das Konzept kann als Prognosemodell für die wirtschaftliche Entwicklung dienen, aber auch als Hilfsmittel für den Einsatz von Marketing-Instrumenten. In der Realität gibt es starke Unterschiede bei der Dauer der einzelnen Phasen und der Gesamtzyklen, auch abhängig von den jeweiligen Produktgruppen.

Jetzt wird's brenzlig

Komm, da drüben ist mehr Platz für uns und Daisy", Hanna zeigte auf eine freie Ecke am hinteren Ende der Theke. Ohne viele Worte darüber zu verlieren, hatten sie an diesem Abend das „Wall Street" angesteuert. „Ihre" Kneipe, in der sie sich vor gut einem Jahr zum ersten Mal begegnet waren. Das Problem, das sie damals zusammengeführt hatte – die Liquidität von cool.com –, hatten sie erfolgreich bewältigt. Vielleicht fanden sie hier ja auch für ihr aktuelles Problem eine Lösung.

Als sie sich durch die dichten Menschentrauben an der Theke schoben, hörte Hagen plötzlich eine vertraute Stimme: „Ich sag nur cool.com. cool.com-Aktien, die hab ich gekauft und die machen mich reich, no doubt." Gregor, eindeutig. Er wandte ihm den Rücken zu und hielt einer stark geschminkten, auf keinen Fall naturschwarzen Lady und ihrem durchgestylten männlichen An-hang einen Vortrag über seine jüngsten Börsenerfolge.

Die Gelegenheit konnte Hagen sich nicht entgehen lassen. Jetzt war Hanna die Frau an seiner Seite und, so hoffte er zumindest, gegen alle Anbaggerversuche des Weiberhelden Gregor immun. Er tippte ihm von hinten auf die Schulter: „Hallo Gregor, lang nicht gesehen. Darf ich dir Hanna von Jugenheim vorstellen, Mitbegründerin von cool.com – und eine Freundin von mir.“

Gregor drehte sich um und wäre beinahe nach hinten gestolpert. Überrascht starrte er seinen biederen Kumpel Hagen an. Mit so etwas Blondem, Schlankem an seiner Seite – wie war das möglich? „Hagen – hallo!“ Und dann mit sonorer Stimme: „Und hallöchen Hanna.“

Hanna lächelte ein wenig und musterte ihn neugierig. Sie hatte Gregor vor Monaten im Josh schon einmal von weitem gesehen. Aber daran schien er sich nicht zu erinnern.

„Was für eine Frau!“, zischelte Gregor Hagen ins Ohr, „du bist ein Glückspilz. Tolle Frau, toller Job! Bei dir läuft ja wohl alles, was Alter?“ Er klopfte Hagen anerkennend auf die Schulter.

„Weiß ich“, Hagen grinste seinen Freund an und schob Hanna weiter. Wenn der wüsste, wie falsch er liegt. Hagen dachte an die vielen Probleme, die auf cool.com zukamen.

Sie erreichten das hintere Thekenende. Hagen griff gedankenverloren nach der Karte. Es arbeitete in ihm. Irgendetwas war wichtig an dem, was Gregor gerade gesagt hatte. Was war es nur? Oberflächlich studierte er die Speisen und Getränke. Mittlerweile wusste er, was sich hinter so seltsamen Namen wie „Café Stockbroker“ (Espresso mit Schokoladen-Handy) oder „Menue Day Trader“ (Tagesmenü) verbarg – Hanna hatte ihn in den vergangenen Wochen grinsend aufgeklärt. Was hatte Gregor noch gesagt?

Als hätte sie seine Gedanken gelesen, zupfte Hanna ihn am Ärmel. „Was hat er dir zugeflüstert, dieser Gregor?“

Unkonzentriert antwortete Hagen: „Er findet dich klasse und cool.com auch. Und er gibt gerade damit an, dass er unsere Aktien gekauft hat."

Hanna schaute sorgenvoll: „Wenn der wüsste, was bei uns los ist."

„Weiß er aber nicht," erwiderte Hagen mechanisch. Genau. Genau das war es. Hagen spürte plötzlich ein Kribbeln im Nacken. Na klar! Das war die Lösung. Niemand weiß es! Kein Mensch außerhalb des Unternehmens wusste von den Problemen bei cool.com. Diese Unwissenheit konnte man zum eigenen Vorteil ausnutzen, wenn man es nur geschickt anpackte. Hagen legte die Karte wieder zur Seite. Hannas fragenden Blick übersah er. Reich werden durch cool.com-Aktien. Das könnte ihm, Hanna und den anderen viel eher gelingen als Gregor mit seinem Aktienkauf. Es war ganz einfach. Wenn sie jetzt nur keinen Fehler machten. Hagen wurde immer aufgeregter: „Hanna, wir müssen etwas besprechen! Ich muss nur rasch Gregor loswerden."

Hagen lehnte sich zu ihm rüber und flüsterte ihm ins Ohr: „Du, ich hab da mal 'ne Bitte. Ich meine wegen Hanna. Sie ist wirklich eine tolle Frau. Na ja – ich muss mal in Ruhe mit ihr reden … Du weißt schon … Und Daisy kläfft ständig rum. Also, könntest du vielleicht mit dem Hund einmal um den Block gehen?"

Für so einen Handel unter Männern war Gregor immer zu haben. Er blinzelte Hagen verschwörerisch zu und sagte: „Na, denn komm mal, Daisy. Herrchen und Frauchen in spe müssen was bereden." Er nahm Daisy samt Leine auf den Arm und drängelte sich Richtung Ausgang.

„Und – was?" Hanna sah Hagen erwartungsvoll an.

Der legte begeistert los: „Ich weiß, was wir machen. Gregor hat mich auf eine geniale Idee gebracht: Wir lassen uns von der Old Economy retten. Wir lassen uns kaufen."

„Ach, und die machen das einfach so?", fragte Hanna spöttisch.

„Überleg doch mal", erwiderte Hagen. Sein Atem ging immer noch schneller vor Aufregung. „Gregor glaubt, cool.com ist toll. Gregor glaubt auch, wir sind toll. Und das glauben alle anderen auch. Und warum sollte nicht auch S. M. Luzius so denken?"

„Warum sollte ausgerechnet der das Unternehmen kaufen wollen", fragte Hanna entgeistert.

Hagen antwortete schnell: „Der ist doch schon angesteckt vom Transaktionsfieber. Mensch Hanna, fast tausend Unternehmen sind allein im letzten Jahr in Deutschland ge- und verkauft worden. Da haben Milliarden von Euro den Besitzer gewechselt! Da will S. M. garantiert mitmischen. Der will auch ein Stück vom großen New-Economy-Kuchen. Und zwar mithilfe von cool.com."

Hanna sah ihn zweifelnd an: „Und woher willst ausgerechnet du das so genau wissen?"

Mist. Das hatte Hagen nicht bedacht. Nun musste er doch mit der Sprache herausrücken. „Er hat es mir selbst gesagt. Schon damals, vor einem Jahr, als ich den Firmenwagen zurückgegeben hab, war S. M. scharf auf cool.com. Da hat er mich nämlich beiseite genommen und wollte mich als Maulwurf anwerben."

Wegen der lauten Musik konnte Hanna ihn nicht verstehen: „Maul... – was?"

Hagen wiederholte: „Maul-w-u-r-f. Er wollte cool.com kaufen. Ich sollte ihm alle Informationen beschaffen, die er für diese Transaktion braucht. Auf dem silbernen Tablett sollte ich euch servieren. So hoffte er auf einen schnellen Deal und einen niedrigen Kaufpreis. Zur Belohnung wollte er mich zum Geschäftsführer der der LuMa einverleibten cool.com machen."

Hannas Augen wurden schmal. „Waas? Und das erzählst du mir jetzt erst?" Ihre Unterlippe schob sich ein wenig vor. Hagen registrierte die kleine Veränderung sofort. Er musste die Situation irgendwie retten.

„Ich habe dir und den anderen damals nichts davon erzählt, weil ich euch nicht beunruhigen wollte", entschuldigte er sich mit einschmeichelnder Stimme. Er legte den Arm um Hanna und redete weiter: „Außerdem war für mich sonnenklar: Kein Deal mit S. M.! Aber jetzt sehe ich das anders: Wir haben ein Problem, und er kann es lösen. Wir haben eine tolle Firma, die nicht richtig aus den Startlöchern kommt. Er will sie und weiß von nichts. Er hat mich gelinkt, jetzt werde ich ihn linken!"

Hanna löste sich aus seiner Umarmung und schaute ihn ungläubig an. „Sag mal, habe ich das jetzt richtig verstanden? Du willst cool.com einfach so verscherbeln?" Ihr Augen funkelten gefährlich.

Hagen versuchte sie zu besänftigen: „Hanna, ich weiß, dass du und Nils, dass Ihr alle sehr viel Energie in die Firma ..." Weiter kam er nicht. Hanna hatte ihn wütend unterbrochen: „Das kann ja wohl nicht wahr sein! Weißt du eigentlich, was du gerade tust?" Sie redete sich in Rage. „Hagen, du bist gerade im Begriff, mein Baby zu verramschen! Die ganzen letzten Jahre habe ich in cool.com investiert – einmal abgesehen von den Bettelgängen zu meinem Onkel. Spinnst du jetzt total?" Wütend wollte sie sich abwenden; Hagen glaubte, Tränen in ihren Augen glitzern gesehen zu haben. Energisch packte er sie am Arm: „Hanna, hör mir doch mal zu. Genau darum geht es doch. Du sollst deinem Onkel sein Geld komplett zurückzahlen können – wenn er nicht sowieso schon über seine Aktien gut dabei ist. Wir müssen ihn eben nur rechtzeitig informieren. Aber im Prinzip ist die LuMa erst der zweite Schritt. Es geht doch um einen Ausweg aus unserer Misere! Wir können es allein nicht mehr schaffen. Unser Geld reicht schlicht und einfach nicht aus, bis das Produkt fertig ist. Und mit LuMa im Rücken wird Screen-Fridge mit Sicherheit marktreif!"

Geschafft. Hanna hatte sich ablenken lassen. Er atmete innerlich auf. „Hagen – Rächer der Entnervten, Retter der New Economy." Hanna lachte wieder und signalisierte dem Barkeeper, dass sie endlich bestellen wollte. „Zwei Gläser New Economy!" Kurze Zeit später stand perlender Prosecco vor ihnen, und Hanna ergriff erneut das Wort: „Rache ist ja Klasse und Cash auch. Aber wie soll das gehen?"

Hagen überlegte und sprach dabei leise vor sich hin: „Vertrauen schaffen. Vertrauen ist eine wichtige Basis für jede M&A-Transaktion. Das heißt: Die Chemie zwischen den potenziellen Vertragspartnern muss stimmen. Schon die ersten Kontaktgespräche zwischen den potenziellen Partnern von Unternehmenszusammenschlüssen müssen atmosphärisch angenehm verlaufen. Denn es geht darum, Vertrauen zu schaffen und sich gegen Vertrauensmissbrauch abzusichern."

„Im Klartext, bitte", drängte Hanna.

„Ich muss das Vertrauen von S. M. gewinnen. Ich muss ihn glauben machen, dass es mir bei euch nicht gefällt. Er muss davon überzeugt sein, dass sein Angebot für mich so attraktiv ist, dass ich ihm cool.com zuspiele. Natürlich um bei ihm wieder anfangen zu dürfen. Die Rückkehr des verstoßenen, aber nach wie vor geliebten Sohnes quasi. Ich muss ihm so richtig Theater vorspielen, damit er's frisst."

Hagen trank hastig einen Schluck Prosecco und sprach weiter: „Außerdem kenne ich seine Gier. Und ich glaube, sie macht ihn blind. Was heißt, ich glaube – ich bin mir ganz sicher! Ich muss ihn in dem Glauben bestärken, dass cool.com ein interessantes Akquisitionsobjekt ist. Schließlich erhofft er sich von dieser Transaktion eine Steigerung des Unternehmenswerts von LuMa. Wahrscheinlich würde ihm das sogar gelingen – sofern er es schaffen würde, unsere Mitarbeiter zu halten. Aber er weiß ja gar nicht, was sich diesbezüglich gerade alles bewegt. Er muss denken, dass er Know-how, ein innovatives Produkt sowie kreative Mitarbeiter erwirbt. Und dass er so einen Fuß in den Neuen Markt setzt. Er ist heiß auf cool.com, das weiß ich. Aber er muss es auch bleiben! Nur so klappt unser Plan – und wir können ihn schröpfen."

„Und wie stellst du dir das vor?" Hanna konnte ihm noch immer nicht ganz folgen.

„Nun, zum einen werde ich die Vorzüge der Old Economy loben: eine straffe Unternehmenshierarchie als Basis guter Leistung, eine lange Firmengeschichte, ein eingeführtes Produkt, wertkonservatives Verhalten. Das ist die leichteste Übung für mich. Schließlich habe ich lange Jahre an all diese Dinge geglaubt. Und dann, und dann ... Da muss ich noch ein bisschen überlegen. So ein Deal muss natürlich gut vorbereitet werden, das geht nicht so einfach aus dem Stegreif. Doch eine gute Bilanz, ein paar tolle Insider-Infos, eine Hand voll New Economy-Träume – wenn ich ihm diesen Cocktail geschickt serviere, dann klappt das schon. Da bin ich mir sicher."

„Okay", sagte Hanna nachdenklich. „Angenommen, er schluckt das: Wie geht es dann weiter? Wie verkauft man eigentlich ein Unternehmen?"

„Zug um Zug werden die Hosen fallen gelassen", sagte Hagen grinsend. „Aber natürlich nur bildlich gesprochen. Nein, im Ernst: Es gibt zwar keine festen Regeln, wie Unternehmen veräußert werden, aber man kann – grob vereinfacht – zwischen zwei verschiedenen unterscheiden: Das so genannte Bietungsverfahren kommt insbesondere bei größeren Transaktionen zur Anwendung. Dabei müssen Verkäufer und Kaufinteressent nach und nach immer verbindlichere Informationen über sich – das Unternehmen beziehungsweise die Kaufabsichten – preisgeben. Das kann zu spannenden Wettbewerben führen, denk nur an das Bietungsverfahren von VW und BMW bei Rolls-Royce, bei dem der Kaufpreis rasant nach oben stieg."

Hanna warf ein: „Aber wir haben doch nur einen Kaufinteressenten?"

„Richtig", antwortete Hagen. „Bei uns wird es ein herkömmlicher Unternehmenskauf. Ein normaler „Shake-Hands-Deal" zwischen zwei Parteien. Also zwischen dem Käufer S. M. und den Mehrheitseigentümern von cool.com. Dieser Deal wird durch einen Vertrag geschlossen. Das ist ein Vorteil für uns."

„Und warum?", fragte Hanna, während sie ihr Glas in der Hand drehte.

„Wenn wir es geschickt anfangen, kann es uns gelingen, dass S. M. nur eine oberflächliche Due-Diligence-Prüfung durchführt. Denn er kann sich ja auf meine Informationen und die Börsennotierung verlassen. Das einzig richtig Kritische ist ja der Weggang von Frank – nur nach Mitarbeitern wird der garantiert nicht fragen!"

„Due Diligence", warf Hanna ein, „das Thema hatten wir doch damals schon, als uns unsere Konsortialbank gecheckt hat, oder?"

„Stimmt", fuhr Hagen fort. „Auch bevor man ein Unternehmen kauft, sollte man es immer auf Herz und Nieren prüfen. Damit es später kein böses Erwachen gibt. Und das müssen wir im Fall S. M. natürlich verhindern!"

„Ich bin sicher, Du schaffst es. Du bist doch clever – jedenfalls für einen konservativen Old-Economy-Oldie", frotzelte Hanna.

„Ein konservativer Oldie, der zu einem New-Economy-Typen mutiert ist! Zu einem echt coolen, wie Kemal immer feststellt." Hagen hatte sich an Hannas Sticheleien gewöhnt und parierte gekonnt.

„Zum Glück!" Hanna lächelte ihn verliebt an. „Aber mal ernsthaft: Keine Due Diligence heißt, wir könnten mit unserem Plan durchkommen. Also müssen wir deinen S. M. Luzius eben belabern und beschäftigen, damit er den Vertrag unterschrieben hat, bevor er merkt, dass dieser Fisch stinkt – wie mein norddeutscher Opa zu sagen pflegte."

„Ja", pflichtete Hagen bei, und Hanna rief begeistert: „Da komm ich mit. Du weißt ja, Blondinen haben eine merkwürdige Wirkung auf Männer. Das müsste bei mir doch auch klappen, oder?"

Und ob das klappt. Hagen schmunzelte bei dem Gedanken an ein bevorstehendes Treffen. Ob er Doris dann auch zu Gesicht bekäme? Die Augen werden ihr aus dem Gesicht fallen, wenn sie Hanna sieht. Er legte zärtlich seine Hand auf Hannas Arm.

Doch Hanna war mit ihren Gedanken ganz beim Business: „Und der Kaufpreis? Wie viel Geld können wir bei dem Plan rausschlagen?"

Hagen überlegte: „Der Kaufpreis hängt vom Aktienkurs ab, aber den kriegen wir nicht. Die Frage ist, wie viel er dafür zahlen will. Ob er wirklich den vollen Kurs bezahlt. Darüber muss ich in Ruhe nachdenken und ein bisschen rechnen. Wir haben ja bereits einiges Zahlenmaterial zusammengestellt. Jetzt geht es darum, es gut aufzubereiten und effektvoll zu präsentieren."

Hanna konnte sich nicht vorstellen, dass ein Verkauf so einfach sein sollte – immerhin hatten sie noch kein Produkt. Steckten mitten in der Entwicklung. Und sie beschäftigten teure Mitarbeiter. O. k., ihr Plus war das große Know-how ihrer meist sehr gut ausgebildeten Mitarbeiter. Und natürlich die Option auf die Zukunft, die sie verkörperten. Doch diese Vorzüge wurden bei den gängigen Verfahren der Unternehmensbewertung nicht berücksichtigt. Sie waren fast ausnahmslos auf bilanzielle Faktoren ausrichtet: Gewinne, Umsatz,

Produkte, materielle Vermögenswerte. „Und wie kommen wir dann zu einem Kaufpreis für cool.com?", überlegte Hanna laut.

Hagen gab sich kämpferisch. „Wir wissen, dass S. M. bereits vor einem Jahr fünf Millionen geboten hat. Gehen wir einmal davon aus, dass er ein Schnäppchen machen wollte. Dann war cool.com in seinen Augen schon seinerzeit viel mehr wert. Aber damals waren wir im Vergleich zu heute eine kleine, unbekannte Klitsche. Es muss ihm also klar sein, dass cool.com im Wert deutlich gestiegen und eben entsprechend teurer geworden ist. Wenn wir den aktuellen Börsenkurs zugrunde legen, hätten unsere 51 Prozent einen Wert von rund fünfzig Millionen Euro."

Hanna strahlte ihn an: „Wow!"

Auf einmal stand Gregor wieder vor ihnen: „Na, ihr seht ja richtig glücklich aus", begrüßte er Hanna und Hagen. Beide lächelten. Hanna bückte sich und nahm Daisy auf den Schoß: „Ach, mein süßer Köter. Was ist das Leben schön!"

„Na, du scheinst die halbe Stunde ja prächtig genutzt zu haben", sagte Gregor nicht ohne Bewunderung.

„Klar", antwortete Hagen vage. „Danke für deine Unterstützung. Und jetzt geht's nach Hause. Du weißt schon ...."

Hanna prustete los, als Hagen ihr auf dem Nachhauseweg von seinem doppeldeutigen Geplänkel mit Gregor erzählte.

„No Sex but Business, wenn das dein Freund Gregor wüsste", sagte sie und hakte sich bei Hagen ein. Dem wäre beides eigentlich am liebsten gewesen, doch das behielt er im Moment lieber für sich.

„Aber jetzt nichts wie Nils anrufen", unterbrach Hanna seine Gedanken. „Er soll gleich morgen früh zum Krisenmeeting kommen. Unsere Idee wird ihn umhauen!"

☆☆☆

Verfahren der Unternehmensbewertung

Substanzwertorientierte Verfahren

Substanzwertverfahren

Der Substanzwert eines Unternehmens hängt nicht von den Anschaffungs- oder Herstellungskosten ab, sondern von den Wiederbeschaffungs- oder Reproduktionskosten. Er wird berechnet, indem die vorhandenen Vermögensgegenstände unter Berücksichtigung ihres Alters auf-

summiert und Schulden abgezogen werden.

Viele Wissenschaftler halten das Substanzwertverfahren für nicht mehr angemessen, da es nur quantifizierbare, bilanzielle Größen berücksichtigt und keine immateriellen Vermögenswerte wie Marken, Mitarbeiterpotenzial, Kundenstamm, Produkt- oder Managementqualität.

Liquidationsverfahren

Wenn ein Unternehmen zerschlagen wird und sein Fortbestehen nicht geplant ist, können die Vermögens- und Schuldteile einzeln bewertet und durch Addition der Gesamtunternehmenswert berechnet werden. Anders als beim Substanzwertverfahren werden die Vermögenswerte zu Verkaufserlösen und nicht zu Wiederbeschaffungskosten bewertet.

Ertragswertorientierte Verfahren

Reines Ertragswertverfahren

Bei diesem häufig angewendeten Verfahren wird der Unternehmenswert nicht durch die Summierung einzelner Vermögensgegenstände ermittelt, sondern man betrachtet die durch die Gesamtheit der Aktiva erzielbaren Erträge und deren Berechnung auf den Gegenwartswert.

Discounted-Cashflow-Verfahren (DCF)

Dieses Verfahren diskontiert die in Zukunft zu erwartenden Zahlungsüberschüsse auf den Bewertungszeitpunkt, jedoch nur den freien Cashflow, der tatsächlich an die Kapitalgeber ausgezahlt wird. Bisher vor allem im angloamerikanischen Raum und bei internationalen Transaktionen eingesetzt, gewinnt es zunehmend auch in Deutschland an Bedeutung, da es bei der Börseneinführung von jungen, stark wachsenden Unternehmen eher den spezifischen Anforderungen gerecht wird als andere Verfahren. DCF-Verfahren – als Netto- und Bruttowertmethode möglich – zeichnen sich durch die Erfassung aller für die Zukunft prognostizierten Zahlungsströme eines Unternehmens aus und spiegeln nicht nur die Finanzsituation eines Jahres wider.

Economic-Value-Added–Konzept (EVA*)

Dieses neuere Verfahren geht davon aus, dass nur die über den Kapitalkosten liegende Rentabilität zusätzlichen Wert schafft. Hierzu werden Prognosen über künftige EVA-Werte entwickelt.

Die Brutto-Methode (Entity-Ansatz) berechnet den Unternehmenswert aus dem abgezinsten Übergewinn zuzüglich des Buchwertes des Vermögens, abzüglich des Fremdkapitals. Die Netto-Methode (Enquity-Ansatz) berechnet den Unternehmenswert durch Addition abgezinster zukünftiger Gewinne ohne Fremdkapitalzinsen abzüglich der Eigenkapitalkosten mit dem Eigenkapital.

Das EVA-Konzept konnte sich trotz leichter Handhabbarkeit noch nicht durchsetzen, da die Prognose zukünftig eingesetzten Kapitals problematisch ist.

Mischverfahren

Substanz- und ertragswertorientierte Verfahren können miteinander kombiniert angewendet werden. Bei den Mischverfahren (Mittelwert-, modifiziertes Mittelwert-, Stuttgarter Verfahren) bleiben ebenfalls wichtige wertbestimmende Faktoren unberücksichtigt, wie Qualität des Managements, Wissen der Mitarbeiter oder zukünftige Entwicklungen des Unternehmens. In der Praxis finden sie kaum Anwendung.

Multiplikatorenverfahren

Die Multiplikatorenverfahren sind sehr komplex und erfordern einen hohen Zeitaufwand. Darum greifen viele Bewerter auf stark reduzierte, marktorientierte Verfahren zurück. Der Unternehmenswert ergibt sich dann durch die Multiplikation eines bereinigten betrieblichen Ergebnisses (Kennziffer) mit einem Multiplikator, den man durch einen Vergleich am Markt (z. B. mit anderen börsennotierten Unternehmen) erlangt.

New-Economy-Ansätze

Da die gängigen Verfahren der Unternehmensbewertung die spezifische Situation junger Start-ups am Neuen Markt weitgehend unberücksichtigt lassen, sind neue Verfahren im Entstehen. Sie sollen vor allem die Faktoren Wissenskapital und -management, Personal als Humankapital und Kundenorientierung berücksichtigen.

Real Option Theory

Dieser relativ neue Ansatz bietet sich für die Bewertung von Unternehmen der New Economy an, die in den ersten Jahren ihres Bestehens lediglich eine Option auf die Zukunft darstellen. Dabei werden Realoptionen bewertet. Ziel ist es, den Wertbetrag von Entscheidungsflexibilität abzubilden, d. h. der Fähigkeit des Managements, seine Handlungsstrategien an sich verändernde Rahmenbedingungen anzupassen.

* EVA ist ein eingetragenes Warenzeichen von Stern-Stewart & Co.

„Hallo, Hanna! Hallo, Hagen!", rief Nils den beiden entgegen, als sie am nächsten Morgen im Büro erschienen.

„Morgen, Nils", grüßte ihn Hagen. „Bist du heute unser Kaffeekocher?"

„Männer an die Kaffeefront, sage ich nur", erwiderte Nils. „Ich mache uns erst mal einen Espresso zum Wachwerden. Obwohl ich schon mordsmäßig auf eure Neuigkeiten gespannt bin."

„Das darfst du auch", machte Hanna ihn neugierig. „Du kennst doch das Sprichwort ‚Morgenstund hat Gold im Mund'. Und für heute trifft das so richtig zu: jede Menge Gold, Geld, Kohle."

Hagen lachte: „Ganz so euphorisch sollten wir lieber noch nicht sein. Wir haben noch viel zu tun. – Ich habe übrigens Croissants mitgebracht, auch die Guten mit Schoko."

„Hm, lecker, tausend Kalorien pro Biss", witzelte Nils. „Hier ist der Espresso. Na, dann kann's ja losgehen."

Hagen begann mit ungewohnt wackeliger Stimme. Er war aufgeregt. Doch mit jedem Satz wurde er sicherer: „Nils, du weißt ja, welche enormen Schwierigkeiten wir mit cool.com haben. Ich bin zwar noch nicht so lange dabei wie ihr und hatte anfangs ja auch so meine Probleme. Na ja, mit euch und dieser verrückten Welt der IT-Start-ups. Aber inzwischen gehöre ich ganz zu cool.com. Und fühle mich hier extrem wohl. Deshalb habe ich hin und her überlegt, was wir machen können, um den Kahn nicht endgültig auf Grund zu setzen. Mir wollte aber einfach keine Lösung einfallen – bis gestern Abend."

„Hanna hat mir schon am Telefon erzählt, dass die rettende Idee im „Wall Street" geboren wurde. Wie kann man denn in so einem Laden ein Unternehmen retten? Da bin ich gespannt." Hagen blickte ihn irritiert an. Hatte er vergessen, dass cool.com dort auch sein Liquiditätsproblem in den Griff bekommen hatte? An jenem besagten Tag. Egal, dafür war jetzt keine Zeit.

Hagen begann zu erzählen: Wie er Gregor getroffen hatte. Wie dieser mit seinem cool.com-Aktienkauf geprahlt und cool.com gelobt hatte. Wie Hagen bewusst wurde, dass außerhalb der Firma niemand von den aktuellen Problemen wusste und auch nicht wissen durfte. Und wie ihn das auf die Idee eines Täuschungsmanövers gebracht hatte. Er berichtete auch von seinem Besuch bei S. M. Dass der ganz scharf auf cool.com gewesen war und sich unbedingt im Neuen Markt etablieren wollte.

Als Hagen erzählte, welche Rolle S. M. ihm dabei zugedacht hatte, unterbrach ihn Nils: „Du willst uns aber nicht doch ans Messer liefern – oder?"

„Genau das ist unser Plan", warf Hanna enthusiastisch ein, aber schon fuhr Hagen fort: „Also Nils: Ich werde so tun, als ob ich euch ans Messer liefere. Zum Schein gehe ich auf S. M.s Angebot ein. Als reuiger Sohn kehre ich in die offenen Arme des Übervaters zurück. Wenn er mir diese Rolle abnimmt, dann haben wir schon halb gewonnen. Und ich denke, das klappt: Er hält mich für eine manipulierbare Figur in seinem Spiel. Für einen Menschen, der zwar fachlich gut, aber nicht durchsetzungsfähig ist. Ich werde ihm berichten, wie schlimm es in den Start-ups zugeht. Keine Hierarchien. Keine gesicherte Finanzierung. Wackelige Verträge. Kickboards statt Firmenwagen. Und ich werde ihm signalisieren, dass dies nun wirklich nicht meine Welt ist. Dass ich da raus will. Dass er auf mich zählen kann. Ich werde den cool.com-Deal managen. Scheinbar in seinem Interesse."

„Und wie geht der Plan dann weiter?", fragte Nils skeptisch.

„Das Kernstück unseres Planes ist die Bilanz", meldete sich Hanna erneut zu Wort.

Aber dieser Deal war Hagens Plan, und er ließ sich das Wort nicht aus dem Mund nehmen: „Ja! Wer ein Unternehmen kaufen will, studiert zuerst die Bilanz. So erhält er eine Idee vom Wert und vom Funktionieren eines Unternehmens. Darum muss die Bilanz, die ich S. M. präsentiere, einen guten Eindruck machen. Er muss denken, dass cool.com ein gut gehendes Start-up mit einer viel versprechenden Zukunft ist."

„Und wie willst du das machen?" Nils' Neugier war geweckt.

„Bilanzen erstellen ist mein Fachgebiet", grinste Hagen vielsagend. „Ich werde genau das machen, was ich bei LuMa gemacht habe."

„Dasselbe?" Nils überlegte. „Du willst dich rächen, stimmt's? Das ist auch dein ganz persönliches Ding, oder?"

„Hmm." Hagen fühlte sich ertappt. Emotionen sind im Geschäftsleben eine gefährliche Sache, das wusste er nur zu gut. „Zugegeben, du hast Recht, Nils. Aber ich lasse mich von meiner Lust auf Rache nicht beherrschen. Wenn S. M. eins auf die Nase kriegt, ist das für mich nur ein positiver Nebeneffekt. Vor allem werdet ihr von dem Plan profitieren. Weil er euch ermöglicht, cool.com gewinnbringend zu einem Preis zu verkaufen, den das Unternehmen nicht mehr wert ist. Und nicht vergessen: Mit LuMa im Rücken wird der Screen-Fridge, für den ihr jahrelang gekämpft habt, realisiert."

„Schon klar, Hagen. So kritisch habe ich das gar nicht gesehen", lenkte Nils ein. „Hab das auch eher als einen interessanten Aspekt am Rande verstanden. Du bist halt der Buchhalter-Typ – immer korrekt, für mich ein bisschen steif, aber auf jeden Fall korrekt. Und dem traut man so was eigentlich nicht zu. Du verzeihst mir doch?"

„Wenn's weiter nichts ist – das ist doch eigentlich ein Kompliment." Hagen musste lachen.

„So weit, so gut." Nils war jetzt ganz beim Thema. „Nehmen wir an, S. M. glaubt die Geschichte. Er ist scharf auf cool.com und lässt sich vom aktuellen Börsenkurs und von der Bilanz täuschen. Dann sind wir verdammte Glückspilze. Aber was ist mit dem Mitarbeiterproblem?"

„Das darf S. M. auf keinen Fall erfahren!", betonte Hagen. „Wir haben ja kein Produkt, keine Logistik und keine Kunden – wir haben nur unsere Mitarbeiter. Die müssen wir ihm als Hoffnungsträger und Garanten für eine enorme Wertsteigerung des Unternehmens verkaufen. Der Mitarbeiter als Wert, so wie wir es in der Mitarbeiterbilanz vorgestellt haben. Wenn S. M. spitzkriegt, dass unser Entwicklungsleiter aussteigt und unter Umständen andere wichtige Leute das Unternehmen ebenfalls verlassen wollen, dann können wir cool.com zum Preis der Büroeinrichtung verhökern."

„Das klappt schon", beruhigte ihn Hanna. „Wir haben doch eine tolle Überrumpelungsstrategie. Er wird so happy sein, unseren Laden zu kriegen, dass er nicht allzu viel nachbohren wird."

„Außerdem weiß S. M. den Wert seiner Mitarbeiter, das heißt den Wert individueller Menschen, sowieso nicht zu schätzen. Wenn er jetzt plötzlich von einer ausgeglichenen Mitarbeiterbilanz schwärmt, betet er nur die Kommentare in der Wirtschaftspresse nach. Er weiß gar nicht, wovon er spricht", ergänzte Hagen.

„Und du hast mir doch erklärt, dass wir in den Kaufvertrag keine Kündigungsschutzklausel aufnehmen." Hanna wandte sich an Nils: „Weißt du, dann können alle Mitarbeiter ihre Stock Options zu dem Kurs einlösen und die Aktien zu dem Preis verkaufen, der zum Zeitpunkt des Verkaufs aktuell ist. Und der dürfte ziemlich gut sein. Der Crash kommt erst später. Was dann unseren Leuten und uns selbst nicht mehr weh tut, wohl aber dem Fiesling S. M."

Nils pfiff anerkennend. „Ich muss sagen: Ein verdammt guter Plan. Und wahrscheinlich unsere einzige Chance."

„Umso wichtiger ist es, dass er funktioniert", ergänzte Hanna.

„Das denke ich auch", sagte Nils. „Damit nichts schief geht, sollten wir noch einige Aspekte bedenken."

„Welche Aspekte meinst du?", fragte Hagen. Er war überrascht, dass Nils plötzlich als Bedenkenträger auftrat.

„Nun, viele der M&A-Transaktionen scheitern. Rund vierzig Prozent! In den gesamten Fachmagazinen wird darum immer wieder über die kritischen Erfolgsfaktoren geschrieben. Es wird genau erklärt, worauf ein potenzieller Käufer achten soll. Damit die Investition für den Unternehmenszusammenschluss auch wirklich zu einer Wertsteigerung seines Unternehmens führt."

„Und genau das Gegenteil davon müssen wir machen. Quatsch, wir müssen S. M. dazu kriegen, dass er es macht, oder?" Hannas Frage war rein rhetorisch.

„Ja, genau", erwidert Nils. „S. M. soll erst nach dem Unterzeichnen des Vertrags merken, was für einen Fehler er gemacht hat."

Hanna dachte laut: „Und das heißt konkret: Wir müssen eine detaillierte Due Diligence verhindern. Auch darf S. M. nicht prüfen, inwiefern LuMa und cool.com hinsichtlich Unternehmenskulturen zusammenpassen. Da würde er merken, dass er hier ein Beispiel für die Faust-aufs-Auge-Metapher hat. Die hierarchisch strukturierte LuMa und cool.com – innovativ, flache Hierarchien, junge Mitarbeiter, oft Quereinsteiger ohne den klassischen Ausbildungsgang. Das lässt sich kaum integrieren. Doch das darf S. M. nicht merken. Also dürfen wir diesen Aspekt keinesfalls in den Gesprächen anschneiden. Was noch?" Nach kurzem Überlegen fuhr sie fort: „Wichtig für eine erfolgreiche Unternehmensübernahme ist auch eine systematische, konsistente Akquisitionsstrategie."

„Die hat er nicht." Hagen war sich ganz sicher. „Ich denke, er lässt sich blenden von den Erfolgsstorys, die über die IT-Branche erzählt werden. Außerdem braucht er dringend ein innovatives

Produkt. Und sein Kaufwunsch ist vermutlich auch persönlich motiviert: Er will seine Macht mir gegenüber demonstrieren. Dieser Fehler, emotional statt strategisch zu agieren, wird ihn viel, viel Geld kosten. – Aber ich wollte dich nicht unterbrechen, Hanna."

„Schon klar, also weiter", erwiderte sie. „Kommunikationsschwierigkeiten sind auch eine Gefahr. Das hört man doch immer wieder. Vor allem, wenn die Parteien unterschiedliche Sprachen sprechen und aus verschiedenen Kulturkreisen und Rechtssystemen kommen. Aber das kommt bei uns ja nicht infrage. Allerdings müssen wir dafür sorgen, dass die Kommunikation zwischen S. M. und uns nicht gut klappt. Damit er ja nicht alles erfährt. Wir müssen für Missverständnisse sorgen. Wir müssen aneinander vorbeireden und ihn mit Argumenten für den Firmenkauf zuschütten. Damit er gar nicht auf die Idee kommt, eigene Überlegungen anzustellen beziehungsweise umzusetzen."

Hagen warf ein: „Da haben wir uns ganz schön viel vorgenommen. Ich finde, wir sollten in den kommenden Tagen alle anderen Aktivitäten zurückstellen. Luzius und unser Deal brauchen unsere volle Aufmerksamkeit!"

„Klar, Hagen." Nils grinste anzüglich und blickte von Hagen zu Hanna und zurück. „Also no Sex, no Drugs ..., na ja, ihr wisst schon. Für mich übrigens kein Problem", fügte er lachend hinzu.

Hanna ließ sich nicht ablenken: „He Jungs, noch mal zurück zum Thema: Ganz gefährlich sind Schnellschüsse mit geringem Aufwand. Ruck, zuck und ohne viel Arbeit ein Unternehmen übernehmen zu wollen, das klappt meistens nicht. Also: Genau das muss S. M. machen. Er muss irgendwie ins Schnäppchenfieber kommen."

„Das dürfte nicht so schwierig sein", warf Hagen ein. „S. M. ist von sich sehr überzeugt. Wenn er eine Idee hat, dann muss sie sofort umgesetzt werden. Und auf cool.com ist er scharf. Er will nicht, dass ihm jemand die Firma vor der Nase wegschnappt. Wenn wir noch ein bisschen andeuten, dass es auch andere Interessenten gibt, dann wird er Tempo machen. Außerdem ist er ein Besserwisser und zudem noch knauserig, sodass er sich bezahlten, professionellen Beraterbeistand kaum leisten wird."

„Auch rein finanzielle Überlegungen oder vermeintlich einmalige Gelegenheiten sind Hinweise darauf, dass ein Unternehmenskauf schief gehen dürfte", ergänzte Nils.

„Genau in diese Richtung müssen wir S. M. beeinflussen", sagte Hanna und fuhr fort: „Normalerweise werden doch Fachleute wie Investmentbanker, Juristen, Wirtschaftsprüfer so eingeschaltet. Meist auch noch Kaufleute, Techniker und sonstige Consultants. Für uns heißt die Devise aber: nur keine Experten. – Jetzt fällt mir nichts mehr ein."

„Mir aber", meinte Hagen lächelnd: „Der Kaufvertrag muss gut vorbereitet sein. Also kein Wort von Implementierungs-, Integrations- und Posttransaktionsphase. Nur keine schlafenden Hunde wecken. Und vor allem müssen wir noch eins verhindern: Zu einer erfolgreichen Unternehmensübernahme gehört eigentlich auch die Gegenprüfung. Also zu zeigen, wie sich die Unternehmenszukunft ohne die beabsichtigte Transaktion darstellen würde. Wenn er schlau wäre, würde er so genannte Earn-out-Kaufpreisregeln vereinbaren oder Prämien für einen längerfristigen Verbleib der Mitarbeiter ausloben."

„Oh Gott", entfuhr es Hanna. „Dann wäre alles aus!"

„Darum darf S. M. so wenig wie möglich erfahren. Wir müssen ihn belabern und ihm Informationen geben, die ihn vom momentanen cool.com-Problem ablenken. Er muss nur das Gefühl haben, informiert zu sein. Der Deal muss so schnell wie möglich über die Bühne gehen", fasste Hagen zusammen.

„Also: ruck, zuck durchziehen und dann: a new beginning in a wonderful world", blödelte Nils. „Was wollt ihr dann eigentlich machen?"

Darüber hatten Hanna und Hagen noch gar nicht nachgedacht.

„Jetzt trinken wir erst mal einen Sekt auf diesen glorreichen Plan", befand Hanna und machte sich auf den Weg in die Kaffeeküche. Immerhin war der geplante Verkauf an Luzius der Weg aus der Misere, den Entwicklungsplan zeitlich nicht einhalten zu können. Und Hagen gönnte sie die kleine Rache auch von ganzem Herzen.

Als sie zurückkam, holte Nils drei langstielige Sektkelche aus dem Schrank, und Hanna goss ein: „Prost, Jungs!" Sie blickte ihre Mitstreiter verschwörerisch an. „Auf ein gutes Gelingen! Wenn wir cool.com glücklich an S. M. verkauft haben, spendier ich Champagner."

Nils fing wieder an, über den geplanten Verkauf zu reden. „Was ist mit dem Herzstück jeder Transaktion – dem Kaufvertrag?" Er wollte offensichtlich jeden Punkt wasserdicht vorbereiten. „Was muss da eigentlich drinstehen und wer setzt den auf?"

„Da muss eine ganze Menge drinstehen", erläuterte Hagen: „Und jeder Vertrag ist anders. Bislang gibt es keinen Standardvertrag. Nicht so wie bei Wohnungen, wo man die richtigen Vordrucke in jedem Zeitschriftengeschäft kaufen kann. Allerdings gibt's in der Praxis gewisse Standards ..."

„Die hängen auch von der Art der Transaktion ab – oder?", fiel ihm Hanna ins Wort.

„Genau. Je nach der rechtlichen und vor allem steuerrechtlich gewünschten Struktur kann die Transaktion als Asset Deal oder als Share Deal erfolgen. Aber jetzt habe ich wirklich keine Lust mehr, über solche Details zu reden. Überlasst das mit dem Vertrag ruhig mir."

„Aber was ist mit diesem ganzen Gewährleistungs- und Haftungs-kram? Mit den Wettbewerbsvereinbarungen und all dem Zeug?" Nils ließ nicht locker. „Was wäre, wenn sich zum Beispiel nach der Stichtagsbilanz herausstellt, dass der Unternehmenswert geringer ist als angenommen. Oder wenn plötzlich die Kündigung von leiten-den Mitarbeitern bekannt wird. Dieser Luzius ist doch nicht blöd, oder?"

„Oh, das wäre für uns aber eine ziemliche Katastrophe", warf Hanna erschrocken ein.

Hagen beruhigte sie. „Klar wäre das eine Katastrophe. Darum müssen wir beim Kaufvertrag darauf achten, dass er unsere Position bestmöglich berücksichtigt und S. M.s Position so weit wie möglich schwächt. Die so genannten Warranties and Guaranties müssen wir eben so gering wie möglich halten. Vor allem bei den kritischen Punkten – Mitarbeiter, Kündigungen, Produktfertigstellung, Wert des Unternehmens. Da dürfen wir keine Garantien abgeben."

„Das wird doch bestimmt schwierig", gab Nils zu bedenken.

„Auf jeden Fall. Darum müssen wir den Vertrag selbst aufset-zen", sagte Hagen bestimmt. „Wenn S. M. mit seinen Beratern und Hausjuristen den Vertragsentwurf gestaltet, dann haben wir schon verloren."

„Ach, das klappt schon. Ihr macht das schon. Ihr habt ja schließlich den tollen Plan ausgetüftelt." Nils gab sich zuversicht-lich, machte aber zugleich deutlich, dass er nicht in vorderster Front stehen würde. „Ich helfe euch natürlich. Sagt mir, was ich sagen soll und ich sage es. Im Reden und Überzeugen bin ich Weltklasse!"

„Allerdings." Hagen lachte. Ihm war es egal, dass Nils in erster Linie zuschauen wollte. Das war sogar besser, überlegte er. Denn Nils war zwar ein toller Frontmann, konnte perfekt verkaufen, was andere erdacht hatten, aber er verstand nicht immer, was er sagte. In schwierigen Diskussionen konnte das gefährlich werden. Die moralische Unterstützung von Nils reichte ihm.

„Ich könnte das Geld gut brauchen, ich hab nämlich schon neue Pläne", sagte Nils gerade, als Hagen wieder aus seinen Gedanken auftauchte. „Ich gründe eine neue Firma! Böse Zungen behaupten zwar, ich hätte keine Ahnung von der IT-Branche, doch ich sehe das anders. Ich brauche Fachleute, die sich um die technischen Details kümmern. Die großen Ideen, darum kümmere ich mich."

Hanna zeigte sich interessiert: „Eine neue Firma?"

„Das ist nicht ganz einfach zu erklären." Keine Frage, Nils hatte wieder Oberwasser und sah seine Zukunft wieder so, wie er sie am liebsten sah: rosarot und er als Chef über allen anderen. „Ich sage heute nur so viel: E-Commerce. Ich mische die deutschen Hausfrauen auf. Die Hausfrau von morgen kennt Nils Timmendorf! – Sagt mal, unsere Leute, die werden sich dann auch bald alle einen neuen Job suchen. Kann ich denen, sobald die Katze aus dem Sack ist, ein Angebot machen? Ich würde nämlich gern möglichst viele von ihnen mitnehmen. Ich will euch aber nicht vorgreifen, vielleicht braucht ihr ja auch Leute für den Aufbau eines neuen Imperiums."

„Über den Tag der Abrechnung hinaus habe ich noch gar nicht nachgedacht", gab Hagen zu. „Aber ich glaube nicht, das ich mich gleich wieder in einen abenteuerlichen Unternehmensaufbau stürze."

Hanna pflichtete ihm bei: „Mach du mal nur. Ich bin sogar beruhigt, wenn ich weiß, dass unsere Mitarbeiter nicht im Regen stehen." Nach einer kurzen Pause fügte sie hinzu: „Ich weiß auch noch nicht, was ich nach dem Tag X mache. Vielleicht spiele ich ja weiterhin mit meinem neuen Teampartner Hagen ..."

Der Rachefeldzug

„So Hanna, jetzt geht's ums Ganze." Hagen und Hanna fuhren die kiesbedeckte Auffahrt zu S. M.s Villa hinauf. Bevor sie ausstiegen, schauten sie sich tief in die Augen. Ein Kuss, ein inniger Händedruck – und schon waren sie auf dem Weg zum hell erleuchteten Entree. Daisy trippelte fröhlich an der Leine neben ihnen her. Von Neurose keine Spur mehr; Kemal hatte ganze Arbeit geleistet.

„Heute ist dein Tag gekommen. Der Tag der Rache. Die Abrechnung des Hagen Icks." Hanna machte eine theatralische Handbewegung und hakte sich bei Hagen ein. Er war ein bisschen nervös. Vor Erregung, weil er hoffte, S. M. endlich alle Demütigungen zurückzuzahlen. Aber auch vor Angst, dass irgendetwas schief gehen könnte. Und dass er ohne Unterschrift das Haus verlassen würde. Nur gut, dass Hanna bei ihm war! Sie gab ihm Sicherheit und ein gutes Standing. Doris vermochte ihm beides nie zu vermitteln. Wie es wohl sein würde, sie wiederzusehen?

Ding-dong, der dunkle Ton der Türglocke war der Größe des Hauses durchaus angemessen. Kurz darauf erschien S. M. an der Tür und bat seine Gäste in die große Empfangshalle. „Ihre Pünktlichkeit haben Sie in der New Economy zum Glück nicht eingebüßt, Icks. Löblich, löblich!" Er kicherte albern. Dann, mit einem Blick auf Hanna: „Würden Sie mich mit Ihrer charmanten Begleitung bekannt machen?"

„Guten Abend, Herr Luzius", sagte Hagen förmlich. „Das ist Hanna von Jugenheim, unsere Verbündete bei cool.com. Schön, dass Sie uns hergebeten haben. In privatem Rahmen macht man schließlich die besten Vertragsabschlüsse, nicht wahr?"

Aber S. M. hatte sich längst Hanna zugewandt: „Aha, das ist also Ihre Kollegin, die uns so tatkräftig Schützenhilfe geleistet hat." Er musterte Hanna äußerst wohlwollend: „Guten Abend, Frau von Jugenheim, freut mich sehr, dass Sie mitgekommen sind."

Hanna lächelte S. M. formvollendet an: „Guten Abend, Herr Luzius. Ich war schon sehr gespannt darauf, Sie kennen zu lernen. Ein wunderschönes Anwesen haben Sie hier!"

„Schade, dass es dunkel ist, sonst könnte ich Ihnen meinen Garten zeigen." S. M. war sichtlich geschmeichelt. „Na, dann legen Sie doch erst mal ab. – Doris, begrüße doch bitte unsere Gäste", rief er dann, während er Hanna aus dem schweren Wintermantel half und ihn an der Garderobe aufhängte.

Hagens Herz klopfte nun doch ein wenig. Seine Doris hier in diesem Haus. Tatsächlich kam sie herbeigeeilt. Ihr Gesicht war von der Hitze des Backofens leicht gerötet, ihr Blick wie gewohnt ein wenig herrisch und hart. Sie wischte sich die Hände an ihrer Schürze ab und gab Hanna die Hand, während S. M. die beiden miteinander bekannt machte. Hagen war in mehrfacher Hinsicht erstaunt: Zum einen wunderte er sich, dass es im Hause Luzius kein Personal gab.

Zum anderen wunderte er sich über Doris. So altbacken und irgendwie unsympathisch hatte er seine Exfrau gar nicht in Erinnerung.

Als sie dann Hagen die Hand gab, registrierte er, wie fremd sie ihm geworden war. Höflich überreichte er ihr einen Strauß Nelken, den sie kommentarlos in Empfang nahm. Nun schämte er sich fast, dass er extra Nelken gekauft hatte, weil er wusste, dass Doris sie scheußlich fand. Sie hatte Nelken früher immer verächtlich als ‚Friedhofsblumen‘ oder ‚Alte-Weiber-Schmuck‘ bezeichnet.

Doch Doris überspielte die Situation regungslos. Mit schmalen Lippen wandte sie sich Hagen und Hanna zu und murmelte zweideutig: „Vielen Dank. Die Blumen sind ausgesprochen ausgesucht.“ Hagen musste fast lächeln – so kannte er sie, immer ein bisschen biestig.

Dann wandte sie sich Daisy zu, die aufgeregt an ihr hochsprang. Der Pinscher schien sich aufrichtig zu freuen. ‚Verräter‘, dachte Hagen empört. Doch dann sah er, dass Daisy ihre Hinterbeine spreizte, den Kopf etwas schräg legte und ...

Hagen schaute weg. Das war schließlich Doris’ Haus. Damit hatte er nichts mehr zu tun. Und Daisy war wirklich eine treue Seele.

Hagen dachte an die Doris, die er geheiratet hatte – zickig, launisch, verwöhnt und kapriziös –, aber damals einfach eine gute Partie. Jetzt hatte S. M. das Vergnügen. Oder sie mit ihm, wie man es nahm. Hagen konnte sich nicht vorstellen, dass beide sich friedlich unterhalten oder zärtlich zueinander waren. Auch hier im Haus herrschte ein recht rauher Umgangston, das hatte er sofort gehört.

Er merkte nicht, dass Hanna ihn aufmerksam beobachtete, als er seinen Gedanken nachhing. Und natürlich hatte auch sie das kleine Malheur von Daisy mitbekommen.

„Auf, auf“, tönte S. M. „Jetzt wird erst einmal gegessen. Sie sitzen zwischen uns Männern, Frau von Jugenheim. Meine Doris sitzt dort, in der Nähe der Tür. Wir fanden das am praktischsten, nicht wahr, Doris?"

Hagen beobachtete die Szene mit Schrecken und Schadenfreude zugleich. Und er war erleichtert. Er brauchte sich an seiner Exfrau nicht mehr zu rächen. Was sie sich selbst angetan hatte, war Rache genug. Sie hatte einen ebenbürtigen Gegner im täglichen Kampf gefunden. Und es schien ihm fast, als wäre sie an dieser Situation vor der Zeit gealtert.

Das Essen allerdings war vorzüglich und üppig: Krabbencocktail, Lauchcremesuppe, argentinisches Rindersteak mit Mais und Naturreis und zum Abschluss ein Orangensorbet – Doris hatte sich wirklich Mühe gegeben. Während des Essens lief sie geschäftig zwischen Küche und Speisezimmer hin und her, servierte die Speisen, räumte das Geschirr ab und holte den nächsten Gang. Nebenbei schenkte sie Sekt, Wein und Mineralwasser nach. Nur wenn sie sich unbeobachtet glaubte, warf sie S. M. hin und wieder heimlich giftige Blicke zu. Hagen bemerkte es trotzdem – zunächst mit Genuss, dann ungerührt, schließlich fast mitleidig. Er selbst war ausgesprochen nett zu Doris. In seiner Position konnte er sich das leisten – und sie schien seine freundlichen Aufmerksamkeiten zu genießen.

„Und Sie wollen sich also vom Neuen Markt zurückziehen, Frau von Jugenheim?", eröffnet S. M. die geschäftliche Konversation.

„Na ja", sagte Hanna gedehnt, „Ihr Angebot macht es mir leichter, cool.com zu verkaufen. Wir repräsentieren ja nicht nur die cool.com-Anteile des Managements, sondern auch die der Mitarbeiter, die Sie ja ausdrücklich im ersten Schritt mit erwerben wollen. Bei Ihnen weiß ich das Unternehmen in guten Händen. Sie setzen bestimmt erfolgreich fort, was wir begonnen haben."

„Das denke ich wohl, was Icks?"

„Sicherlich, Herr Luzius. Und was Sie kaufen, ist ja nicht von schlechten Eltern. Eine faszinierende Idee, ein Produkt, das den Alltag revolutionieren wird und dem eine unglaubliche Zukunft offen steht."

Aber das war wohl taktisch gesehen der falsche Einstieg; S. M. jedenfalls reagierte abwehrend: „Na ja, schlecht ist der sicher nicht, euer denkender Kühlschrank. Aber glauben Sie nur nicht, meine Geräte würden deshalb gleich in den Keller verbannt. Seit 150 Jahren stellen wir gute, stabile Kühlschränke her. Und so wird das auch bleiben. LuMa-Kühlschränke – die werden noch eure Enkelkinder kennen und schätzen!"

„Natürlich", pflichtete Hanna ihm schnell bei. „Ein tolles Produkt. Hagen schwärmt sehr davon. Aber den innovativen Kick, den kriegt Ihre Produktpalette erst mit dem Screen-Fridge. Der öffnet Ihnen das Tor in die IT-Welt. Aber das wissen Sie natürlich längst. Sonst würde ein erfahrener Geschäftsmann wie Sie keinen müden Euro investieren."

„Jung, schön und clever – das lob ich mir, was Icks? – Darauf trinken wir! Doris-Liebling, schenkst du uns bitte Wein nach?"

„Kannst du das nicht übernehmen?", ertönte Doris' Stimme aus der Küche, ein leicht genervter Unterton klang eindeutig mit. Aber einen Augenblick später war sie da und schenkte allen von dem schweren französischen Rotwein nach. Hagen und Hanna hatten bisher nur an ihrem Getränk genippt und wollten es auch weiterhin so halten: Sie brauchten unbedingt beide einen klaren Kopf!

„Auf unser Vorhaben", sagte S. M. und hob sein Glas.

„Auf Ihr neues Unternehmen", antwortete Hanna und strahlte ihn an.

„Sie werden sehen, der Deal wird das Gesprächsthema der Branche werden", sagte Hagen doppeldeutig. Und weil keiner etwas sagte, dozierte er: „Akquisitionen oder der Aufbau neuer Geschäftsfelder führen zu Wachstum. Und sie sind einer der drei Hebel, die Manager oder Unternehmer ansetzen können, um selbst die Wertschaffung ihres Unternehmens und damit auch den Börsenkurs zu beeinflussen. Aber das wissen Sie natürlich."

S. M. lächelte überlegen und erwiderte: „Na, jeder mit Köpfchen weiß doch, dass die Zeiten des Wertmanagements angebrochen sind. Allerdings scheinen viele deutsche Manager das nicht einsehen zu wollen."

„Sie sind da anders, Herr Luzius. Sie haben schon immer die Geschicke Ihres Betriebs selbst in die Hand genommen. Das habe ich immer an Ihnen bewundert." Hagen wunderte sich, wie leicht ihm die plumpen Schmeicheleien über die Lippen kamen. Das musste an Hanna liegen. Sie machte ihn einfach selbstsicher – und er war siegessicher. Er hatte es im Gefühl: Heute war sein Tag.

„Ist er nicht euphorisch, wenn es um LuMa geht?", fragte S. M. und tätschelte Hanna das Knie. Das sollte er übrigens im Verlauf des Abends noch häufig tun; ganz zum Leidwesen von Doris – und das war eine ihrer letzten Gemeinsamkeiten – auch von Hagen.

Hagen fuhr fort: „Und wenn wir den Deal abgewickelt haben, dann können Sie sich ja um die anderen Hebel des wertorientierten Managements kümmern ..."

„Sie meinen die Cashflow-Marge, die zeigt, wie viel liquide Mittel relativ zum Umsatz erwirtschaftet werden?", fragte S. M.

„Ja", erwiderte Hagen. „So könnten Sie mithilfe raffinierter Preisstrategien, einer Optimierung der Kostenstrukturen und der Produktverfahren die Liquidität von LuMa deutlich erhöhen. Das wäre doch ein lohnendes Feld. Oder Sie kümmern sich um den Kapitalumschlag, der aussagt, wie effizient die Mittel im Unternehmen eingesetzt werden."

„Stichwort Asset Productivity. An Maßnahmen wie flexible Arbeits-
zeitmodelle und verringerte Komplexität habe ich natürlich auch
schon gedacht. Um so den Cash Value Added zu steigern", ließ sich
nun wieder S. M. vernehmen.

Hanna blicke erstaunt von einem zum anderen. Sollte das hier
ein wirtschaftswissenschaftliches Duell zwischen Hagen und S. M.
werden?

Doch bevor sie etwas sagen konnte, hatte S. M. wieder das Wort
ergriffen: „Außerdem bin ich der Meinung, dass die LuMa ihre
Erfolge stärker als bisher nach außen kommunizieren muss. Damit
die Großanleger davon Wind kriegen – und der Kurs steigt. Tja, Sie
sehen, die Herren der alten Schule sind eben doch nicht von gestern
– und neuen Dingen gegenüber durchaus aufgeschlossen!"

S. M. lächelte triumphierend. „Icks, Icks, wir beide haben noch
viel miteinander vor. Wir hatten ja auch mal unsere Schwierigkeiten
– aber Schwamm drüber." In einem Zug leert er das Glas. „So, jetzt
müssen wir erst mal unseren Deal absegnen. Alles andere folgt
später."

„Sicher", sagte Hagen schnell. „Aber ich weiß doch, dass Sie bei
Ihren geschäftlichen Entscheidungen nicht nur an heute denken,
sondern größere Zeiträume im Blick haben."

„So ist das, Hagen. Sie haben doch viel bei mir gelernt! Na, das
können Sie ja schon bald wieder in mein Unternehmen, mein
erweitertes Unternehmen, einfließen lassen. Und diese ganzen
Ideen, die Sie da eben ausgebreitet haben, die setzen wir im Laufe
der Zeit alle um. Wir zeigen den anderen, wie LuMa den Shareholder-Value steigert, was? Und Frau von Jugenheim kann doch die
Investor Relations übernehmen, was?"

Hanna sagte lächelnd: „Kein uninteressantes Angebot, Herr
Luzius. Ich werde darüber nachdenken!"

„Also, dann lasst uns mal zum geschäftlichen Höhepunkt des Abends kommen. Aber das sollten wir im Herrenzimmer besprechen, Icks." S. M. erhob sich und ging mit rotweinschwerem Schritt voraus. „Sie nehmen doch auch eine Zigarre, was Icks?"

Hagen bejahte, obwohl ihm vor den Dingern grauste. Hanna ließ sich von diesen Relikten der Altherren-Herrlichkeit nicht abschrecken. Mit der größten Selbstverständlichkeit hakte sie sich bei S. M. ein und säuselte: „Ein richtiges Herrenzimmer habe ich noch nie gesehen. Wer kann sich so etwas auch heute noch leisten – und weiß solch stilvolle Gemütlichkeit noch zu schätzen?"

Damit hatte Hanna die Initiative übernommen. S. M. blieb keine Wahl, also ergab er sich in sein Schicksal. Dann würden sie den Deal eben zu dritt besprechen. Versöhnlich öffnete er eine Flasche Weinbrand und goss jedem ein Glas ein.

„Ein guter Tropfen hinterher, das muss einfach sein!" Er hob sein Glas und stürzte den schweren Weinbrand auf einen Zug hinunter. Hagen hingegen ließ den Inhalt seines Glases unauffällig im Blumenarrangement zu seiner Linken verschwinden. Hanna nippte nur.

S. M. füllte die Gläser sofort nach: „Auf einem Bein steht's sich schlecht. – Nun, Icks, jetzt in medias res – Wie sieht's aus?"

„Herr Luzius, also wir haben ja schon fast alles in den vergangenen Tagen und Wochen besprochen. Alle für den Deal notwendigen Informationen habe ich Ihnen bereits mitgeteilt. Unsere Rechtsanwälte haben alles wasserdicht gemacht, der Vertrag steht." Hagen räusperte sich. Nur gut, dass man Worte so und so auslegen kann. Denn er hatte zwar mit den Rechtsanwälten gesprochen, aber den Vertrag hat er im Großen und Ganzen selbst aufgesetzt. Nur schnell weitersprechen, bevor Luzius Lunte roch. Oder bevor er merkte, dass Hanna ihren Weinbrand für Daisy in den flachen Blumenteller geschüttet hatte. Hagen grinste innerlich.

„Also, der Zeitpunkt des Eigentumsübergangs ist geklärt. Die Übergabe aller Rechte und Besitze ebenfalls. Nun wäre da noch der Kaufpreis."

„Was ist denn damit?", schnaubte Luzius und schwenkte sein Glas unwillig in der Hand hin und her.

Hanna schaltete sich ein: „Nun, Herr Luzius, ich bin ja eine Art Mittlerin. Herr Icks hat mich eingeweiht und wie Sie wissen, unterstütze ich Ihre Pläne. Doch ich kenne auch die Position meiner Kollegen. Die haben in den vergangenen Jahren viel Energie und Kraft in den Aufbau von cool.com gesteckt. Sie haben eine zukunftsweisende und sehr viel versprechende Produktidee geboren. Viel Know-how, sehr kreative Mitarbeiter machen dieses innovative Unternehmen aus. Außerdem dürfen Sie nicht vergessen, dass der Deal Ihnen viele Vorteile bietet: Ihre Produktpalette ist – nun, sagen wir, ein wenig veraltet. Auf einen Schlag haben Sie einen Fuß in der New Economy und dem IT-Sektor. Auf einen Schlag haben Sie das gemacht, wovon andere gewiefte Unternehmer lange träumen: Durch Akquisition kaufen Sie Know-how und kompetente Mitarbeiter ein. Sie haben schlagartig ein neues, spannendes Image. Und Sie erhalten so kurzfristig den Anschluss an sich schnell entwickelnde Marktsegmente. Damit bleiben Sie aber auch im Kerngeschäft, was heutzutage immer weniger Unternehmer tun. Doch die, die es tun, fahren gut. Sie merzen die Konkurrenz aus und können ihr Standing in der Branche verfestigen. Und Sie können ihren Einfluss ausdehnen." Hanna nippte an ihrem Glas und fuhr fort:

„In Zeiten der Globalisierung ist es schließlich auch wichtig, an Größe zu gewinnen. Ganz besonders empfehlenswert ist der Aufkauf von Konkurrenten oder Unternehmen, die ein ähnliches Marktsegment bedienen – insofern haben Sie bei der Wahl von cool.com Geschäftssinn und den richtigen Riecher bewiesen. Ein positiver Nebeneffekt solcher Akquisitionen ist häufig – und bei LuMa bin ich mir da ganz sicher – die Höherbewertung der übernehmenden Firma. Damit wären wir wieder beim Shareholder-Value, den Sie mit diesem Deal wunderbar erhöhen können. Außerdem werden Sie über Ihre Vertriebskanäle erst richtig die Power aus den cool.com-Produkten ziehen können."

„Was heißt das in Euro?" S. M. schnaubte erneut.

„Fünf Millionen Euro mehr als bislang diskutiert", erwiderte Hagen, bereit, zur Not einen Schritt zurückzumachen. Kaufverträge über beide Summen hatte er dabei. Die Hauptsache war, S. M. unterschrieb einen von beiden. Doch dieser schien nicht sehr geschockt – sie hätten also noch mehr verlangen können. Trotzdem fing er an abzuwehren: „Oh, das ist so natürlich nicht möglich, Icks. Da muss ich mich erst mit den Kollegen in den USA abstimmen – immerhin brauche ich dafür eine Vollmacht, sie verstehen?"

Doch Hagen ließ sich nicht bluffen, er kannte S. M. als Geschäftsmann nur zu gut. Augenzwinkernd machte er ihn darauf aufmerksam: „Aber Herr Luzius, da haben Sie doch sicher schon vorgebaut, ein so erfahrener Geschäftsmann wie Sie – ich bitte Sie ..." Und er hatte natürlich Recht mit seiner Einschätzung.

Grinsend lenkte S. M. ein: „Na, das tut mir zwar weh, aber ich denke, das kann ich noch verkraften. Das Produkt ist ja prima. Na ja, und wenn Sie meinen, die Mitarbeiter wären auch gut, soll's mir recht sein. Wir werden sehen, ob dann nicht doch der eine oder andere zu ersetzen ist."

Schwups, wieder war ein Glas Weinbrand leer. „Icks, Sie trinken doch noch mal mit Ihrem alten und neuen Chef?" Ein weiteres Glas von Hagen floss in das Blumenarrangement.

„Und Sie, Frau von Jugenheim, Sie machen für mich die Investor Relations. Reden, ja reden können Sie ja prächtig." S. M. stieß mit Hanna an, die ihn süß anlächelte und bewusst ignorierte.

„Herr Luzius, dann wären Sie also mit cool.com handelseinig?", fragte Hagen vorsichtig.

„Ja!", sagte S. M., der aufmerksam Hanna beobachtete. Sie hatte sich soeben mit einem entzückenden „Ich darf doch" aus dem tiefen Clubsessel erhoben und zu S. M. heruntergebeugt. Geübt schenkte sie ihm nach. Nun stieß Hanna mit ihm an, allerdings nippte sie nur.

Hagen öffnete seinen Aktenkoffer und nahm den Kaufvertrag mit dem vereinbarten Kaufpreis heraus. „Schreiten wir nun zur Unterschrift!"

Hagen stapelte alle Exemplare des Kaufvertrags auf dem Tisch. Hanna und die anderen Eigentümer von cool.com hatten bereits unterschrieben, nur S. M. fehlte jetzt noch. Die Unterschrift, die alles verändern sollte. Das Zeugnis seiner Rache.

„Bitte, je einmal", sagte Hagen und nahm jedes unterschriebene Exemplar an sich. „So, das Letzte ist für Sie. – Jetzt haben Sie erreicht, was Sie wollten. Ich gratuliere, Herr Luzius!" Hagen gab ihm die Hand.

„Lassen Sie uns auf den Deal anstoßen. Ich hatte zwar Champagner für diesen Moment kalt gestellt, doch ich denke, wir bleiben bei diesem edlen Tropfen. Ist Ihnen doch recht – oder?"

Hanna und Hagen nickten. Schnell waren die Gläser voll – und wieder leer.

Doris kam nun auch in die Bibliothek. Sie hatte ihre Schürze abgelegt und sich ein wenig zurechtgemacht. Spöttisch schaute sie auf S. M. hinunter, der rotgesichtig und schwitzend in seinem Sessel saß. „Na, Schatz, ist Dir heiß geworden?" Ihre beißende Stimme zerschnitt den Raum förmlich, als sie sich zu ihm hinunterbeugte und ihn schmerzhaft in die Wange kniff. „Tja, mein Dickerchen, man wird eben nicht jünger."

Sie wandte sich an Hagen. „So, alles unter Dach und Fach? Ich bin sicher, ihr habt wie immer ein gutes Geschäft für die LuMa ausgehandelt. Dann gehst du jetzt wieder?" Sie schaute Hagen von unten nach oben an. „Ja, wir gehen", sagte Hagen, das „wir" betonend. Doris schaute zu Hanna, die lächelte.

Doris etwas schrille Stimme ertönte erneut: „Aber Daisy könnt Ihr ruhig dalassen. Ich weiß ja, dass du kein Verhältnis zu Tieren hast, Hagen."

Hagen konterte: „Das hattest du bei deinem Auszug irgendwie vergessen."

Doris errötete: „Ging alles ziemlich schnell damals. Die Gelegenheit war nicht so günstig für einen Hund. Aber jetzt mache ich an Daisy alles wieder gut."

„Brauchst du nicht. Daisy und ich haben die Zeit zu zweit genutzt, um uns anzufreunden." Hagen war selbst überrascht, als er sich das sagen hörte. Immer hatte er sich den Zeitpunkt herbeigesehnt, wenn er den Pinscher wieder los wäre. Doch jetzt, da es so weit war, wollte er den Hund behalten. Hanna mochte Daisy ja auch.

„Wenn du unbedingt einen Hund willst, kauf ich dir eben einen neuen. Einer ist doch so gut wie der andere." S. M. drückte Doris grob an sich. Ihr schien die Szene peinlich zu sein.

„Nun, wir müssen morgen früh raus. Wir sollten jetzt aufbrechen", Hagen leitete höflich den Rückzug ein. Hanna stand sogleich neben ihm, abmarschbereit. S. M. und Doris brachten sie noch bis zur Tür. Doris holte die Mäntel aus der Garderobe. Daisy torkelte zwischen Hanna und Hagen herum. „Was ist denn mit dem Hund los?" Doris blickte erstaunt auf das schwankende Knäuel zu ihren Füßen. „Ach, das hat sie manchmal", beeilte sich Hanna zu erklären. „Die Süße ist ja so albern." Schnell ergriff sie den angetrunkenen

Pinscher. Noch ein kurzer Händedruck und draußen waren sie. Hanna, Daisy, Hagen – und der unterzeichnete Kaufvertrag!

Erst als ihr Wagen die Auffahrt hinuntergefahren war, wagten sie, ihre Freude lautstark zu zeigen. Und wenn Daisy nicht ihren Rausch ausgeschlafen hätte, wäre ihr Kläffen wahrscheinlich so begeistert wie nie zuvor ausgefallen.

Auf der Fahrt hatten sie dann ausreichend Zeit, über das viele Geld zu sprechen, das ihnen nun zustand. Nils holten sie via Handy mit in das Gespräch. Begeistert tauschten sie zu dritt unzählige Varianten des Asset Managements aus und wurden dabei immer alberner. Mit professioneller Vermögensverwaltung hatte das nichts mehr zu tun. Als Hagen davon anfing, eine eigene Pinscherzucht ins Leben zu rufen, und Hanna dagegenhielt, dass sie hier keine Chancen in einem ausgereiften Produktentwicklungsplan sähe, beendete Nils das Gespräch – so viel Humor hatte er nun doch nicht.

„So richtig gut kennt sich eigentlich keiner von uns aus beim Asset Management", meinte Hanna, als sie wieder ernster geworden waren. „Schon das Wort macht mir Angst. Da kann man ganz schön viel falsch machen, glaube ich. Oder bist du ein Anlageprofi?"

„Nee, überhaupt nicht. Ich hatte nie genug Zeit, mich darum zu kümmern. Selbst mit dem bisschen, das bei mir bisher immer übrig geblieben ist am Monatsende, bin ich zur Bank gegangen und habe mich beraten lassen. Und jetzt geht es ja um ganz andere Summen."

„Ich bin sofort dabei, wenn wir mit unserem Geld zu einer Bank gehen. Ich glaube, das Gefühl kann ich genießen: Ich nehme das Asset Management einer Bank in Anspruch. Das klingt doch klasse, oder?"

Hagen musste grinsen.

„Lachst du jetzt über mich?", fragte Hanna und stupste ihn an.

„Natürlich nicht." Hagen zwinkerte ihr zu. „Es sind auch schon viel zu viele Leute auf die Nase gefallen, die dachten, sie kämen allein klar mit ihrem Vermögen. Ich habe da neulich eine Geschichte gehört, da ist einer richtig zugrunde gegangen, weil er scheinbar alles falsch gemacht hatte. Der war CEO von einem erfolgreichen Start-up. Weil die Aktie bei der Börseneinführung völlig überzeichnet war, hat er einen kleinen Teil seiner eigenen Aktien verkauft. Die fünf Millionen Euro, die er damit verdient hat, hat er dann ohne professionelle Beratung angelegt – und zwar in Neue-Markt-Werte."

Asset Management

Als Asset Management bezeichnet man die professionelle Vermögensverwaltung für Dritte unter Berücksichtigung von Risiko- und Ertragsgesichtspunkten.

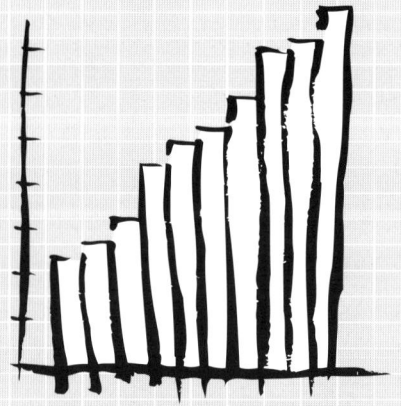

Portfoliotheorie

Ziel der Portfoliotheorie (Portfolio Selection) ist es, ein Portfolio zu schaffen, in dem eine optimale Kombination von Wertpapieren (Finanztiteln) den Gewinn maximiert und das Risiko minimiert. Eine Risikominimierung beziehungsweise Gewinnoptimierung erreicht die Portfolio Selection durch die breite Streuung des Investitionsbetrags auf mehrere verschiedene Wertpapiere (Diversifikation). Ein für alle Investoren gleichermaßen optimales Wertpapier-Portfolio gibt es nicht, da die Risikoneigung der Anleger unterschiedlich ausgeprägt ist.

Anlagestrategien

Man unterscheidet zwei Arten von Anlagestrategien. Das Minimum Vari-

„Das ist doch ganz vernünftig, oder?"

„Nicht so ganz. Die Geschichte geht nämlich noch weiter: Sein Aktienpaket hat nämlich plötzlich um 75 Prozent an Wert verloren – das ist ja vielen am Neuen Markt passiert. In dem Moment flatterte ihm die Steuerforderung ins Haus. Der Gute musste zweieinhalb Millionen Euro zahlen auf den Fünf-Millionen-Gewinn. Und genau das hat ihm das Genick gebrochen. Denn sein Aktienpaket war ja nur noch eine halbe Million Euro wert." „Oje, der Arme." „Genau. Denn wenn er nun die Anteile verkaufen würde, die er noch am eigenen

ance Opportunity Set eignet sich für sicherheitsorientierte Anleger. Wertpapiere mit geringer Standardabweichung sollen Gewinn mit möglichst geringem Risiko realisieren.

Bei der Efficent-Set-Strategie besteht das Portfolio aus Finanztiteln, die höheren Kursschwankungen unterliegen. Dies birgt zwar ein gewisses Risiko, bietet aber die Möglichkeit, eine hohe Rendite zu erzielen.

Fonds

Als Fonds werden Geldmittel für bestimmte Zwecke bezeichnet. Investmentfonds sind Sondervermögen, die von Kapitalgesellschaften durch die Ausgabe von Anteilsscheinen beschafft und gemäß den Anlagerichtlinien und im Interesse der Anteilseigner angelegt

werden. Es gibt drei Arten von Investmentfonds: Wertpapiersondervermögen, Immobilienfonds und Beteiligungssondervermögen.

Grundsätzlich unterscheidet man offene Fonds mit einer unbegrenzten Anzahl der auszugebenden Fondsanteile und geschlossene Fonds mit begrenzter Anzahl der auszugebenden Fondsanteile.

Kapitalanlagegesellschaften

Kapitalanlagegesellschaften sind Unternehmen, die bei ihnen investiertes Geld nach dem Prinzip der Risikomischung anlegen und verwalten. Die Geldmittel beschaffen sie sich durch den Verkauf von Investmentzertifikaten, die das Miteigentum am jeweiligen Sondervermögen verbriefen.

Unternehmen hält, dann ginge der Kurs genauso den Berg runter. Außerdem müsste er noch mehr Steuern zahlen, weil er ja wieder Gewinne macht. Das Ende vom Lied ist jedenfalls, dass ihm nun der Offenbarungseid droht. Und das hätte man verhindern können. Denn die Asset Management-Profis einer Bank kennen sich in dem ganzen Dschungel gut aus. Sie hätten das alles sicher geschickter gedealt."

„Dann sollten wir am besten gleich einen Bank-Termin vereinbaren", meinte Hanna entschlossen. „Na, so sehr brennt es uns doch nicht unter den Nägeln. Erstmal müssen wir das Geld ja haben", lachte Hagen.

Vergnügt fuhren sie nach Hause – die Welt stand ihnen offen, ihre Perspektiven waren grenzenlos.

Epilog: Ein Traum wird wahr

Von der voll besetzten Veranda der beliebten „California Bar" klingt ein fröhliches Stimmengewirr hinüber. Alle Tische sind besetzt. Hagen bewundert den Sonnenuntergang. Hanna liest in einer deutschen Zeitung. „Hast du das eigentlich mitbekommen, Liebling? Kemal will zum Film."

Grinsend schaut Hanna von ihrer Zeitung hoch. „Als Dompteur für freche Pinscher, oder was?" Hagen kichert in sich hinein. „Quatsch, nach Hollywood, als Schauspieler. Er hat sich an einer richtigen Schauspielschule angemeldet. Ich finde das klasse. Und ganz schön mutig."

„Also ich fand uns auch mutig, Liebling." Hanna hat die Zeitung kurz beiseite gelegt. „Immerhin haben wir alle Zelte in Deutschland abgebrochen, um hier von unseren Zinsen zu leben. Und ich wusste vorher nicht, ob ich es mit dir den ganzen Tag lang aushalte." Lächelnd fügt sie hinzu: „Na ja, du hast dich ganz schön verändert – wie Daisy übrigens auch."

„Wieso wie Daisy auch? Wie meinst du das?" Hagen blickte sie verblüfft an.

Und Hanna zählt auf: „Du bist nicht mehr so neurotisch. Keine spontane Darmentleerung mehr. Du bellst nicht mehr grundlos. Und vor allem: Du springst Journalisten nicht mehr auf den Schoß." Hagen prustet los. „Weißt du noch? Das war'n Ding, oder?" Beim Gedanken an die Pressekonferenz muss er immer wieder lachen. Zu albern war die Situation gewesen. Er greift nach seinem Glas und zieht genüsslich an seinem Strohhalm.

Neben ihm setzt sich Hanna mit einem Ruck auf. „Hör mal zu, was hier steht: ‚Skandal am Neuen Markt. dpa. Das erfolgreiche und viel versprechende Start-up-Unternehmen cool.com, vor der Erstnotiz im vergangenen Herbst tausendfach überzeichnet, hat den Kurs zum Einsturz gebracht. Nach der Übernahme durch die Old-Economy-Firma Luzius-Maschinen sank der Aktienwert von cool.com von 174,30 Euro auf 4,25 Euro. Den Grund für diese Talfahrt sehen Experten im Verlust der Mitarbeiter-Kapazitäten. Als in der Old Economy traditionell unterschätzter Vermögenswert eines Unternehmens haben diese ‚Walk-away-Assets' der Aktie nun offensichtlich das Genick gebrochen. Offensichtlich war die Geschäftsführung nicht in der Lage, das dringend notwendige Know-how zu halten. Der bisherige Geschäftsführer S. M. musste das Unternehmen wegen seines erfolglosen Managements verlassen. Diese Entwicklung gibt der Equity-Story von cool.com, die am Neuen Markt einschlug wie ein Bombe, voll und ganz Recht. Sie bestätigt die enorme Bedeutung eines gut funktionierenden und zufriedenen Teams für den Erfolg eines Unternehmens.' Langsam verstehen auch die Journalisten, worum es uns immer ging." Hanna grinst Hagen an. „Hör zu, es kommt noch besser. ‚Nahezu die komplette Belegschaft hatte nach der Übernahme cool.com verlassen und war geschlossen in die neue Firma des jungen Mitbegründers Nils Timmendorf gewechselt. Anhand des hervorragenden Wissenskapitals seiner Mitarbeiter kann nils.com auf fantastische Gewinne im nächsten Jahr hoffen. Das Produkt der jungen Firma ist noch nicht bekannt, doch schon häufen sich die Hinweise in Fachzeitschriften, dass nils.com der neue Geheimtipp von Investoren ist. cool.com wird sich Spekulationen zufolge am Neuen Markt nicht halten können – zumal das Konkurrenzprodukt, ein Screen-Fridge der amerikanischen Firma SilyKit, vor vier Wochen im kalifornischen Silicon Valley präsentiert wurde. Das ist sicher das Ende eines der hoffnungsvollsten Start-ups des Neuen Marktes des letzten Jahres.' Was sagst du dazu, Hagen?"

„Tja, so eine Bilanz muss eben aufgehen. Und dazu gehören immer mindestens zwei Seiten. Findest du nicht auch?" Hagen nimmt Hanna die Zeitung aus der Hand und beginnt, sie zärtlich im Nacken zu kraulen.

„Beruflich ist unsere Bilanz aber noch nicht aufgegangen. Meine jedenfalls nicht. Ich mag mich noch nicht zur Ruhe setzen." Hanna ist wild entschlossen.

„Du brauchst wohl ein neues Projekt, was?", fragt Hagen etwas enttäuscht. Er hätte solche Diskussionen lieber verschoben.

„Irgendetwas Sinnvolles muss man doch mit seinem Leben anfangen. Einfach nur dasitzen und zusehen, wie sich das Geld mit dem richtigen Asset Management vermehrt – das reicht mir nicht."

„Können wir wenigstens eine kurze Ruhephase einlegen, mehr privat, so für uns zwei?"

Er erntet nur einen wilden Blick. Jetzt schauen beide dem Sonnenuntergang zu. Stille.

Der Abendwind weht Wortfetzen vom Nachbartisch herüber: „... Konjunkturdaten ziemlich gut ... Talsohle durchschritten ... NEMAX stabilisiert ..."

Vier junge Leute diskutieren immer lauter, ohne auf die anderen Gäste zu achten.

„Die Gentechnologie ist ganz sicher die Zukunft!"

„Wir müssen einfach nur unsere Liquiditätskrise überwinden!"

„Das ist aber leichter gesagt als getan!"

„Genau, wie willst du das schaffen?"

Hagen und Hanna setzen sich auf. Beide bekommen leuchtende Augen und haben ein breites Grinsen im Gesicht. Sie sehen sich lange an, jeder weiß genau, was der andere denkt.

Dann drehen sie sich zum Nachbartisch um: „Wir haben da ein paar gute Ideen ... Wenn wir Ihnen helfen dürfen ..."

Danksagung

Dieses Buch konnte nicht ohne die Mithilfe vieler Menschen entstehen. Mein besonderer Dank gilt meiner Familie. Meinen Eltern, insbesondere meiner Mutter, danke ich dafür, dass sie mich so nachhaltig unterstützte und mir den Weg zur Freude am Schreiben ebnete. Meine Frau und meine beiden Kinder haben großes Verständnis aufgebracht und mir für dieses Vorhaben ausreichend Zeit und die notwendigen Freiräume gegeben.

Inhaltlich und thematisch zielführend waren die vielen Diskussionen im Kreis meiner Kollegen. Hier sind insbesondere Gunter Barghorn, Michael Gernalzick und Holger Kinner hervorzuheben. Die (Mitarbeiter-)Bilanz verdankt ihnen wesentliche Impulse.

Bedanken möchte ich mich auch bei den kreativen Köpfen, die bei der Entstehung des Buches aktiv mitgewirkt haben. Namentlich zu erwähnen sind Claudia Cornelsen, Dr. Ulrike Schömig und Cornelia Aichele, die sich um die Buchkonzeption und die Recherche gekümmert haben. Wertvolle Textbeiträge kamen von Jasmin Haery, Roberto Hohrein, Nadja Encke, Alexander Radziwill, Dr. Andrea Groß, Katrin Bischl und Cornelia Aichele. Mary Thürmer übernahm die Redaktion, den letzten dramaturgischen Schliff gab Carola Kupfer diesem Buch.

Danken möchte ich auch dem verlag moderne industrie, vor allem Frau Boos, die sich sehr engagiert für dieses Projekt eingesetzt hat, und Frau Fuchs, die das fertige Manuskript lektorierte.

Ohne sie alle wäre dieses Buch nicht zustande gekommen.

Literaturhinweise

Kapitel 1
Schwerpunkt: Bilanzierung – Rechnungswesen – US-GAAP – HGB

- COENENBERG, ADOLF G. (2001): *Jahresabschluss und Jahresabschlussanalyse. Betriebswirtschaftliche, handelsrechtliche und internationale Grundsätze – HGB, IAS, US-GAAP*, 18. Auflage, verlag moderne industrie

  Grundlagenwerk zur gesamten Bilanzierung und Jahresabschlussanalyse für sowohl den Einzel- als auch den Konzernabschluss nach nationalen und internationalen Regelungen, den IAS und US-GAAP, einschließlich der zugrunde liegenden Bilanztheorie. Für Studenten und Wirtschaftspraktiker gleichermaßen geeignet.

- ENGELHARDT, WERNER; RAFFEÉ, HANS; WISCHERMANN, BARBARA (1999): *Grundzüge der doppelten Buchhaltung*, 4. Auflage, Gabler Verlag, Taschenbuch

  Ein leicht verständliches Buch zur Finanzbuchhaltung, das es erlaubt, sich die Geheimnisse der Finanzbuchhaltung auch im Selbststudium zu erschließen, und auch zur Auffrischung dient. Mit Aufgaben und Lösungen.

- HAHN, HEINER; WILKENS, KLAUS (1997): *Buchhaltung und Bilanz, Teil A, Grundlagen der Buchhaltung*, 5. Auflage, Oldenbourg Verlag

  Das Buch führt in diesem Teil eingängig in die Systematik der Buchhaltung ein und ist auch als Kompendium geeignet.

- DÖRING, ULRICH; BUCHHOLZ, RAINER (2001): *Buchhaltung und Jahresabschluss,* 7. Auflage, E. Schmidt Verlag

  Eine kompakte und übersichtliche Darstellung der Problematiken bei der Aufstellung von Jahresabschlüssen. Auch als Lehrbuch zur Bilanzanalyse geeignet und durchaus praxistauglich. Mit Aufgaben und Lösungen.

- FÖRSCHLE, GERD; HOLLAND, BETTINA; KRONER, MATTHIAS (2001): *Internationale Rechnungslegung: US- GAAP, HGB und IAS,* 5. Auflage, Economica Verlag

  Zum Vergleich der internationalen mit dem deutschen Rechnungslegungsstandard sehr gut geeignet. Im Buch sind praktische Beispiele enthalten, die den jeweiligen Unterschied prägnant vermitteln. Sehr aktuell in der neuesten Auflage.

Kapitel 2:
Schwerpunkt: Finanzierungsformen

- PERRIDON, LOUIS; STEINER, MANFRED (1999): *Finanzwirtschaft der Unternehmung,* 10. Auflage, Verlag Vahlen

  Als Standardwerk zur Finanzwirtschaft taucht das Buch nicht nur häufig in der wissenschaftlichen Literatur auf, sondern eignet sich bei Vorkenntnissen sehr gut als Lehrbuch und zur Auffrischung.

- BREALEY, RICHARD; MYERS, STEWART (2001): *Principles of Corporate Finance,* McGraw-Hill Verlag, Taschenbuch

  Gerade für Einsteiger in die Materie der Finanzierung eignet sich dieses Buch in englischer Sprache vorzüglich. Die Autoren verstehen es, auch komplizierte Sachverhalte einfach und verständlich darzustellen.

- FEUCHT, MICHAEL, Hrsg. (2001): *Praxis-Lexikon Finanzmanagement,* verlag moderne industrie

  Im Mittelpunkt dieses Lexikons stehen Finanzierungsinstrumente und Investitionsrechnungen. Beispiele und Modellrechnungen zeigen anschaulich, wie Investitionen bewertet und deren Finanzierung aus Eigen- oder Fremdmitteln durchgeführt werden können. Ein Buch für die berufliche Praxis.

- BETSCH, OSKAR; GROH, ALEXANDER; LOHMANN, LUTZ (2000): *Corporate Finance,* 2. Auflage, Verlag Vahlen

  Ein als Kompendium und zur Vertiefung gelernten Wissens bestens geeignetes Buch. Fundierte Vorkenntnisse sind hier jedoch Voraussetzung.

Kapitel 3:
Schwerpunkt: Business Angels

- BRETTEL, MALTE; JAUGEY, CYRIL; ROST, CORNELIUS (2000): *Business Angels. Der informelle Beteiligungskapitalmarkt in Deutschland,* Gabler Verlag

  Spannend von Start-up-Unternehmern geschriebenes Werk über persönlich zugetragene Erlebnisse mit Business Angels. Darüber hinaus werden noch Wege und Auswahlkriterien zu Business Angels sowie ein Überblick über die verschiedenen Finanzierungsmöglichkeiten geliefert.

- BETSCH, OSKAR; GROH, ALEXANDER; SCHMIDT, KAY (2000): *Gründungs- und Wachstumsfinanzierung innovativer Unternehmen,* Oldenbourg Verlag

  Wissenschaftlich geschriebenes Buch, dass sowohl umfassend über die Vor- und Nachteile der verschiedenen Finanzierungsformen informiert, als auch als Entscheidungshilfe bei der Wahl der geeigneten Gesellschaftsrechtsform dienen kann. Enthalten ist ebenso eine empirische Studie zur Beteiligungsfinanzierung bei Unternehmen des Neuen Marktes.

- Interessante **Links** zum Thema:

  Business Angels Netzwerk Deutschland e.V. (BAND): www.business-angles.de

  Venture Management Services der Deutschen Börse AG: www.deutsche-boerse.com

Kapitel 4:

Schwerpunkt: Businessplan

- KUBR, THOMAS; ILAR, DANIAL; MARCHESI, HEINZ (1999): *Planen, gründen, wachsen. Mit dem professionellen Businessplan zum Erfolg,* 2. Auflage, Ueberreuter Verlag

  Das Buch gibt wertvolle Planungs- und Strukturierungshilfen bei der Erstellung von Businessplänen und eignet sich als Einstieg in die Thematik.

- DEUTSCHE BANK: „db business plan"-CD-ROM

  Auf dieser CD-ROM befinden sich ein vorformatierter Businessplan mit zum Teil sehr ausführlichen Fragen zu jedem Kapitel sowie Muster-Tabellenkalkulationsblätter zur Finanzplanung. Insgesamt eine empfehlenswerte Arbeitshilfe.

Kapitel 5:
Schwerpunkt: Venture Capital

- STADLER, WILFRIED, Hrsg. (2000): *Venture Capital und Private Equity. Erfolgreich wachsen mit Beteiligungskapital,* Deutscher Wirtschaftdienst, Köln

  Hier wird dem Leser ein umfassender Überblick über das aktuelle Thema der Equity-Finanzierung gegeben, ohne dabei oberflächlich zu bleiben. Die Autoren geben einen Überblick über die VC-Szene in Deutschland und die Kapitallandschaft der Nachbarländer. Sehr praxisnah und verständlich geschrieben.

- GEIGENBERGER, ISABEL (1999): *Risikokapital für Unternehmensgründer. Der Weg zum Venture Capital,* C. H. Beck Verlag, Taschenbuch

  Ein übersichtliches Buch, das sich durch seine umfassende und knappe Darstellungsweise als Leitfaden sowohl für Anleger als auch für Unternehmensgründer eignet.

- Einige interessante **Links** zum Thema:

  Bundesverband Deutscher Kapitalbeteiligungsgesellschaften mit bereits etwa 200 ordentlichen Mitgliedern: www.bvk-ev.de

  VC-Panel, eine laufende Beobachtung des Marktes durch Mackewicz & Partner und den VDI nachrichten unter Teilnahme der 14 größten VC-Gesellschaften: www.mackewicz.de/vcp/vc_panel.html

Kapitel 6:
Schwerpunkt: Mitarbeiterbeteiligung

- FIEDLER-WINTER, ROSEMARIE (2000): *Innovative Mitarbeiterbeteiligung. Beispiele aus der Praxis,* 2. Auflage, verlag moderne industrie

  Ein umfassender Überblick über Aufbau, Erfolg, Schwierigkeiten und Problemlösungen von Mitarbeiterbeteiligungsmodellen in

Unternehmen aller Größen und Branchen. Über 35 autorisierte Praxisbeispiele sowie Erfahrungen und Prognosen namhafter Persönlichkeiten aus Wirtschaft, Wissenschaft und Politik.

- HARRER, HERBERT (2000): *Mitarbeiterbeteiligungen und Stock-Option- Pläne,* C. H. Beck Verlag

Hier werden vor allem alle Facetten von Stock-Option-Plänen mit ihren arbeits-, steuer-, gesellschafts-, aktien- und bilanzrechtlichen Problemstellungen vorgestellt. Andere Modelle kommen jedoch nicht zu kurz, wenn sie auch nicht in aller Ausführlichkeit behandelt werden. Mit lehrreichen Praxisbeispielen.

- WAGNER, KLAUS R. (1999): *Kapitalbeteiligung von Mitarbeitern und Führungskräften. Möglichkeiten, Chancen, Visionen,* Recht und Wirtschaft Verlag

Zum Thema der Gehaltsflexibilisierung und Mitarbeiterbeteiligung lässt dieses Buch keine Fragen offen und bietet zugleich eine exzellente Übersicht über die rechtlichen Grundlagen innovativer Beteiligungsformen.

- BÜHNER, ROLF; AKITÜRK, DENIZ (1999): *Neue ziel- und qualifikationsorientierte Entgeltsysteme,* TCW Transfercentrum, München

Der 80-Seiten-Report ist die ideale Einstiegslektüre, um sich in der Funktionsweise moderner Entgeltsysteme zurechtzufinden – kompakter geht es nicht. Interessante Fallstudien, mitunter auch innovative Vergütungsmodelle für weniger qualifizierte Mitarbeiter.

- HAVRANEK, CHRISTIAN; NIEDL, KLAUS (1999): *Gehaltsmanagement,* Ueberreuter Verlag

Das von Personalprofis verfasste Werk ist auf die praktische Umsetzung innovativer Gehaltsmodelle in Unternehmen spezialisiert und beleuchtet neben Problemen der technischen Umsetzung auch die vielfach vernachlässigte kulturelle Komponente.

Kapitel 7:

Schwerpunkt: IPO

- LÖHR, ANDREAS (2000): *Börsengang,* Schäffer-Poeschel Verlag

  Die gelieferte Abwägung von Chancen und Risiken eines Börsengangs sowie die Auswahl des geeigneten Zeitpunkts macht das Buch zu einem interessanten Ratgeber. Themen wie strukturierter Ablauf, optimale Planung und rechtliche Voraussetzungen werden ebenfalls behandelt.

- BLÄTTCHEN, WOLFGANG; JACQUILLAT, BERTRAND (1999): *Börseneinführung. Theorie und Praxis,* Fritz Knapp Verlag

  Im Vordergrund stehen hier die vielseitigen Anforderungen und Folgepflichten, die sich aus einem Börsengang ergeben. Interessant ist auch eine enthaltene Zusammenstellung der wichtigsten Adressen.

- WIESELHUBER & PARTNER, Hrsg. (2001): *Börseneinführung mit Erfolg. Voraussetzungen, Maßnahmen und Konzepte,* 2. Auflage, Gabler Verlag

  In der 2. Auflage eine aktuelle Sammlung kompetenter Autoren zu den wichtigsten Themen rund um den Börsengang. Praxisnah und informativ. Mit Beispielen.

- BRAND EINS WIRTSCHAFTSMAGAZIN, brand eins Verlag, Hamburg

  Interessantes Magazin mit spannenden Beiträgen, nicht nur rund um den Börsengang. Das Magazin erscheint zehn Mal im Jahr und ist auch online abrufbar unter: www.brandeins.net

Kapitel 8:
Schwerpunkt: Mitarbeiterbilanz

- EDVINSSON, LEIF; BRÜNIG, GISELA (2000): Aktivposten Wissenskapital, Unsichtbare Werte bilanzierbar machen, Gabler Verlag

Vieles aus dem Buch vermag dem Leser einleuchtend und das
Thema nicht ganz neu erscheinen. Dennoch fehlte bislang die
wissenschaftliche Fundierung. Die Autoren geben zahlreiche
Praxisbeispiele aus eigenem Erfahrungsfundus. Nicht zuletzt deshalb ist das Buch leicht verständlich und gut lesbar.

Kapitel 9:
Schwerpunkt: Investor Relations

- KIRCHHOFF, KLAUS R.; PIWINGER, MANFRED, Hrsg. (2001): *Die
Praxis der Investor Relations, 2.* Auflage, Luchterhand Verlag

Der Einband preist das Buch als Standardwerk der Investor
Relations an. Die Sammlung qualifizierter und informativer
Beiträge verschiedener Autoren zeigen ungeahntes Potenzial zur
Wertsteigerung durch professionellen Kontakt zur Financial
Community auf. Sehr zeitgemäß, praxisorientiert und durchaus
leicht verständlich aufbereitet.

- SCHUMACHER, CLAUDIA; SCHWARTZ, STEFAN; LÜKE, STE-
PHAN (2001): *Investor Relations Management und Ad-hoc-Publizität,*
C. H. Beck Verlag

Locker und sehr lesbar geschriebenes Buch, das einen guten
Überblick bietet.

- DEUTSCHER INVESTOR RELATIONS KREIS E. V. (DIRK), Hrsg. (2000): *Investor Relations. Professionelle Kapitalmarktkommunikation*, Gabler Verlag

  Von der Organisation einer Hauptversammlung bis zur Erfolgsmessung der IR-Aktivitäten deckt das Buch alle erdenklichen Bereiche professioneller Investorenkommunikation ab. Sehr lehrreich sind auch die enthaltenen Erfahrungsberichte von Profis.

Kapitel 10:
Schwerpunkt: Produktlebenszyklus

- WÖHE, GÜNTER; DÖRING, ULRICH (2000): *Einführung in die Allgemeine Betriebswirtschaftslehre*, 20. Auflage, Vahlen Verlag

  Das wohl meist verkaufte Buch zur BWL. Sehr umfangreich und detailliert. Auf erläuternde Abbildungen wird wenig zurückgegriffen.

- THOMMEN, JEAN-PAUL; ACHLEITNER, ANN-KRISTIN (1998): *Allgemeine Betriebswirtschaftslehre. Umfassende Einführung aus managementorientierter Sicht*, 2. Auflage, Gabler Verlag

  Umfassendes Lehrbuch der Betriebswirtschaftslehre im ansprechenden leserfreundlichen Layout zum Selbststudium oder als Nachschlagewerk bestens geeignet.

Kapitel 11:
Schwerpunkt: Verfahren der Unternehmensbewertung, Due Diligence

- SCHULTZE, WOLFGANG (2001): *Methoden der Unternehmensbewertung*, IDW Verlag

  Neben einer Zusammenfassung der vielen unterschiedlichen Ansätze mit deren Vor- und Nachteilen werden auch die Auswirkungen durch die Steuerreform 2000 berücksichtigt.

- HENSELMANN, KLAUS; KNIEST, WOLFGANG (1999): *Unternehmensbewertung: Praxisfälle mit Lösungsskizzen,* 2. Auflage, NWB Verlag, Taschenbuch

  Ein Buch, das durch viele Beispiele mit steigender Komplexität und Realitätstreue in das Thema der Unternehmensbewertung einführt und vertieft. Enthalten sind Fälle zur Bewertung junger Unternehmen („new economy"), Berechnung von Aktienumtauschverhältnissen, Performance-Messung, periodenspezifische Kapitalkosten und mehrwertige Planung unter Unsicherheit. Auch für Anfänger zum Selbststudium geeignet.

- RAPPAPORT, ALFRED (1998): Shareholder Value. *Ein Handbuch für Manager und Investoren,* 2. Auflage, Schäffer-Poeschel Verlag

  Neuauflage des Klassikers, vom Erfinder des Shareholder-Value-Konzepts.

- BERENS, WOLFGANG; BRAUNER, HANS U. (1999): *Due Diligence bei Unternehmensakquisitionen,* 2. Auflage, Schäffer-Poeschel Verlag

  Die Autoren verstehen es, sehr gut auf die verschiedenen Formen der Due Diligence einzugehen. Es findet sich sogar eine Prüfungs-Checkliste für die wesentlichen Bereiche im Anhang.

Kapitel 12:
Schwerpunkt: Asset Management

- CRAMER, JÖRG-ENGELBRECHT; RUDOLPH, BERND, Hrsg. (1995): *Handbuch für Anlageberatung und Vermögensverwaltung. Methoden und Instrumente des Portfoliomanagements,* Fritz Knapp Verlag

  Das Buch bietet einen Überblick über wichtige Formen der Vermögensberatung, rechtliche und steuerliche Spezialfragen, aber auch das immer wichtiger werdende Risikomanagement.

- LEVEN, FRANZ-JOSEF; SCHLIENKAMP, CHRISTOPH (1998): *Erfolgreiches Depotmanagement. Wie Ihnen die moderne Portfoliotheorie hilft,* Gabler Verlag

  Gelungener Versuch, die moderne Markowitzsche Portfoliotheorie auch für Nichtmathematiker verständlich und praxisnah zu vermitteln.